HAMBURG entdecken!

700 FREIZEIT-TIPPS

Sandra Iheoma Goetz

Wartberg Verlag

Anmerkung des Verlages
Die im nachfolgenden Text verwendeten Symbole haben folgende Bedeutung:
☏ = Telefon, ✉ = E-Mail-Adresse, 🌐 = Internet-Adresse,
☺ = Attraktionen für Kinder und Junggebliebene

Alle Angaben wurden gewissenhaft geprüft, trotzdem können Autor und Verlag keine Gewähr für die Richtigkeit übernehmen. Anregungen, Berichtigungen und Ergänzungsvorschläge senden Sie bitte an den Wartberg-Verlag, Gudensberg-Gleichen.

1. Auflage 2023

Lektorat: Dr. Matthias Feldbaum, Redaktionsbüro Feldbaum, Augsburg
Layout und Satz: Grafik&Design Ulrich Weiß, Extertal
Karte: Ulrich Weiß auf Basis von © grebemaps.de
Drucken und Binden: Druck- und Verlagshaus Thiele & Schwarz GmbH, Kassel

34281 Gudensberg-Gleichen, Im Wiesental 1
Telefon (0 56 03) 9 30 50
www.wartberg-verlag.de
ISBN: 978-3-8313-2853-6

Einige Worte vorweg

Liebe Leserinnen, liebe Leser,

Hamburg hat viele erstklassige Facetten: Michel, Kultur, Hafen, Elbphilharmonie und Reeperbahn, dazu viele Vereine, die erfolgreich in Bundesligen mitmischen. Davon sind die Fußballer mit dem Hamburger SV und dem 1. FC St. Pauli die bekanntesten. Doch auch in den Sportarten Badminton, Basketball, Baseball, Bowling, Curling und Dart – um nur einige Weitere zu nennen – spielt Hamburg ganz oben mit. Das ist noch lange nicht alles, was Hamburg so einzigartig macht. Das Wichtigste: Die Freie und Hansestadt Hamburg ist die schönste Stadt der Welt, dessen sind wir uns sicher und zeigen das auch selbstbewusst. Mit fast zwei Millionen Einwohnerinnen und Einwohnern sind wir nicht nur die zweitgrößte Stadt Deutschlands hinter Berlin, wir stehen auch für Weltoffenheit und Toleranz ein. Was sicherlich einer von mehreren Gründen ist, warum Hamburg nicht nur Millionen von Touristinnen und Touristen magnetisch anzieht: Laut Statistikamt Nord leben hier mehr Zugezogene als in Hamburg geborene Menschen. Lediglich 43 Prozent der Einwohner sind auch in der Hansestadt geboren worden, so eine Mitteilung vom Dezember 2022.
Hafen, weißer Elbstrand und Alster sowie eine der grünsten Metropolen Europas und eine sehr hohe Lebensqualität sind weitere Pluspunkte des Stadtstaats, die eine hohe Wertschätzung erfahren und in dieser Kombination einmalig sind.
Dabei unterliegt die Elbmetrople einem pulsierenden Wandel: Mit der HafenCity hat Hamburg nicht nur einen komplett neuen Stadtteil bekommen, sondern auch noch eine Elbphilharmonie mit internationaler Anziehungskraft. Die HafenCity ist, wohlgemerkt, das größte innerstädtische Bauprojekt Europas. Ende dieses Jahrzehnts werden die letzten Bauten beendet sein. Warum das erwähnenswert ist? Ganz einfach: Zum Wohlfühlfaktor Hamburger Prägung gehört es, anzuerkennen, dass wir auf einer riesigen Baustelle leben.
Mit Oberbillwerder ist Stadtteil Nr. 105 in Planung, dazu sind weitere Quartiere in der Entstehung. Neben Wohnungen wird es neue Verbindungen, neue Freizeitflächen, neue Geh- und Fahrwege, neue Velorouten, neue kulturelle Einrichtungen, Treff- und Begegnungsstätten sowie Grünflächen samt Parkanlagen geben.
Altona, Bergedorf, Eimsbüttel, Hamburg-Mitte, Hamburg-Nord, Harburg und Wandsbek laden ein: Dieser Freizeitführer möchte Ihnen Anregungen geben, Hamburg zu erkunden. Altbekanntes neu zu entdecken oder ganz einfach Neues in den 104 Hamburger Stadtteilen auszuprobieren. Auch als Tourist und Touristin sind Sie 24/7 in allen Vierteln herzlich willkommen. Zu guter Letzt: Mehr als 450 000 Einheimische jeder Couleur engagieren sich in ihrer Freizeit ehrenamtlich, allein im Sport sind es 50 000. Sie alle tragen zur hohen Lebensqualität und zum Wohlfühlfaktor entschieden bei und machen vielerorts Freizeitvergnügen erst möglich – das auch bei Schietwetter. Bravo und danke, Hamburg!
Ich wünsche viel Spaß bei Ihrer Freizeitgestaltung und sage tschüs!

Sandra Iheoma Goetz

Bezirk Altona

Der Bezirk Altona ist der westlichste der insgesamt sieben Bezirke Hamburgs. Die Stadtteilgrenzen umfassen den Kernbereich der bis 1937/38 selbstständigen holsteinischen Stadt Altona. Vor allem aufgrund der Elbvororte, die die höchste Milliardärsdichte Deutschlands haben, gilt Altona als gehobener Bezirk. Dabei wurde Blankenese erst 1927 gegen den Willen vieler Einheimischer zum Vorort der Stadt Altona/Elbe, deren historisches Kerngebiet Altona-Altstadt, Ottensen und Altona-Nord sind.

Ursprünglich war Altona ein ziemlich armseliges Fischerdorf vor Hamburg mit einigen Bauernhöfen und Wirtshäusern. Dann kam der dänische König und Altona wurde 1640 dänisch. 1664 verlieh König Friedrich III Altona das Stadtrecht – und Altona wurde zu einer der liberalsten Städte Europas, in der es ungewöhnliche Privilegien wie Zuzugs-, Religions- und Gewerbefreiheit gab. 1866 wars vorbei mit der Dänenherrschaft und Altona wurde zu einer preußischen Provinzstadt – aber immerhin selbstständig. Das änderte sich 1937 mit dem Groß-Hamburg-Gesetz, das die Nationalsozialisten erlassen hatten. Preußen musste Gebiete an Hamburg abtreten, dazu gehörten die Städte Altona, Harburg-Wilhelmsburg und Wandsbek.

Altona, das heute aus den Stadtteilen Altona-Altstadt, Altona-Nord, Bahrenfeld, Blankenese, Groß Flottbek, Iserbrook, Lurup, Nienstedten, Osdorf, Othmarschen, Ottensen, Rissen, Sternschanze und Sülldorf besteht, hat viel zu bieten: Hafen, Fischmarkt, Elbstrand, wunderschöne Parks und ein reiches und vielfältiges kulturelles Angebot – und ein neues Quartier: Neue Mitte Altona. Dabei lebt der gesamte Bezirk auch von einer großen kreativen sowie sozial engagierten Szene, die sich vor allen in den 1970er-Jahren aufgrund damals günstiger Mietpreise im Altonaer Kerngebiet sowie zu Teilen in Bahrenfeld, niedergelassen hat. Ebenso war das Altonaer Kerngebiet bereits ab den 60er-Jahren durch viele sich ansiedelnde „Gastarbeiter" aus Griechenland, Italien und der Türkei multikulturell.

Von alter Pracht der selbstständigen Stadt Altona zeugt noch heute das Altonaer Rathaus, ein denkmalgeschütztes Gebäude, das ursprünglich als Bahnhofsgebäude für die Altona-Kieler-Eisenbahngesellschaft erbaut wurde. Seit dem Ende des Zweiten Weltkriegs ist das Bezirksamt Altona in dem Gebäude. Das ansässige Standesamt Altona, dessen Eingang sich auf der Rück- und damit Elbseite befindet und den Blick auf den Altonaer Balkon freigibt, zählt zu den beliebtesten Trauorten Hamburgs.

Bezirksamt Altona
Platz der Republik 1
22767 Hamburg
040/115
bezirksamt@altona.hamburg.de
www.hamburg.de/altona/

Altona-Altstadt, Altona-Nord

(Bezirk Altona)

Sehenswertes

▸ Hauptkirche St. Trinitatis Altona – „Kirche am Fischmarkt"

Unweit des Altonaer Fischmarkts und in (Turm-)Sichtweite des Hamburger Michel wurde im damals dänisch regierten Altona 1742/43 die evangelische Hauptkirche St. Trinitatis eingeweiht. Die Monogramme der beiden dänischen Könige Christian V. und Christian VI. an den Sandsteinportalen zeugen noch heute von dieser Geschichte. Im Zweiten Weltkrieg wurde sowohl das Gängeviertel wie auch die Kirche zerstört. St. Trinitatis wurde in den 1960er-Jahren nach alten Bauplänen wieder aufgebaut, wobei der Innenraum eine schöne neuzeitliche Gestaltung bekommen hat. Neben Gottesdiensten und wechselnden geistlichen und kulturellen Angeboten gibt es eine fotografische Dauerausstellung des alten Gängeviertels.

Die Hauptkirche St. Trinitatis Altona ist Montag bis Freitag für Meditation und Gebet geöffnet.

Adresse: Kirchenstraße 40, 22767 Hamburg, 🌐 www.hauptkirche-altona.de/

Hamburger Fischmarkt am Sonntagmorgen mit alter Fischauktionshalle

▸ Altonaer Fischmarkt

Hamburg ohne Fischmarkt? Das konnten sich die Einheimischen nicht erneut vorstellen. Und dennoch hat es das gegeben: Der Altonaer Fischmarkt musste zum zweiten Mal in seiner über 300-jährigen Geschichte pausieren. Das erste Mal war 1943–1945, als Krieg war und Hamburg unterm Bombenhagel litt. Das zweite Mal wurde Hamburgs weltbekannter traditionsreicher Freiluftsupermarkt wegen der Covid-19-Pandemie zwischen März 2020 und Juli 2021 geschlossen. Umso mehr freuen sich Zigtausende von Nachtschwärmern und Frühaufstehern wieder, jeden Sonntagmorgen zum Fischmarkt an die Elbe zu kommen.

Adresse: Große Elbstraße 9, 22767 Hamburg, www.hamburg.de/fischmarkt/

▸ Altonaer Balkon

Der wohl größte Balkon in ganz Hamburg befindet sich am Geesthang in Altona, etwa 27 Meter über der Elbe. Der Altonaer Balkon bietet atemberaubende Ausblicke auf den Großteil des Containerhafens, die imposante Köhlbrandbrücke, den alten Hafenterminal, den Schiffsverkehr sowie das bunte Treiben entlang der Elbe. Der Park mit seiner angelegten Aussichtsplattform ist in puncto Freizeitvergnügen eines der beliebtesten Ausflugsziele zum Grillen, Relaxen und Frühsport, zumal er eine wichtige Verbindung zwischen dem Elbuferwanderweg und dem Fischmarkt sowie dem Grünzug Neu-Altona darstellt. Als Aussichtspunkt ist dieser auch perfekt, um das Ein- und Auslaufen der Schiffe beim Hafengeburtstag zu verfolgen.
Adresse: Palmaille 79, 22767 Hamburg, www.hamburg.de/parkanlagen/3049512/altonaer-balkon/

▸ Jüdischer Friedhof Altona

In der Reeperbahn liegt der einzig erhaltene Jüdische Friedhof in Altona. Dieser wurde 1611 von sephardischen Juden, die zumeist aus Portugal und Spanien kamen, angelegt. Wenige Jahre später wurde zusätzlich ein Friedhof der hochdeutschen jüdischen Gemeinde errichtet und beide Friedhöfe wuchsen im Lauf der Zeit zusammen, wurden aber im Laufe des 19. Jahrhunderts geschlossen. Im heutigen Hamburg ist der 1,9 Hektar große Jüdische Friedhof Altona der älteste jüdische Friedhof und der älteste portugiesisch-jüdische Friedhof in Nordeuropa. Wegen seiner Größe, seines Alters und den mehr als 7600 erhaltenen Grabsteinen gilt der Friedhof als eines der bedeutendsten jüdischen Gräberfelder und dient Historikern noch immer zur Forschung. Der Friedhof ist Eigentum der Jüdischen Gemeinde Hamburg und steht seit 1960 unter Denkmalschutz. Vor wenigen Jahren wurde der Jüdische Friedhof Altona zur Aufnahme in das UNESCO-Weltkulturerbe angemeldet.
Adresse: Königstraße 10A, 22767 Hamburg,
www.jüdischer-friedhof-altona.de/

Auch in der internationalen Tabakindustrie wurde von Frauen Schwerstarbeit geleistet.

Kunst, Kultur & Clubs

▸ FrauenFreiluftGalerie

Wer an Teilstücken der Elbe in Ottensen oder an der Großen Elbstraße in Altona-Altstadt entlangjoggt, kann die großflächigen Wandgemälde der FrauenFreiluftGalerie nicht übersehen. Diese erzählt in übergroßen Wandbildern entlang der Hangseite am Altonaer Elbe-Ufer Geschichten über hafenbezogene Frauenarbeit von 1900 bis heute. Das einzigartige Kunst- und Open-Air-Galerie-Projekt wurde 1994 von der Kunsthistorikerin Elisabeth von Dücker (†2020) und der Wandmalerin und Diplom-Designerin Hildegund Schuster konzipiert und mit internationalen Wandmalerinnen umgesetzt. Die Arbeit in den Räuchereien und in den Fischfabriken werden eindrucksvoll wiedergegeben.

Kontakt: Hildegund Schuster,
040/76103147,
Hildegund-Schuster@t-online.de,
www.frauenfreiluftgalerie.de

▸ Hamburger Kammeroper im Allee Theater & Opernloft im Alten Fährterminal Altona

Opernfans kommen in Altona-Altstadt gleich zwei Mal auf ihre Kosten: in der 1996 gegründeten Hamburger Kammeroper im Allee Theater und im Opernloft im Alten Fährterminal Altona, direkt an der Elbe. Während sich die Hamburger Kammeroper schwerpunktmäßig dem Musiktheater des 18./19. Jahrhunderts widmet und alle Texte in deutsche Fassung bringt, konzentriert sich das Opernloft auf eine 90-minütige Darbietung. Das kreative Team erstellt eigene Arrangements und entwickelt neue Formate wie die erfolgreichen Krimiopern oder Kult-Stücke wie den Opern-Slam „Sängerkrieg".

Adresse: Allee Theater, Max-Brauer-Allee 76, 22765 Hamburg, alleetheater.de/
Adresse: Opernloft, Van-der-Smissen-Straße 4, 22767 Hamburg,
www.opernloft.de

▸ KEBAP KulturEnergieBunkerProjekt

Seit 2011 arbeitet das KulturEnergieBunkerAltonaProjekt (KEBAP) an der Umwandlung des sechsstöckigen Hochbunkers in Altona. Hier entsteht ein Ort, an dem Kunst, Kultur und klimafreundliche Energieproduktion stattfinden. In einer der beiden Gebäudehälften wird die Bürger-Genossenschaft KEGA eG nachhaltig Wärmeenergie für das umliegende Quartier erzeugen, während in der anderen der Verein KEBAP Veranstaltungen für Kultur und Begegnungen plant. Projektinformation gibt es direkt vor Ort, Do–Sa, 14–18 Uhr. Das VHS-Zentrum Mitte/Eimsbüttel bietet unregelmäßig Führungen an.

Adresse: Schomburgstraße 6, 22767 Hamburg, kulturenergiebunker.de

▸ Hafenklang

Seit Jahrzehnten behauptet sich das Hafenklang als einer der wichtigsten Live-Clubs in Hamburg. Im stetig wechselnden Programm sind sowohl internationale Acts der

Schon der Eingang ist typisch Hafenklang.

Genres Punk, Ska, Rock und Metal als auch bekannte DJs zu entdecken. Einige Party-Veranstaltungen beziehen auch Reggae, Hip-Hop, Dub und Dancehall in das musikalische Repertoire des Hafenklangs mit ein. Ebenso finden Lesungen statt. Ein weiterer Raum mit kleiner Bühne steht im ersten Stock als „Goldener Salon“ zur Verfügung. Hier trifft sich auch der Punkerstammtisch. Im Hafenklang war ursprünglich Hamburgs erstes 24-Tonspur-Studio. Acts wie Udo Lindenberg, Einstürzende Neubauten, X-Mal Deutschland und Michy Reinke haben an dieser musikalisch geschichtsträchtigen Location beim Altonaer Fischmarkt ihre Platten und CDs produziert. Das Gebäude selbst wurde 1890 erbaut und war mal ein Stallgebäude für Straßenbahnpferde der ehemaligen Hamburger Hafenbahn.
Adresse: Große Elbstraße 84, 22767 Hamburg, 🌐 www.hafenklang.com

▸ Neue Flora
Neben New York und London ist Hamburg die wichtigste Musicalmetropole der Welt. Damit das auch so bleibt, wurde 1990 das Stage Theater „Neue Flora“ gleich gegenüber der S-Bahn Holstenstraße eingeweiht. Mit 2000 Sitzplätzen ist es eines der größten Theater Deutschlands. Schön von innen, spiegelt das Äußere eher die Beton-Architektur Ende der 1980er-Jahre wider. Mit dem „Phantom der Oper“ als Deutschlandpremiere feierte die Neue Flora einen triumphalen Einstand. Es folgten u. a. „Titanic – Das Musical“, „Dirty Dancing“, „Cirque Du Soleil Paramour“, und „Mamma Mia“ von Abba.
Adresse: Stresemannstraße 159a, 22769 Hamburg,
🌐 www.stage-entertainment.de/theatervermietung/stage-theater-neue-flora-hamburg

▸ Kent Club
Wer keine Lust auf Musical hat, oder, gegenteilig, den Musical-Abend verlängern möchte, geht in den Kent Club. Dieser befindet sich im Gebäudekomplex des Musical Theaters Neue Flora. Der Club bietet monatliche Livekonzerte aus den Bereichen Rock, Pop, Soul und Jazz an. Darüber hinaus Lesungen, Comedy und Partys.
Adresse: Stresemannstraße 163, 22769 Hamburg, 🌐 www.kentclub.de

▸ Juice Club
Ob Nachtschwärmer oder Frühaufsteherinnen, die Fans der elektronischen Musik, von Dance Hall, Reggae und Mottopartys kommen im Juice Club voll auf ihre Kosten. Tipp: Am Sonntag wird das Wochenende mit der „Frühschicht“ von 8 bis 20 Uhr beendet. Einlass ist grundsätzlich ab 18 Jahren.
Adresse: Stresemannstraße 204–206, 22769 Hamburg, 🌐 juice-club.net

▸ ☺ Theater für Kinder im Allee Theater
Es ist ein Theater, das nicht nur Kinderaugen leuchten lässt, sondern auch die ihrer großen Begleiterinnen und Begleiter. 1968 wurde das Theater für Kinder als erstes privates Kindertheater Westdeutschlands gegründet und führt bis heute junge und jüngste Menschen an das Medium Theater heran. Das Allee Theater beherbergt auf einer Bühne zwei Welten: das Theater für Kinder und die Hamburger Kammeroper.
Adresse: Max-Brauer-Allee 76, 22765 Hamburg, 🌐 www.alleetheater.de

Bildungs- & Kreativangebote

▸ Werkstätten in HausDrei
HausDrei Stadtteilkulturzentrum in Altona bietet drei Werkstätten an: die offene Holz-

und Metallwerkstatt, in der man für wenig Geld Möbel bauen, Spielzeug herstellen, etwas restaurieren kann oder einfach nur Holz kennenlernen. Dazu gibt es eine Töpferwerkstatt und das Repair Café.
Adresse: Hospitalstraße 107, 22765 Hamburg, 🌐 haus-drei.de

▸ Offene Holz- und Metallwerkstatt
Die Werkstatt ist mit einem professionellen Maschinenpark ausgestattet, mit Hobelmaschine, Bandsäge, Langlochbohrmaschine und Absauganlage sowie vier Werkbänken. In der Metallwerkstatt kann für geringes Geld geschweißt und gedrechselt werden. Betreut wird die offene Holz- und Metallwerkstatt von Anleitern und Anleiterinnen, die hilfsbereit sind und mit Tipps zur Seite stehen.
Fragen beantwortet Manfred Timpe, Leitung Werkstätten und Klettern.
Infos: ✉ manfredtimpe@haus-drei.de

Eine tolle Möglichkeit, eigene Möbel oder Brettspiele herzustellen

▸ Offene Töpferei für Erwachsene
Töpfern bringt Spaß, egal, ob Teller, Becher, Tassen, Vasen ... Die Leitung der offenen Töpferei hat die Keramikerin und Illustratorin Dorothea Kraft. Voranmeldung erbeten.
Infos: ✉ toepferei@haus-drei.de

▸ Repair Café
Das Fahrrad ist kaputt, der Lieblingspulli hat ein Loch, der Toaster geht nicht mehr. Vielleicht wackelt der Küchenstuhl gefährlich? Reparieren ist angesagt. Das Know-how gibt es im Repair Café. Hier kann man sich kostenlos treffen und mit großer Unterstützung von ehrenamtlichen Reparaturexperten Kaputtes wieder heil machen. Werkzeug ist vorhanden. Ebenso Kaffee, Tee und Kuchen. Das alles gegen eine kleine Spende.
Infos: Manfred Timpe, ☏ 040/38614107 oder 0176/51026867,
✉ manfredtimpe@haus-drei.de

▸ Posaunenchor St. Trinitatis Altona & Altonaer Kantorei
Seit über 25 Jahren leitet Doris Möller Trompeten-, Hörner- und Posaunenbläser. Unter ihrer Leitung ist der Posaunenchor bei gemeindlichen Aktivitäten der St. Trinitatis Altona und Open Air (Gottesdienste, Konzerte, Feste) zu hören. Ebenso beteiligt sich der Posaunenchor überregional, z B. bei Landesposaunentagen, Kirchentagen und diakonischen Einsätzen. Jenseits der Freude an guter Musik verbindet den Posaunenchor, wo Bläserinnen und Bläser von jung bis alt spielen, eine gute Gemeinschaft.
Infos: Doris Möller, ☏ 040/82310074,
✉ Doris-Moeller@web.de

▸ ☺ Musica Altona – Das internationale Musikprojekt für Kinder und Jugendliche
Dass Musik wunderbar ist und Türen öffnet, erfahren die Kinder und Jugendlichen bei Musica Altona. Hier führen Musikpädagoginnen über Musikstile hinweg, nämlich crossover, ins Schlagzeugspiel, afrikanisches Trommeln, Klavier, Keyboard, Gitarre bis hin zur klassischen Geige und Bandpro-

jekten. Die Kursgebühren sind gering, das Angebot ist niedrigschwellig und macht es für junge Menschen, die neu in der Stadt oder auch im Quartier sind, leichter einen Zugang zu finden.
Adresse: Hospitalstraße 111, im August Lütgens Park (Haus 7), 22767 Hamburg, ✉ musica-altona@t-online.de, 🌐 musica-altona.de/aktuelles/

▸ ☺ Arbeitsgemeinschaft Interkultureller Jugendverbände
Die AGIJ e. V. ist der Dachverband der Jugendverbände Hamburgs mit bi- und multikulturellen Wurzeln und hat ihren Hauptsitz in Altona. Im Angebot sind hamburgweit beispielsweise: Computerkurse, Gitarre, Kochen, Thai Boxen, Fotografie, Tanzen, Schwimmkurse für Anfängerinnen und Anfänger, aber auch Sozialberatung, Bewerbungscheck und Nachhilfe.
Adresse: Thedestraße 99, 22765 Hamburg, 🌐 agij.de/

▸ ☺ Bücherhalle Holstenstraße
Die kleine, feine Bücherhalle im Dreieck zwischen Altona-Altstadt, Altona-Nord und St. Pauli ist vor allem eines: familiär. Für Kinder und Schulklassen gibt es Lesungen. Ein weiteres Angebot ist die Gesprächsgruppe „Dialog in Deutsch" für Jugendliche.
Adresse: Norderreihe 5–7, 22767 Hamburg, 🌐 www.buecherhallen.de/holstenstrasse.html

▸ Evangelische Buchhandlung Holstenstraße
Ob evangelisch, katholisch oder freikirchlich – die EVA, Evangelische Buchhandlung, ist eine der wenigen verbliebenen christlichen Buchhandlungen in Hamburg mit einem entsprechenden Alleinstellungsmerkmal. Regelmäßig gibt es Lesungen und Buchvorstellungen, die auch Interessierte außerhalb des Altonaer Kiezes anziehen.
Adresse: Holstenstraße 117, 22765 Hamburg, 🌐 www.christlichebuchhandlung.hamburg

▸ fux eG und fux Lichtspiele in der Viktoria Kaserne
2015 kaufte die fux eG die Viktoria Kaserne, um einen gemeinschaftlich betriebenen Produktionsort für Kunst, Kultur und Gestaltung, Gewerbe und Bildung, kleine Firmen sowie soziale Organisationen zu kreieren. Das ist gelungen, neben der Sanierungsarbeit der großen Kaserne. Regelmäßig gibt es am Sonntag öffentliche Rundgänge durch die Kaserne. Im Programm sind weiter Workshops, Partys, Kunstausstellungen, Diskussionsveranstaltungen. Es gibt sogar ein kleines Kino namens fux Lichtspiele mit 20 Sitzen und einer Minibar – und einem regelmäßigen Monatsprogramm. Zusammen mit dem Helenenviertel, wozu auch die Kirche der Stille gehört, wird jedes Jahr im August ein Sommerfest gefeiert. Räume kann man ebenso in der Kaserne mieten.
Adresse: Zeiseweg 9, 22765 Hamburg, 🌐 www.fux-eg.org/; Kino fux Lichtspiele, 🌐 www.fux-lichtspiele.de/

Imposant: Block III der Viktoria Kaserne

▸ Altonaer Stadtarchiv
Neben einer umfangreichen – auch elektronischen – Sammlung zur Altonaer Geschichte und dem Aufbau des Altonaer Hafenarchivs bietet der Verein Stadtrundgänge und Besichtigungen an.
Adresse: Max-Brauer-Allee 134, 22765 Hamburg,
🌐 www.altonaer-stadtarchiv.com

▸ Treffs & Begegnungsstätten
Alevitische Gemeinde Hamburg
In Hamburg gibt es vier alevitische Gemeinden: in Altona, Bergedorf, Harburg und Rothenburgsort. Sie bereichern das kulturelle und religiöse Leben, engagieren sich in den Bereichen soziale, kulturelle, politische und ökonomische Teilnahme, um auch gesamtwirtschaftliche Verantwortung in Hamburg zu übernehmen. Die Altonaer Gemeinde sitzt am Nobistor, das ein ehemaliges Stadttor Altonas zur hamburgischen Vorstadt auf dem „Hamburger Berg", heute St. Pauli, war.
Adresse: Nobistor 33–35, 22765 Hamburg,
🌐 www.alevi-hamburg.de/Startseite

▸ HausDrei – Stadtteilkulturzentrum
Das Stadtteilkulturzentrum HausDrei wird seinem Anspruch seit Jahrzehnten gerecht: Nachbarschaftspflege, Kulturangebote, Hilfestellung. Der Verein HausDrei hat seine Wurzeln in den sozialen Bewegungen der Sechziger- und Siebzigerjahre. 1974 entstand in der Nachbarschaft des ehemaligen Altonaer Krankenhauses die Initiative „Aktive Freizeitgestaltung Altona". Ihr Ziel: die Situation von sozial benachteiligten Menschen in Altona-Altstadt zu verbessern. 1982 bezog der Nachfolgeverein „HausDrei" das gleichnamige Gebäude auf dem nunmehr aufgelassenen Krankenhausgelände. Seitdem ist HausDrei ein soziokulturelles Zentrum und Ort der Kommunikation in Altona-Altstadt.
Adresse: Hospitalstraße 107, 22765 Hamburg, 🌐 haus-drei.de

▸ Bürgertreff Altona-Nord
Das Stadtteilzentrum ist ein engagierter Treffpunkt für Initiativen, Freizeit- und Selbsthilfegruppen mit Kultur- und Bildungsangeboten. Außerdem gibt es hier Musik, Theater, Tagungen, Feste und Feiern. Vier Räume unterschiedlicher Größe stehen hierfür zur Verfügung, darunter ein Saal, der Platz für bis zu 140 Personen bietet, eine kleine Bühne hat, eine Künstlergarderobe, und mit professioneller Licht- und Tontechnik ausgestattet ist. Viermal jährlich erscheint die Stadtteilzeitung „Altona Nord im Blick", die es auch als Download gibt.
Adresse: Gefionstraße 3, 22769 Hamburg,
🌐 www.buergertreff-altonanord.de/

▸ Türkische Gemeinde Hamburg und Umgebung e. V., TGH
Gegründet 1986, versteht sich die TGH als Sprachrohr der türkischen Community, ohne konfessionell, weltanschaulich noch parteipolitisch gebunden zu sein. Sie ist ein Dachverband von aktuell 24 Einzelvereinen, Gruppen und Initiativen, die sich in Hamburg und Umgebung um die verschiedensten Belange von Menschen mit türkischstämmigem Hintergrund kümmert. Die TGH bietet Deutschkurse, Integrationskurse, Fortbildungen und Lehrveranstaltungen an. Zahlreiche Veranstaltungen, vom türkischen Chor bis hin zu Theatergruppen, finden in den Räumen des Vereins statt. Räumlichkeiten werden für Workshops, Sportgruppen etc. vermietet.
Adresse: August-Lütgens-Park, Hospitalstraße 111, 22767 Hamburg, 🌐 tghamburg.de

▸ ASB Seniorentreff Altona
Gemeinschaft, die zählt: Neben Mittagessen sind Tanzcafés, Ausflüge im Quartier, Filme gucken, Spielrunden und eine PC-, Tablet- und Smartphone-Sprechstunde im Angebot.
Information: Herr Johnsen, Frau von Huelst, 040/8507272
Adresse: Düppelstraße 20, 22769 Hamburg,
www.asb-hamburg.de/wir-ueber-uns/ov-hamburg-west/seniorenarbeit/seniorentreff-altona/

Abenteuer, Freizeit & Natur

▸ Wohlerspark
Chillen und Grillen lässt sich nicht nur an der Elbe und auf dem Altonaer Balkon, sondern auch im beschaulichen Wohlerspark. Dass der Park früher einmal ein Friedhof war, lässt sich noch an den vereinzelten verwitterten Grabsteinen erkennen, diese nehmen dem Park aber nicht seinen Reiz. Die Atmosphäre ist sehr entspannt. Wer nett fragt, kann gegen eine Spende (Ärzte ohne Grenzen im Wohlers) die Toiletten der anliegenden Gaststätten benutzen. Im Sommer finden oftmals Theaterauftritte im Park statt.
Adresse: Norderreihe 2, 22767 Hamburg,
www.kulturkarte.de/hamburg/AlWoPa

Ein alter Friedhof wurde zum Park: Wohlerspark.

▸ Ab durch die Mitte
Neue Quartiere brauchen auch Grünes in der Stadt. Ein gelungenes Beispiel für einen neuen Park ist die 2,7 Hektar große Grünanlage im Quartier Neue Mitte Altona, das zum Stadtteil Altona-Nord zählt. Grünfläche, Spielplatz und ein weithin sichtbares Metallgerüst, das ein Erinnerungsstück an das ehemalige Bahngelände ist, auf dem die Neue Mitte gebaut wurde, gehören zum Ensemble. Mitten im Park steht die Kleiderkasse, ein denkmalgeschütztes Gebäude, in dem die Bahnmitarbeiter früher ihren Lohn und ihre Dienstkleidung erhielten.
Adresse: Emma-Poel-Straße 10, 22765 Hamburg

Sport & Kontemplation

▸ Taiyo Sportcenter
2023 feiert das Taiyo Sportcenter sein 50-jähriges Bestehen. Es gehört damit zu den ältesten Sportzentren in Hamburg und hat sich als Martial-Arts-Akademie etabliert. Geführt wird das Taiyo von dem mehrfachen Kung-Fu-Weltmeister, Stunt-Mann, Kampfkunst-Trainer und Schauspieler Emanuel Bettencourt, der auf den Faustkampfstil Wun Hop

Einer der bekanntesten Kampfkünstler in Hamburg: Emanuel Bettencourt

Kuen Do spezialisiert ist. Im Taiyo trainieren Kinder, Jugendliche und Erwachsene aus über 40 verschiedenen Nationen.
Adresse: Holstenstraße 79, 22767 Hamburg, ✉ e.bettencourt@t-online.de, 🌐 www.taiyosportcenter.com

Die Kirche der Stille ist eine Meditationskirche.

‣ Kirche der Stille – Christopheruskirche
Das Angebot ist ein besonderes: Stille finden in einer Zeit voller Hektik und Druck, nach der Arbeit „runterkommen" und sich auf eine kontemplative Stille und Ruhe einlassen. Seit 2009 bietet die Kirche der Stille wochentags die sogenannte „Atempause" an. Eine dreißigminütige Meditation mit Gong und einem Gebet, um sich eine Auszeit vom Großstadtleben zu nehmen.
Adresse: Helenenstraße, 14A, 22765 Hamburg, 🌐 kirche-der-stille.de/

‣ ☺ Bäderland Festland
Unter den vielen Hamburger Hallenbädern zählt das Festland in Altona definitiv zu den aufregendsten für die jüngsten Gäste. Das absolute Highlight für Kinder ist die fast 900 Quadratmeter große Abenteuerlandschaft mit wasserspuckenden Dinosauriern, einem Dampfvulkan, zwei Rutschen und eine Höhlenlandschaft. Ebenso toll für die Großen: ein Saunapool auf der großzügigen Dachterrasse mit weitem Blick über die Dächer von Hamburg.
Adresse: Holstenstraße 30, 22767 Hamburg, 🌐 www.baederland.de/baeder/standorte/festland/

‣ Lady Fitness Center
Das Frauenfitnesscenter gibt es bereits seit 1983 in Altona. Hier können Frauen unter sich an den Geräten trainieren, Fitnesstraining, Figurtraining oder Rehatraining machen. Wem das nicht ausreicht, der wählt Ballett, Pilates, Yoga, Zumba oder einen der vielen weiteren Kurse, die angeboten werden. Für Schülerinnen, Auszubildende und Studentinnen gibt es Sondertarife.
Adresse: Schillerstraße 44, 22767 Hamburg, 🌐 www.lady-fitness-center.de

‣ ATV von 1845 e. V.
Unweit von Elbe, Fischmarkt und S-Bahnstation Königstraße ist der moderne Altonaer Turnverband (ATV). Neben einem hypermodernen Fitnessstudio werden u. a. Qigong, Yoga, Complete Body Workout, Ballsport, Kinderturnen, Kung Fu, Boxen (auch für Frauen), Inlinehockey, Vater-Kind-Turnen etc. angeboten. Wer sich nach der Sauna direkt in der Natur abkühlen will, kann das auf der Terrasse tun, die rund ums Vereinshaus gebaut ist und einen 360-Grad-Blick über Hamburg bietet.
Adresse: Kirchenstraße 21, 22767 Hamburg,
🌐 www.altonaerturnverbandvon1845.de

Märkte & Feste

‣ Wochenmarkt Neue Große Bergstraße
Diesen bodenständigen Wochenmarkt gibt es bereits seit über drei Jahrzehnten. Er ist nicht so schick wie derjenige am Spritzenplatz im Nachbarquartier Ottensen, obgleich einige der Marktbeschicker dort ebenso an den jeweiligen Markttagen ihre Stände haben. Neben Obst, Gemüse,

Gut und günstig sind vor allem die Stoffe

Brot- und Backwaren sowie Käse, Honig, Spezialitäten, Blumen und Küchenutensilien gibt es auch einen großen Stoffmarkt mit Auswahl zu sensationell günstigen Preisen auf dem Altona-Altstadt-Markt.
Adresse: Neue Große Bergstraße, 22767 Hamburg

‣ Alafia – Afrikafestival
Das dreitägige Afrikafestival feierte 2022 sein 20-jähriges Jubiläum. Der traditionelle

Ein tolles, buntes Afrika-Festival namens Alafia

große afrikanische Basar findet auf der Großen Bergstraße entlang der Schaufensterreihe von IKEA statt und lockt mit original Kunsthandwerk, Musikinstrumenten, Möbeln, Küchenartikeln und Mode aus vielen afrikanischen Ländern. Viele Köstlichkeiten laden die Gäste zum kulinarischen Kennenlernen der Länder ein. Vereine und Initiativen stellen ihre Arbeit und Projekte vor. Auf der Open-Air-Bühne auf dem Bruno-Tesch-Platz gibt es jährlich ein grandioses musikalisches Programm mit Künstlerinnen und Künstlern aus afrikanischen sowie südamerikanischen Ländern.
Turnus: jährlich, zumeist die letzte Woche im August
Adresse: Große Bergstraße, 22767 Hamburg, 🌐 www.alafia.de

▸STAMP & altonale
(siehe Ottensen Seite 29/30)

Spezielles

▸Umsonstladen
Der Altonaer Umsonstladen ist einer von insgesamt dreien in Hamburg – zwei weitere gibt es in Harburg. Die Idee dahinter ist einfach und genial: Umsonst heißt, dass es in dem Laden alles umsonst gibt. Man kann gut erhaltene und gewaschene Kleidung bringen, auch Schuhe, funktionsfähige Haushaltsgeräte, alte Notebooks und sonstige Elektrogeräte. Und wenn einem etwas gefällt, kann man es mitnehmen. Umsonst. Man muss auch nichts eintauschen. Man kann auch einfach so kommen, ohne etwas. Der Umsonstladen, hinter dem der Arbeitskreis Lokale Ökonomie e. V. steckt, wird von Ehrenamtlichen betreut und befindet sich in einem Seiteneingang der Viktoria Kaserne.
Adresse: Bodenstedtstraße 16, 22765 Hamburg, 🌐 www.ak-loek.de/umsonstladen/

Bahrenfeld, Iserbrook, Lurup, Osdorf

(Bezirk Altona)

Sehenswertes

▸Volkspark
Der Altonaer Volkspark ist mit einer Fläche von 205 Hektar der größte öffentliche Park in Hamburg – und bei vielen Einheimischen, die nicht in den umliegenden Stadtteilen wie Bahrenfeld und Lurup leben, noch unbekannt, obgleich nicht nur das Volksparkstadion, sondern mit Barclays und q.beyond zwei weitere Großarenen dort beheimatet sind. Im Gegensatz zum überlaufenen Stadtpark hat man im Volkspark viel mehr Ruhe und, abgesehen vom Wassersport, mehr Freizeitmöglichkeiten. Kletterturm, Kinderspielplätze, Minigolf, weitläufige Spazierwege, ausgewiesene Grillplätze, kleine Bolz- und Skaterplätze, Dahliengarten, „beleuchtete" Jogging-Routen, Auslaufzonen für Hunde – hier gibts alles, was das Herz für eine Parkfreizeit begehrt. 1914 wurde der Volkspark angelegt, damals sollte dieser Kaiser-Wilhelm-Park heißen, da sich der Park auf preußischem Gebiet befand. Doch da Kaiser Wilhelm II. nach dem Ersten Weltkrieg 1918 ins Exil gehen musste, hieß der Park von Anfang an Altonaer Volkspark.
Adresse: August-Kirch-Straße 19, 22252 Hamburg,
🌐 www.tripadvisor.de/Attraction_Review-g187331-d7252367-Reviews-Altonaer_Volkspark-Hamburg.html

Einer von vielen schönen Gärten im Volkspark: der Schulgarten

Montblanc Haus

Montblanc steht weltweit für hochwertige Schreibgeräte – und hat seine Füller-Wurzeln in Hamburg. Nachdem das Hamburger Traditionsunternehmen bereits 1989 seinen ursprünglichen Stammsitz in der Sternschanze in ein Gewerbegebiet in Lurup verlagerte, eröffnete Montblanc im Mai 2022 ein Museum am Luruper Stammsitz, in dem die Erfolgsgeschichte des 1906 gegründeten Unternehmens erzählt wird. In der Ausstellung sind Original-Handschriften von Ernest Hemingway oder Frida Kahlo ebenso zu sehen wie mehr als 400 Schreibgeräte.
Adresse: Hellgrundweg 98, 22525 Hamburg, www.montblanc.com/de-de/discover/montblanc-haus

Von außen futuristisch, von innen modern-klassisch: das Montblanc Haus

Circus Mignon

Auftreten im Zirkus, ein solches Hobby hat nicht jedes Kind und nicht jede Jugendliche. Als Artistin, Seiltänzerin, Clown sein Können unter Beweis stellen, bei Kindergeburtstagen, Firmenevents, sonstigen Feierlichkeiten sowie in Deutschland, Ferien vorausgesetzt, auf Tournee gehen. Was 1992 mit einer ersten Zirkusproduktion in einer Hamburger Turnhalle begann, ist inzwischen ein lebendiges und verzweigtes Kulturprojekt, das Jung und Alt, Groß und Klein gleichermaßen begeistert. Und wen es nicht unbedingt in die Manege zieht, hat vielleicht Interesse, den Mitmach-Zirkus in Iserbrook in der Technik zu unterstützen oder in der Kostüm- oder Film- und Medienwerkstatt.
Adresse: Osdorfer Landstraße 380, 22589 Hamburg,
circus-mignon.de/circus-mignon

Kunst, Kultur & Clubs

Lichthof Theater

Das Lichthof Theater in Bahrenfeld ist ein freies Theater, das sich mit sechs weiteren Hamburger Bühnen als Off-Theater versteht. Das „off" ist hier Programm, sind die off-Bühnen direkt in den Bezirken zu finden. Das Lichthof ist, wie auch die weiteren (Monsun Theater, mut, Sprechwerk, Theater das Zimmer, Theater Klabauter, Theater Zeppelin) auch mit schmalem Budget sehr kreativ. Es will im Theater, in den Stücken, mit der Zukunft experimentieren und Raum für künstlerische Hoffnungen schaffen. Ein spezielles Lichthof-Format bietet Einheimischen die Möglichkeit, einmal jährlich bei einer Produktion mitzumachen und hierfür mit professionellen Theatermachern neue Theaterformate auf die Bühne zu bringen.

Adresse: Mendelssohnstraße 15B, 22761 Hamburg, www.lichthof-theater.de

2te Heimat

Die 2te Heimat ist ein sehr kommunikativer Theatersalon: Hier werden Theater und Essen miteinander kombiniert. Das Drei-Gänge-Menü wird monatlich neu kreiert. Ebenso gibt es vegetarische Varianten. Getränke wie Begrüßungssekt, Mineralwasser, Rot-/Weißwein, Bier, Kaffee, Espresso und ein Digestiv sind im Preis enthalten.
Adresse: Phoenixhof, Schützenstraße 21, 22761 Hamburg, www.die2teheimat.de

HSV-Museum

Selbstverständlich hat der Hamburger Sportverein ein HSV-Museum mit einer etwa 700 Quadratmeter großen Ausstellungsfläche im Volksparkstadion. Im Angebot sind öffentliche Museumsführungen zur Vereinsgeschichte, die auch die NS-Zeit nicht ausblendet. Des Weiteren: Stadionführungen, Kinderführungen, die sich an Jungs und Deerns bis zehn Jahre richten, und Spieltagsführungen. Wer nach dem Museumsbesuch noch Lust hat, geht ins Fan-Bistro „Die Raute" und erfreut sich nicht allein am kulinarischen Angebot, sondern auch am Ausblick.
Adresse: Sylvesterallee 7, 22525 Hamburg, www.hsv.de/volksparkstadion/stadionfuehrung-museum/hsv-museum-1

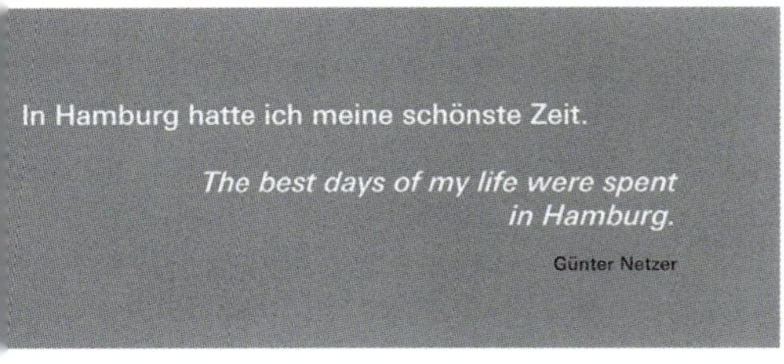

Auch der HSV hatte mit Günter Netzer als Manager eine gute Zeit.

KL!CK Kindermuseum

Das Kindermuseum in Osdorf zeigt Urgroßmutters Alltagsleben, stellt Fragen nach dem Geld, und wie man dieses selbst herstellen kann. Es gibt ein Kindertheater, Ferienprogramme, Architekturkurse. Und auch für die Lütten, Babys bis zu zwei Jahren, gibt es den Raum „Licht und Luft", wo Eltern mit ihrem Kind toben, schmusen und spielerische Elemente ausprobieren können.
Adresse: Achtern Born 127, 22549 Hamburg, www.kindermuseum-hamburg.de

Das höchste Graffiti der Welt

Mit 42 Meter ist es das höchste Graffiti der Welt: Seit 2002 war die Wand eines dreizehn Stockwerke hohen Hauses in der Großsiedlung Osdorfer Born mit einem

Eine heute akzeptierte Kunstform: Graffiti

Graffiti-Kunstwerk geschmückt. Das musste weichen, als Modernisierungsmaßnahmen an der Hauswand durchgeführt wurden. 2021 wurde dem Berliner Künstlerduo Innerfields erlaubt, erneut die Wand zu bemalen. Das Wandbild ist in enger Zusammenarbeit mit den Bewohnern entstanden und zeigt das Zusammenleben dreier Generationen. Der Name des Graffitis: Dreiklang.

Bildungs- & Kreativangebote

▸ Dosenfabrik
Vor mehr als einem Vierteljahrhundert hat die Stadt Hamburg die ehemalige Dosenfabrik in der Stresemannstraße mit EU-Mitteln saniert, um hier Hamburger Künstlerinnen und Künstlern günstige Atelierflächen zur Verfügung zu stellen. Anfang 1995 wurde das Künstlerhaus eingeweiht. Im Herbst 2020 hat die Stadt die Immobilie übernommen und damit eines der größten Atelierhäuser dauerhaft für Künstlerinnen und Künstlern gesichert. Jährlich wird die Öffentlichkeit zum Tag des offenen Ateliers eingeladen. Ebenso gibt es Einzelausstellungen in den Ateliers.
Adresse: Stresemannstraße 374B, 22761 Hamburg,
🌐 www.dosenfabrik-hamburg.de

▸ Steife Brise Improvisationstheater
1992 wurde das Improvisationstheater gegründet, seitdem pustet es als Steife Brise das Impro-Publikum mit Charme, Tempo und einer guten Portion nordischer Frechheit ordentlich durch. Sobald das Publikum Stichworte auf die Bühne ruft, legen die Schauspieler und Musikerinnen los und lassen Geschichten, Szenen und Lieder aus dem Nichts entstehen. Gespielt wird in unterschiedlichen Locations wie auf der Cap San Diego, im Lola Bergedorf oder dem Imperial Theater auf dem Kiez. Eine Theaterschule gibt es ebenso.
Infos: 🌐 steife-brise.de

▸ Circusschule TriBühne
Im Künstlerhaus Dosenfabrik ist die Circusschule TriBühne beheimatet. Für die Zirkuskurse und Workshops gibt es Einstiegs- und Basisgruppen für Kinder, Kurse für Jugendliche und Erwachsene sowie Inklusionsgruppen und eine Zirkusgruppe für junge Menschen mit Downsyndrom. Zweimal wöchentlich wird freies Training für Akrobaten und Jongleure angeboten.
Adresse: Stresemannstraße 374B, 22761 Hamburg,
🌐 tribuehne.net/die-trainingsgruppen

▸ ☺ Circus Abrax Kadabrax
Der prämierte Zirkus Abrax Kadabrax im Stadtteil Osdorf macht zirkuspädagogische und soziokulturelle Angebote für Kinder, Jugendliche und auch Erwachsene und kooperiert dabei mit vielen Institutionen.
Adresse: Bornheide 76, 22549 Hamburg,
🌐 www.abraxkadabrax.de/de

Treffs & Begegnungsstätten

▸ Bürgerhaus Bornheide
Das Bürgerhaus Bornheide ist mit sechs bunten Häusern, in denen 20 soziale Einrichtungen zusammenarbeiten, das größte Bürgerzentrum in ganz Hamburg. Im Herzen des Osdorfer Borns bietet es Räume für Freizeitaktivitäten, bürgerschaftliches Engagement, kulturelle Aktivitäten u. v. a. m.
Adresse: Bornheide 76, 22549 Hamburg,
🌐 buergerhaus-bornheide.de

JuBa – Jugend- und Freizeitzentrum Bahrenfeld
Von Montag bis Freitag bietet das Juba für Kinder, Jugendliche und junge Erwachsene zwischen 12 und 27 Jahren Freizeitangebote und Beratung in allen Lebenslagen.
Adresse: Bahrenfelder Chaussee 39, 22761 Hamburg, ✉ juba@asb-hamburg.de, 🌐 www.asb-hamburg.de/unsere-angebote/kinder-und-jugend/jugendeinrichtungen/jugend-und-freizeitzentrum-bahrenfeld-juba

Luthergemeinde Hamburg Bahrenfeld
Kirchenmusik, zwei Kindertagesstätten, Eltern-Kind-Zentrum, Senioren-Mittagstisch, Lebensmittelausgabe, Kinder-Kleiderkiste oder auch der Aufbau eines Bibelgartens, ein gemeinschaftlich gestalteter und bewirtschafteter Gemüsegarten mit großem Gewächshaus, eine Fahrradreparaturwerkstatt, ein Konfirmationsmuseum, Tschernobylhilfe oder Sozialberatung samt Kirchenasyl – das soziale Engagement der Luthergemeinde ist breit gefächert.
Adresse: Lutherhöhe 22, 22761 Hamburg, 🌐 www.lutherkirche.net

Abenteuer, Freizeit & Natur

Deutsche Elektronen-Synchrotron DESY
Wie laut war der Urknall? Wie findet man Neutrinos? Was ist eigentlich Teilchenphysik? Das Deutsche Elektronen-Synchrotron der Helmholtz Gemeinschaft, bekannt unter den Kurznamen DESY ist ein Forschungszentrum für naturwissenschaftliche Grundlagenforschung und beantwortet genau diese Fragen und forscht dabei nach viel mehr. Neben einem virtuellen 360°-Rundgang des Hamburger Standortes (ein zweiter ist in Zeuthen, Brandenburg) können Interessierte das Forschungszentrum auch direkt in Bahrenfeld besuchen. Zum Beispiel zu den öffentlichen Vorträgen, die regelmäßig stattfinden. Das Science Café DESY lädt jeden vierten Mittwoch zu einem Austausch ein.
Adresse: Notkestraße 85, 22607 Hamburg, ✉ desyinfo@desy.de, 🌐 www.desy.de

Grundlagenforschung als Abenteuer mit DESY

Grüner Ring
In Hamburg gibt es zwei Grüne Ringe: eine innere und eine äußere Variante. Als 105 Kilometer lange Freizeitroute führt der Ring im Abstand von acht bis zehn Kilometern vom Rathaus entfernt rund um Hamburg und präsentiert verschiedene Landschaftstypen der Stadt. Dabei muss niemand beim Hamburger Rathaus starten, um den Reiz des grünen Ringes zu erkunden – sei es per Fahrrad oder wandernd. Eine beliebte Tour beginnt am Fähranleger Teufelsbrück in Klein Flottbek und führt auf zehn Kilometern durch verschiedene Parkanlagen und Grünräume Altonas bis nach Stellingen.

Infos: www.one-step-beyond-wandern.de/gruener-ring-hamburg-die-erste-etappe-wandern-von-teufelsbrueck-bis-stellingen

Dahliengarten
Sag's mit Blumen: lila, knallorange, zartrosa oder tiefrot – der berühmte Hamburger Dahliengarten im Altonaer Volkspark zieht vor allem zur Blütezeit zahlreiche Blumenliebhaberinnen und -liebhaber an. Mehr als 600 verschiedene Dahliensorten und 11000 Einzelpflanzen zeigen sich im Spätsommer und Frühherbst in ihrer ganzen Blütenpracht. Diese wunderschöne Grünanlage ist Europas ältester noch bestehender Garten dieser Art.
Täglich geöffnet von Mitte Juli bis zum ersten Nachtfrost Ende Oktober von 8–20 Uhr. Gästeführungen können mit Dagmar Krabbe für den Dahliengarten wie auch den ganzen Volkspark gebucht werden.
Adresse: Stadionstraße 10, 22525 Hamburg, dagmar_krappe@yahoo.de, 0172544 23 85, www.kulturkarte.de/hamburg/18023dahlien

Loki-Schmidt-Garten/Botanischer Garten
Nicht nur Hamburgs ehemaliger Kanzler Helmut Schmidt (1918–1915) wurde

Freigelände Loki-Schmidt-Garten

geehrt, indem der Flughafen 2016 seinen Namen – Helmut Schmidt Airport – bekam, zuvor wurde seiner Frau Loki Schmidt (1919–2020), einer studierten Biologin ein lebendiges Denkmal errichtet. 2012 wurde der Neue Botanische Garten in Osdorf in Loki-Schmidt-Garten umbenannt. Während man hier die Pflanzen aus aller Welt bewundern kann, büffeln nebenan die Studierenden der Universität Hamburg. Ist der öffentliche Park doch beim Biozentrum der Uni angesiedelt.
Adresse: Ohnhorststraße, 22609 Hamburg, www.bghamburg.de/

Sport & Kontemplation

Altona 93
Das Gründungsjahr des Altonaer Fußball- und Cricketclubs ist 1893. Heute heißt der Verein Altonaer Fußballclub von 1893, kurz Altona 93, und gilt hinter dem HSV und St. Pauli als dritte Kraft in Hamburg. Fußballerisch bewegt sich der Kultclub in der Oberliga. Der Traditionsclub hat überdies Karate, Roller Derby und Handball im Sportangebot.
Adresse: Baurstraße 9, 22605 Hamburg, office@altona93.de, www.altona93.de

Trabrennbahn Hamburg Bahrenfeld
Die Trabrennbahn in Bahrenfeld feierte am 20. Juni 1880 Premiere und gilt seitdem als eine der wichtigsten Pferdesportstätten im deutschen Norden. Ein Besuch ist also nicht nur mit dem realen Erlebnis des Pferderennens, sondern auch mit der historischen Aura der Bahn verbunden. Nach der Sanierung im Jahr 2010 misst die Bahn heute insgesamt 1040 Meter und ist eines der modernsten Geläufe Europas. Der Eintritt auf die Trabrennbahn ist an allen

Renntagen kostenfrei. Ebenso die Nutzung des gesamten Familienprogramms (Ponyreiten, Minitraberfahren).
Adresse: Luruper Chaussee 30, 22761 Hamburg,
www.hamburgtrab.de

▸ Hamburger SV
Beim Dino der deutschen Fußballbundesliga wird oft vergessen, dass der HSV noch viel mehr kann als fußballerischen Spitzensport bieten, er ist nämlich in erster Linie ein Breitensportverein. Tausende Sportlerinnen und Sportler sind in den rund 30 Sportabteilungen des Vereins aktiv. Ob Badminton, Basketball, Golf, Hockey, Leichtathletik, Reitsport, Rollstuhlsport, Schwimmen, Tanzsport ... bis hin zu Volleyball – das Angebot im Amateursport ist riesig. Insgesamt hat der HSV 90 000 Mitglieder und ist damit der neuntgrößte Verein in Deutschland.
Adresse: q.beyond Arena, Hellgrundweg 50, 22525 Hamburg, sport@hsv.de,
www.hsv-ev.de/sportangebote/sportarten

▸ Tai Chi & Qigong
Im Luruper SV unterrichtet Katrin Ripa jeden Dienstag und Donnerstag die chinesische Meditations- und Bewegungslehre Tai Chi und Qigong.
Adresse: Flurstraße 7, 22549 Hamburg,
katrin-ripa@gmail.com,
www.svlurup.de/fitness-gesundheit/tai-chi

▸ FTSV Komet Blankenese e. V.
In Iserbrook ist der FTSV Komet Blankenese angesiedelt, mit über 2000 Mitgliedern einer der größten Sportvereine im Hamburger Westen. Fußball, Schwimmen, Spielmannszug, Fitness, Tanzen, Tischtennis, Triathlon, Turnen und Volleyball u. v. a. m.
Adresse: Schenefelder Landstraße 85, 22589 Hamburg, 040/8703440,
www.komet-blankenese.de

▸ Bäderland Blankenese
Der Name trügt, denn das Bad findet sich nicht im Stadtteil Blankenese, sondern in Iserbrook. Es ist ein kleines, aber gut ausgestattetes Schwimmbad mit einem großen Becken zum Sportschwimmen, einem kleineren warmen Kinderbecken sowie einem tollen Wellnessbereich mit mehreren Saunas, Ruhebereich und Duschen.
Adresse: Simrockstraße 45, 22589 Hamburg, www.baederland.de/baeder/standorte/blankenese/

Märkte & Feste

▸ Wochenmarkt in Osdorf
Schon seit Jahrzehnten bilden die vier Marktbeschicker donnerstags vor dem Born Center den kleinen, aber feinen Wochenmarkt am Osdorfer Born. Man kennt sich, man schätzt sich und weiß, was man bekommt: frisches Obst, saisonales Gemüse und Fleisch aus der Region.
Adresse: Vor dem Born Center, 22549 Hamburg

▸ Wochenmarkt in Lurup
Lurup ist ein bevölkerungsreiches Wohnviertel. So erfüllt der Luruper Wochenmarkt seit jeher neben dem Versorgungsangebot an Obst und Gemüse, Fleischwaren und frischem Fisch, Blumen und Backwaren weit über die Stadtteilgrenzen hinaus eine wichtige soziale Funktion.
Adresse: Eckhoffplatz, 22525 Hamburg Lurup

Spezielles

▸ Flohdom Bahrenfelder Trabrennbahn
Flohmärkte und Vintage sind in. Auf dem Flohdom wird aber nicht nur Altes verkauft, sondern mit großem Erfolg auch Neues. Doch auch ohne kaufen/verkaufen bringt es Spaß, dem bunten Flohmarkttreiben auf dieser ungewöhnlichen Location zuzusehen.
Adresse: Luruper Chaussee 30, 22761, 🌐 www.hamburg-tourism.de/shoppen-geniessen/shoppen-in-hamburg/flohdom-bahrenfelder-trabrennbahn

Blankenese & Elbvororte mit Nienstedten, Othmarschen, Groß Flottbek, Rissen, Sülldorf

(Bezirk Altona)

Sehenswertes

▸ Blankeneser Treppenviertel
Mit einem Alpenpanorama kann Hamburg nicht dienen. Wenn es um Höhe geht, muss der Süllberg mit dem berühmten Blankeneser Treppenviertel herhalten. Um das Treppenviertel zu erkunden, muss man gut zu Fuß sein, sonst könnte es untrainiert bei den gut 5000 Treppen, die es bergauf und bergab zu meistern gilt, Probleme geben. Blankenese, das eigentlich „glänzende Nase" bedeutet, zeigt sich in seiner Eleganz im Treppenviertel von einer ganz besonderen Seite. Dieses hat viele verwinkelten Gassen und bildhübsche Häuser mit oftmals blauen Türen, maritimer Patina und vielen Blumen, die im winzigen Kleingarten von Balkonen oder von der Hauswand ranken. Vom Elbstrand zieht sich das Treppenviertel den Süllberg, der eher ein Hang ist, hinauf. Die längste Treppe heißt hier Rutsch und hat 170 Stufen. Wer die Tour nur einmal machen möchte, nimmt auf dem Rückweg die Buslinie 488, die als Bergziege bekannt ist, und vom Strandweg zur S-Bahnstation Blankenese wie auch retour fährt.
Adresse: 22587 Hamburg

Blick vom Hessepark aufs Treppenviertel

▸ Sülldorf und Sommerbad Marienhöhe
18 Minuten dauert die Fahrt von Altona nach Sülldorf, einem der letzten Bauerndörfer Hamburgs. Sülldorf, das heißt sofortige Entschleunigung. Der Geruch von Feld, Wald, Wiesen liegt in der Luft. Sülldorf gilt als Freizeitparadies und Pferdedorf, mit Reitpensionen, Reitställen, Reitschulen und allem, was sonst noch dazugehört. Der Stadtteil eignet sich hervorragend zum Wandern, Biken, Nordic Walken, für die Be-

obachtung von Flora, Fauna und Getier im Wildpark Klövensteen. Es ist ein Ausflugsparadies für Familien und für alle, die den Geruch von Wald lieben, die freudig durch Matsch gehen, sich für eine Pause auf eine verwitterte Bank setzen, um die Metropole hinter sich lassen. Ein weiterer Tipp ist das wundervolle Sülldorfer Sommerbad Marienhöhe, das versteckt in einem Waldgebiet liegt und von hoch gewachsenen Bäumen und gepflegten Blumengärten umgeben ist. Es hat Wasserrutschen, ein Beachvolleyballfeld und eine riesige, 26 500 Quadratmeter große Liegewiese.
Adresse: Sommerbad Marienhöhe: Luzernweg 1, 22589 Hamburg,
🌐 www.baederland.de/baeder/standorte/sommerfreibad-marienhoehe
🌐 www.hamburg.de/sehenswertes-suelldorf

▸ Kirche Nienstedten
Die Kirche liegt direkt an der Elbchaussee und gibt, wenn man davorsteht, einen weiten Blick über die Elbe frei. Auch ohne Heiratsabsichten oder religiösen Bezug lohnt sich der Besuch dieses barocken Gotteshauses aus dem 18. Jahrhundert, das regelmäßig geistliche Konzerte im Programm hat. Ein Kinderchor, ein Gospelchor, eine Kantorei und ein Streichorchester gehören ebenso zur Kirche. Die Kirche ist eine der beliebtesten Hochzeitskirchen in Hamburg.
Adresse: Elbchaussee 410, 22609 Hamburg, 🌐 kirche-nienstedten.de

Kunst, Kultur & Clubs

▸ Blankeneser Kino
Es ist klein, fein, hat ein charmantes Ambiente und erfreut mit seinem Programm Hamburgs Cineastinnen und Cineasten auch außerhalb der Elbvororte. Das Stadtteilkino Blankeneser Kino, direkt am Bahnhof Blankenese, hat zwei Säle mit etwa 100 Plätzen. Neben Klassikern und neuen, anspruchsvollen Filmen umfasst das Angebot auch ein Kinderkino. Einziges Manko: Das Kino ist nicht barrierefrei.
Adresse: Blankeneser Bahnhofstraße 4, 22587 Hamburg,
🌐 www.blankeneserkino.de

▸ Jenisch-Haus und Jenischpark
Viele Einheimische kennen den Jenischpark, der als einer der schönsten Hamburger Landschaftsparks am Elbufer angesehen wird. Doch nicht jeder kennt das Museum Jenisch-Haus. Das dreigeschossige Landhaus war der Sitz des Hamburger Senators Martin Johann Jenisch d. J., und wurde zwischen 1831 und 1834 gebaut. Da das Haus eine Außenstelle des Altonaer Museums ist, werden auch Sonderausstellungen in den Dachgeschossen präsentiert. Erdgeschoss und Obergeschoss sind mit Möbeln und Accessoires aus der Erbauungszeit eingerichtet und zeigen, wie wohlhabende Menschen damals gelebt haben.

Jenisch Haus in Othmarschen

Adresse: Baron-Voght-Straße 50, 22609 Hamburg, 🌐 www.shmh.de/de/jenisch-haus
Adresse: Jenischpark, Elbchaussee, 22605 Hamburg, 🌐 www.jenischparkverein.de

▸ Ernst-Barlach-Haus

Ernst Barlach war ein vielseitiger Künstler: Zeichner, Grafiker, Bildhauer und Autor dramatischer Stücke. Das Privatmuseum Ernst-Barlach-Haus im Jenischpark wurde von einem Bewunderer Barlachs gestiftet: Herrmann F. Reemtsma, Unternehmer, Zigarettenfabrikant, Mäzen. Das Museum verfügt über 140 plastische Werke, 400 Zeichnungen und einen nahezu vollständigen Bestand von Barlachs druckgrafischen Blättern. Daneben gibt es mehrmals im Jahr Sonderausstellungen.
Adresse: Baron-Voght-Straße 50, 22609 Hamburg, 🌐 www.barlach-haus.de

▸ Puppenmuseum Falkenstein

Die etwa 600 Exponate geben eine dreihundertjährig Kulturgeschichte von Puppen wieder. Daneben ist das Museum aber auch aus weiteren Gründen sehenswert. Das Gebäude ist eine Bauhaus-Villa, die 1923 von Karl Schneider (1892–1945), einem Schüler von Walter Gropius, gebaut wurde. Ab 1963 war die Villa-Michaelsen-Falkenstein Wohnsitz des Verlegers Axel C. Springer, der, auch weil er keine Nachbarn haben wollte, ein 72 000 Quadratmeter großes Parkgelände dazukaufte. Anfang der 1980er-Jahre vermachte Springer den Park wie auch die Villa der Stadt Hamburg. 1985 übernahm die Künstlerin und Galeristin Elke Droescher die mittlerweile zur Ruine verkommene Villa samt Sanierungskosten und Unterhalt. 1986 eröffnete die Künstlerin das Puppenmuseum Falkenstein.
Adresse: Grotiusweg 79, 22587 Hamburg, 🌐 www.elke-droescher.de/

▸ Museumshafen Övelgönne e. V.

Die ehemalige Fischer- und Lotsensiedlung mit ihren Fachwerkhäusern ist seit jeher ein beliebtes Ausflugsziel. 1977 kam eine neue Attraktion hinzu, der Museumshafen. Rund 20 Schiffsoldtimer haben ihren Liegeplatz direkt am Anleger Neumühlen/Övelgönne. Im Museumshafen liegt das älteste seegängige Feuerschiff der Welt (Elbe 3), das 1888 gebaut wurde. Dazu gibt es Dampfschlepper, Kutter, Ewer, Tjalken, Kräne, Eisbrecher und historische Dienstfahrzeuge von Polizei und Zoll zu sehen. Alle Museumsschiffe sind jederzeit vom Anleger aus zu besichtigen.
Adresse: Neumühlen, 22763 Hamburg, 🌐 www.museumshafen-oevelgoenne.de

Feuerschiff Elbe 3 im Museumshafen

Bildungs- & Kreativangebote

▸ Hamburger Volkshochschule, VHS-Zentrum West

Die VHS-West hat ihren Sitz im Stadtteil Othmarschen, wenige Minuten von der S-Bahn Othmarschen entfernt.
Adresse: Waitzstraße 31, 22607 Hamburg, 🌐 www.vhs-hamburg.de/vhs-standorte/vhs-zentrum-west-929

‣ Bücherhalle Elbvororte
Die Bücherhalle Elbvororte ist mit etwa 50 000 Medien eine der größten Stadtbüchereien in Hamburg. Die Schwerpunkte liegen auf Kinder- und Sachliteratur, auf dem Fremdsprachenangebot für Kinder und Erwachsene und auf Konsolenspielen.
Adresse: Sülldorfer Kirchenweg 1b, 22587 Hamburg, 🌐 www.buecherhallen.de/elbvororte.html

‣ Blankeneser Kirche am Markt
Zum besonderen Profil der Kirche gehört neben Kirchenmusik, Chören und Flüchtlingshilfe die Gemeindeakademie. Das Akademie-Angebot umfasst eine Reihe von Studienbereichen wie Theologie und Glaube, Meditation und Spiritualität, Weltethos und interreligiöser Dialog, Politik und Gesellschaft, nachhaltiger Lebenswandel und Literatur. Alle Vorträge und Diskussionen werden gefilmt und als Download auf der Website bereitgestellt.
Adresse: Mühlenberger Weg 64a, 22587 Hamburg, 🌐 blankenese.churchdesk.com/gemeindeakademie

Treffs & Begegnungsstätten

‣ Bürgerverein Rissen e. V.
Seit mehr als 35 Jahren ist der Verein im Sinne eines aktiven Gemeindelebens tätig. Man trifft sich im Bürgerhaus Rissen und veranstaltet jährlich ein Sommerfest.
Adresse: Wedeler Landstraße 2, 22569 Hamburg, ✉ info@buergerverein-rissen.de, 🌐 www.buergerverein-rissen.de

‣ Blankeneser Bürgerverein
Im Sommer 2022 feierte der Bürgerverein sein 75-jähriges Jubiläum im Hessepark. Seine umfangreichen Aktivitäten werden bis auf den Juli monatlich seit über 70 Jahren in der hauseigenen Zeitung „Blankenese – Informationsblatt Blankeneser Bürgerverein e. V." publiziert.
Adresse: Blankeneser Bahnhofstraße 31a (Marktplatz-Pavillon 22587 Hamburg,), ✉ bbv@blankeneser-buergerverein.de, 🌐 www.blankeneser-buergerverein.de

‣ Römisch-Katholische Kirchengemeinde Maria Grün Blankenese
Ein gemischter Chor, Brasilienprojekte, Frauen-Bibelkreis, Spielenachmittag, Seniorenarbeit, Pfadfinder und Gebetsabende zählen zum Angebot der Kirchengemeinde.
Adresse: Schenefelder Landstraße 3, 22587 Hamburg,
🌐 www.katholisch-im-hamburger-westen.de/aktuelles-aus-maria-gruen/

Abenteuer, Freizeit & Natur

‣ Elbstrand Övelgönne
Eine Besonderheit Hamburgs als Millionen-Metropole ist es einen weißen Sandstrand vor der Haustür zu haben. Neben dem Museumshafen Övelgönne und dem Schiffsanleger befindet sich hier einer der beliebtesten und chilligsten Ausflugsorte: der Elbstrand Övelgönne, der sich mit wechselnden Namen 13 Kilometer flussabwärts

Urlaub zu Hause am Elbstrand Övelgönne

bei der Elbmündung erstreckt. Und das mit Blick auf den Hamburger Hafen. Früh am Morgen sind vor allem die Hundebesitzerinnen und -besitzer mit ihren Vierbeinern am Strand zu treffen. Man kennt sich, man grüßt sich. An vielen Strandplätzen ist es erlaubt, zu grillen. Eine wichtige Voraussetzung dafür ist jedoch, dass man nach dem Grillvergnügen seinen Müll entweder in die vorhandenen Mülltonnen entsorgt oder, sollten diese voll sein, mitnimmt. Für viele findet hier auch das schönste Osterfeuer der Elbmetropole statt.

Hirschpark

Hirsche machen dem Park alle Ehre. Doch auch Pfauen und Wasservögel kann man in dem schönen Park beobachten. Der Kaufmann Johann Caesar IV. Godeffroy (1742–1818) erwarb das ehemalige Gut in einer Auktion, ließ sich ein Landhaus bauen und legte den Park als Landschaftsgarten an. Im Jahr 1924 erwarb die Gemeinde Blankenese das Anwesen, drei Jahre später wurde es durch die Stadt Altona der Öffentlichkeit übergeben und durch Ferdinand Tutenberg in eine öffentliche Anlage umgestaltet. Heute ist der Hirschpark ein beliebtes Ausflugsziel.
Adresse: Elbchaussee, 22587 Hamburg, www.familienkultour.de/natur/hamburg/hirschpark-in-hamburg-spielen-und-tiere-beobachten/

Jenischpark

(siehe Seite 23, Jenisch-Haus/Jenischpark)

Schiffe versenken

Besonders gut sieht man die Schiffswracks von Blankenese, wenn man bei Ebbe den Strandweg Richtung Falkensteiner Ufer direkt an der Elbe entlangspaziert. Da trifft man auf das Schiffwrack „Uwe", das bekannteste Schiffswrack an der Elbe. Uwe kenterte bei dichtem Nebel am 19. Dezember 1975. Das älteste Schiffswrack am Falkensteiner Ufer ist der finnische Schoner und spätere Motorsegler „Polstjernan". Das Schiff geriet am 20. Oktober 1926 auf dem Weg nach England im heutigen Nord-Ostsee-Kanal in Brand. Es wurde, wie später Uwe, mit Schleppern ans Falkensteiner Ufer geschleppt.
Adresse: Falkensteiner Ufer, 22587 Hamburg, www.hh-mit-kindern.de/ausflugsziel/schiffswracks-am-falkensteiner-ufer

Das Wrack des deutschen Binnenschiffs Uwe, das 1975 in der Elbe sank

Campingplatz Elbecamp

Ja, auch campen kann man an der Elbe, und das ganz offiziell von April bis Oktober am Elbecamp, einem Zeltplatz am Falkensteiner Ufer, direkt am Elbstrand. Ein traumhaftes Ambiente mit bodenständigen Camperinnen und Campern. Gitarre(n) raus ...
Adresse: Falkensteiner Ufer 101, 22587 Hamburg, www.elbecamp.de

Klövensteen & Wildgehege Klövensteen

An der westlichen Grenze Hamburgs nördlich der Stadtteile Rissen und Sülldorf

erstreckt sich auf einer Fläche von mehr als 513 Hektar ein ausgedehntes Waldgebiet, das durch Aufforstungen im 19. Jahrhundert entstand: der Klövensteen. Das Gebiet ist durch ein Netz von Wander- und Reitwegen erschlossen und eignet sich hervorragend für Freizeitaktivitäten jeder Art. Am Ende des Sandmoorwegs befindet sich der Haupteingang zum Wildgehege. Dieses beherbergt eine Vielzahl von Tieren, u. a. Wildschweine, Hirsche und Mufflons (Wildschafe). In Käfigen und Volieren werden darüber hinaus Frettchen, Uhus und Fasane gezeigt. Für Kinder ist ein Spielplatz vorhanden, es gibt Grillplätze, ein Bienen-Schauhaus und ein Waldpädagogik-Infozentrum. Der Besuch ist kostenlos. Aber Achtung: Fahrräder müssen draußen bleiben.
Adresse: Sandmoorweg 160, 22559 Hamburg, 🌐 www.hamburg.de/altona/forst-kloevensteen/

▸ Römischer Garten

Freunde einladen, Picknickkorb packen, und ab gehts in den Römischen Garten, der Italien-Flair schenkt. Der Garten lockt über dem Falkensteiner Ufer mit dem Schatten mächtiger Bäume und rasenbewachsenen Stufen des Amphitheaters, das wiederum von einer Eibenhecke umgeben ist. Mit einem absolut sensationellen Blick auf die Elbe. Das kann der Tiber in Rom nicht bieten.
Adresse: Falkensteiner Ufer, 22587 Hamburg, 🌐 www.hamburg.de/parkanlagen/3115692/roemischer-garten

▸ Sven-Simon-Park

Über dem Falkensteiner Elbufer liegt der fast 55 000 Quadratmeter große Sven-Simon-Park mit schönem altem Baumbestand und beschaulichen Spazierwegen. Er wurde 1980 vom Verleger Axel C. Springer für die Öffentlichkeit freigegeben. Der Park ist nach Springers früh verstorbenem Sohn genannt, der unter dem Pseudonym Sven Simon ein erfolgreicher Reportage-Fotograf war (siehe Puppenmuseum, Seite 24).
Adresse: Grotiusweg 77, 22587 Hamburg

Sport & Kontemplation

▸ TVGF – Turnverein Groß Flottbek von 1901 e. V.

Der Turnverein Groß Flottbek hat circa 1000 Mitglieder. Sportkurse sind u. a.: Badminton, Ballett/Kindertanz, Basketball, Skigymnastik, Fitness, Krabbelgruppe, Nordic Walking, 60+ und Schwimmen.
Adresse: Waitzstraße 19, 22607 Hamburg-Othmarschen, ✉ info@tvgf.de, 🌐 www.tvgf.de/

▸ SV Blankenese von 1903 e. V.

Der traditionelle Club SV Blankenese bietet Fußball, Tennis, Hockey, Handball, Leichtathletik, Badminton, Judo, Tischtennis, Gymnastik und Zumba an. Besonders die Jugendmannschaften erfreuen sich großer Beliebtheit.
Adresse: Eichengrund 25, 22589 Hamburg, ✆ 040/865625, 🌐 www.svblankenese.de

▸ Grossflottbeker Tennis-, Hockey- und Golf-Club e. V.

Der Club wurde 1901 als Tennisclub gegründet. Die Clubanlage umfasst heute zehn Freiluft- und drei Hallen-Tennisplätze, zwei Kunstrasen- sowie drei Naturrasen-Hockeyplätze. Das besondere Highlight ist der kleinste Sechs-Loch-Golfplatz Deutschlands. Diese Vielfalt zieht ganze Familien an. Fast 70 Prozent aller Aktivitäten drehen sich um die 30 Jugendmannschaften, denn hier sieht der Club seine Zukunft.

Adresse: Otto-Ernst-Straße 32, 22605 Hamburg, ✆ 040/827208, 🌐 www.gthgc.de

▸ Lola Rogge Schule

Sie zählt zu den bekanntesten internationalen Schulen für Tanz und Tanzpädagogik. 1927 von Lola Rogge in Altona gegründet, wird dieses tänzerische Juwel seit 1975 von der Tochter Christiane Meyer-Rogge-Turner und einem Leitungsteam fortgeführt. Die Schule hat zwei Standorte, einen in Blankenese, einen weiteren in Hohenfelde (Bezirk Hamburg-Nord).
Adresse: Elbchausse 499, 22587 Hamburg, 🌐 www.lolaroggeschule.de

▸ Sommerbad Marienhöhe

(siehe Seite 22)

▸ Blankeneser MTV von 1883 e. V.

Fechten, Bogenschießen, Basketball, Prellball, Folklore e. V. sind im Angebot.
Adresse: Oesterleystraße 20, „Hessehaus“, 22587 Hamburg, 🌐 blankeneser-mtv.de

▸ Segler-Vereinigung Altona Övelgönne e. V.

Die Vereinigung hat Liegeplätzen in Wedel, Mühlenberg, Eckernförde und an der Alster. Segelausbildung für Kinder, Jugendliche und Erwachsene. Unterricht für alle Bootsführerscheine. Veranstaltung von Segelregatten auf Alster, Elbe, Nord- und Ostsee. Fahrtensegeln, Modellsegeln, Motorbootfahren.
Adresse: Neumühlen 21, 22763 Hamburg, 🌐 www.svaoe.de

Märkte & Feste

▸ Wochenmarkt Blankenese

Ein sympathischer Markt, nur etwa fünf Minuten vom Bahnhof Blankenese entfernt. Den traditionsreichen Blankeneser Wochenmarkt gibt es seit 1929. Einige der Markthändler bieten hier ihre Waren bereits in vierter Generation an.
Adresse: Blankeneser Bahnhofstraße, 22587 Hamburg, 🌐 www.hamburg.de/altona/wochenmarkt-blankenese/

▸ Wochenmarkt Groß Flottbek

Seit mehr als 60 Jahren bauen hier die Beschicker ihre Stände auf. Es gibt ein breites Angebot von Obst, Gemüse und Pflanzen.
Adresse: Osdorfer Landstraße 1a, 22607 Hamburg, 🌐 www.hamburg.de/altona/wochenmarkt-gross-flottbek/

▸ Bio-Wochenmarkt Nienstedten

Der kleine, feine Bio-Wochenmarkt auf dem Nienstedtener Marktplatz bietet frische regionale Vielfalt in heimeliger Marktatmosphäre.
Adresse: Nienstedtener Marktplatz, 22609 Hamburg,
🌐 www.hamburg.de/wochenmarkt-altona/3905106/oekomarkt-nienstedten

Spezielles

▸ Ring der Einzelpaddler/Faltbootgilde e. V. Hamburg

Das Bootshaus diente bereits als Filmkulisse und liegt idyllisch am Falkensteiner Ufer. Der Liegeplatz bietet Platz für 400 Boote, die Vereinsbootflotte des 1931 gegründeten Clubs umfasst etwa 70 Boote. Mit rund 600 Mitgliedern ist der Ring der Einzelpaddler der zweitgrößte Hamburger Kanuverein hinter dem Alster-Canoe-Club. Für Seniorinnen und Senioren werden im Sommer auch Kurse außerhalb der Stoßzeiten angeboten.
Adresse: Falkensteiner Ufer 2–4, 22587 Hamburg, ✉ kanukurse@rde-hamburg.de, 🌐 www.rde-hamburg.de/aktuelles

Ottensen, Sternschanze

(Bezirk Altona)

Sehenswertes

▸ Auf einmal Hippster-Viertel

Der Stadtteil Ottensen wird aufgrund der schmalen Straßen, der originellen Geschäfte, der überwältigenden kulinarischen Möglichkeiten, der Barkultur wie auch des großen kreativen Angebots wegen als Klein-Paris bezeichnet. Das ehemalige Arbeiterviertel, das ein Industriestandort unterschiedlicher Fabriken war und zum Kerngebiet der historischen Stadt Altona zählt, ist in den letzten fünfzehn Jahren zum hippsten Stadtteil der Hansestadt aufgestiegen und hat damit die Sternschanze in den Schatten gestellt und St. Georg als weiteren Trend-Stadtteil überholt. Trotz anhaltender Gentrifizierung lässt sich der Charme, aber auch die Schwere, unter der die Arbeiterinnen und Arbeiter im 19. und 20. Jahrhundert geschuftet haben, und die historisch-politische Bedeutung von Ottensen noch relativ gut sichtbar erleben. Im denkmalgeschützten Ensemble der Drahtseilfabrik ist das Stadtteilarchiv Ottensen sowie die Geschichtswerkstatt für Altona untergebracht, die tiefe Einblicke in den Wandel der Zeiten von Ottensen, Bahrenfeld, Altona-Altstadt und Altona-Nord gibt. Regelmäßig werden Stadtteilrundgänge für Ottensen angeboten.

Stadtteilarchiv Ottensen e. V. / Geschichtswerkstatt für Altona

Adresse: Zeißstraße 28, 22765 Hamburg,
☏ 040/3903666,
🌐 www.stadtteilarchiv-ottensen.de

▸ Sternschanze

Die Schanze war unweit von St. Pauli und in ihrer ursprünglichen Bestimmung einmal ein Teil der Befestigungsanlage Hamburgs (Sternschanze), und hat nach der französischen Besatzungszeit (1806–1814) ein eigenes kleines Amüsierviertel ausgeprägt, das in veränderter Form bis heute Bestand hat. Das Schulterblatt (Straße) als Dreh- und Angelpunkt gehört noch immer zu den Hotspots in der Schanze, mit Bars, vielen Restaurants und Kneipen. Die Zeit der Diskotheken und Bühnen ist aber bis auf wenige Ausnahmen vorbei. Was Neuhamburger und auch jüngere Einheimische nicht wissen: Erst seit den 1980er-Jahren spricht man von der Sternschanze, ursprünglich gehörte auch dieser Teil Hamburgs zu St. Pauli. Seit 2006 gehört die Schanze zum Bezirk Altona, nicht mehr zu Hamburg-Mitte. Hamburg-Mitte bekam dafür administrativ die sich im Bau befindliche HafenCity. Kreative Einblicke in das ehemalige Arbeiter- und Studentenviertel gibt die Street-Art & Kultur Schanzenviertel-Tour, Treffpunkt ist von Do bis Sa am Tschaikowskiplatz (der zum Karolinenviertel und damit St. Pauli und Bezirk Hamburg-Mitte gehört) um 17 Uhr.

Informationen und Buchungen unter:
🌐 www.hamburg.de/tickets/e/15340630/streetart-kultur-schanzenviertel-tour/

▸ altonale

Die altonale hat sich zum größten Straßenfest in Norddeutschland entwickelt und begeistert jedes Jahr im Frühsommer als Festival der kulturellen Vielfalt bis zu 600 000 Besucherinnen und Besucher. 17 Tage lang wird ein einzigartiger Kunst- und Kultur-Mix im öffentlichen Raum zelebriert. Hunderte Einzelveranstaltungen aus den Bereichen Bildende Kunst,

Street-Art, Literatur, Kultur, Musik, Theater, Kinder und Literatur finden vor allen in Ottensen, aber auch in Altona-Altstadt und Altona-Nord statt.
Infos: 🌐 www.altonale.de

Entspannter Kunstgenuss auf der altonale

▸ STAMP
Zum Festivalprogramm zählt auch STAMP – der Begriff steht für „Streets Arts Melting Pot", und ist eine Mischung aus Theater im öffentlichen Raum, Street-Art und Urban Dance. Der Vorläufer des STAMP entstand bereits Ende der Neunzigerjahre aus dem Umfeld des HausDrei.
Infos: 🌐 www.altonale.de/stamp-festival

Ein Erkennungsmerkmal von STAMP: die Elfen auf Stelzen

▸ Galerie Holzhauer
Seit 2004 betreibt Angela Holzhauer ihre Galerie in einem Fabrikloft in der Ottensener Borselstraße. Dort wie auch in ihrer weiteren Arbeit steht die Vermittlung im Vordergrund, die Gespräche über die Kunst, der Austausch über sie. Ferner hat die Galeristin und Journalistin vor rund zehn Jahren das Format ART BIKE für die altonale entwickelt. Jedes Jahr beim größten Stadtteilfest Norddeutschlands fährt unter ihrer Führung ein Tross interessierter Kunstgänger zu besonderen Kunstorten, Ateliers und Galerien – mit dem Fahrrad.
Adresse: Borselstraße 9 22765 Hamburg, ✉ galerie@holzhauerhamburg.de, 🌐 www.holzhauerhamburg.de/home/home.php

Kunst, Kultur & Clubs

▸ Altonaer Museum
Das Museum, das sich mit der Kunst- und Kulturgeschichte des norddeutschen Raumes beschäftigt, wozu auch die Küstengebiete von Nord- und Ostsee gehören, ist eines der größten Regionalmuseen. Spannend wird die kulturhistorische Entwicklung der Elbregion dargestellt. Dazu gehört beispielsweise, wie eng Menschen und Tier unter einem Dach zusammengewohnt haben. Immer stärker verbindet das Museum auch zeitgenössische Themen, die sich für die heutigen Bewohner ergeben und die deren Identität bestimmen: Flucht, Migration, Inklusion, Stadtleben. Empfehlenswert ist auch der kleine Museumsshop. Seit 2008 gehört das Museum zur Stiftung Historische Museen Hamburg.
Adresse: Museumstraße 23, 22765 Hamburg,
🌐 www.shmh.de/altonaer-museum

▸ Altonaer Theater

Grimms sämtliche Werke leicht verkürzt, „Frühstück bei Tiffany", „Die Drei???" – „Signale aus dem Jenseits" oder „Der Spieler" – das Altonaer Theater bringt Literatur auf die Bühne. Bereits 1783 wurde das Theater „zur Muße der Bürger" in Altona gegründet. Seit den 1950er-Jahren hat es seine Spielstädte in der Museumsstraße.

Adresse: Museumstraße 17, 22765 Hamburg, 🌐 www.altonaer-theater.de

▸ Monsun Theater

Hamburgs ältestes Off-Theater öffnete 1980 im Herzen Ottensens, in einem denkmalgeschützten Gebäude einer alten Senffabrik in der Friedensallee 20. Umfangreiche barrierefreie Baumaßnahmen führten dazu, dass die Spielstätte vorerst ein zweites Zuhause in der Gaußstraße gefunden hat. Seit 2015 ist Françoise Hüsge Intendantin des traditionsreichen und preisgekrönten Theaters. Schauspiel, Tanz, Performance, Kinder- und Jugendtheater und Lesungen stehen auf dem Programm.

Adresse: Gaußstraße 149, 22765 Hamburg, 🌐 www.monsun.theater

▸ Thalia in der Gaußstraße

Das Thalia in der Gaußstraße ist die Dependance des Thalia Theaters und Stadtteiltheater von Altona gleichermaßen und wurde 2000 auf einem ehemaligen Fabrikgelände eröffnet. Hier stehen neue Stücke im Zentrum, neu entdeckte Autorinnen, junge Regisseure und das Erproben neuer Theaterformen und Ästhetiken. Zusätzlich gibt es auf dem alten Fabrikgelände etwas zu gucken: Kunst unter freiem Himmel.

Adresse: 22765, Gaußstraße 190, 22765 Hamburg,
🌐 www.thalia-theater.de/ueber-uns/spielstaetten/gaussstrasse

▸ Fabrik

AC/DC, Nina Simone, B. B. King, Debbie Harry & The Jazz passengers, Mother's Finest, Gilberto Gil, Udo Lindenberg, Taj Mahal, Nneka ...: Die Fabrik hat eine lange Liste der Hall of Fame, Persönlichkeiten und Bands, die im ältesten Kultur- und Kommunikationszentrum Deutschlands aufgetreten sind. Der dreischiffige Hallenbau wurde 1899 als Werkhalle der Firma Hespe & Lembach gebaut, die Holzverarbeitungsmaschinen herstellte. Gegründet wurde die Fabrik 1971 von zwei Kreativen: dem Maler Horst Dietrich und dem Architekten Friedhelm Zeuner. Die Idee, ein Kulturzentrum zu errichten, in dem es Konzerte Theater, Diskussionen, den sonntäglichen Frühschoppen, Partys sowie Kinder- und Jugendarbeit gibt, war bahnbrechend. Damit ist die Fabrik Vorbild für Kultur- und Kommunikationszentren in ganz Westeuropa geworden. Tagsüber und am Nachmittag gibt es viele Angebote für Kinder und Jugendliche, abends gibt es Konzerte oder Lesungen. Legendär ist die jährliche Weihnachts-Reggae-Party, die 1985 von dem Jamaikaner Papa Curvin erstmalig organisiert wurde, sowie die regelmäßigen Single-Partys, auch zu Silvester.

Adresse: Barnerstraße 36, 22765 Hamburg, 🌐 www.facebook.com/fabrikhamburg

Eine kulturelle Institution: die Fabrik in Ottensen

‣ Zeise Kino/Zeisehallen
Es war eine Sensation, als das Zeise 1993 öffnete. Das lag nicht nur an den drei gemütlichen Kinosälen und den anspruchsvollen Filmen, sondern auch an der Location. Das Programmkino ist in einem Medien- und Kulturzentrum in den Zeisehallen untergebracht. Diese wiederum sind die ehemaligen Werkzeughallen der Schiffsschraubenfabrik von Theodor Zeise, die 1868 gegründet wurde und 1979 in den Konkurs ging. Abgesehen vom Kino sind die Zeisehallen ein beliebter Treffpunkt, da es rundherum Gastronomie gibt. Legendär ist die Filmhauskneipe, die ebenso zum Ensemble der Werkshallen gehört.
Adresse: Friedensallee 7–9, 22765 Hamburg, 🌐 www.facebook.com/zeisekinos

‣ Lichtmess
Im Ottenser Lichtmess, das Anfang der 1990er von Carsten Knoop und Dorit Kiesewetter in einer ehemaligen Kosmetikfabrik gegründet wurde, spürt man die Liebe zum Kino. Gezeigt wird jeden Donnerstag eine selektierte Auswahl an Filmen und experimentellen Dokumentationen. Mit Letzteren hat es eine Nische in der breiten Kinolandschaft Hamburgs gefunden. Wer Interesse hat, kann das Kino für Veranstaltungen, Diskussionen und Feiern auch mieten.
Adresse: Gaußstraße 25, 22765 Hamburg,
🌐 www.lichtmess-kino.de

‣ Alte Druckerei Ottensen
Versteckt in einem Hinterhof an der belebten Bahrenfelder Straße findet man die Alte Druckerei Ottensen, eine Weinhandlung mit reichhaltigem kulturellem Angebot. Im WeinKlang gibt es zusätzlich Kultur zu moderaten Preisen: Klassik, Jazz und Flamenco, Lesungen, Schauspiel, Literaturabende, Ausstellungen und Malkurse. Zu späterer Stunde sitzt Prof. Dr. Herbert Bruhn, der 1968 das „Landesjungendorchester Hamburg“ gegründet hat, auch gerne mal am Klavier. Das Fabrikgebäude ist dem engagierten Musikwissenschaftler und Pädagogen hinreichend bekannt: Er wurde hier geboren. Das Gebäude, seit 1892 im Besitz der Familie Bruhn, beherbergte viele Jahrzehnte die familieneigene Druckerei, in der vor allem Geschäftsbücher produziert wurden.
Adresse: Bahrenfelder Str. 73D, 22765 Hamburg,
🌐 www.alte-druckerei-ottensen.de

Die Alte Druckerei Ottensen/WeinKlang ist ein Geheimtipp.

‣ Hafenbahnhof
Der Hafenbahnhof ist um die 100 Jahre alt und diente bis in die 1970er-Jahre als Bürogebäude für die Altonaer Hafenbahn.

Das alte Gleisbett liegt direkt hinter dem Haus, allerdings ohne Gleise, und führt nach circa 200 Metern in Richtung Osten zum „Schellfischtunnel", der unterirdisch am Bahnhof Altona endet. In den 1980er-Jahren wurde der Hafenbahnhof dann als Übungsraum von Bands genutzt und um 2000 herum zog ein kleiner Kiosk ein, der sich aber nicht lange hielt. 2005 wurde das Schmuckstück neu entdeckt. 2006 eröffnete der Hafenbahnhof als Live-Club, Party Location, Café und Bar.
Adresse: Große Elbstraße 276, 22767 Hamburg, 🌐 www.hafenbahnhof.com

▸ Lobusch/No Pasaran

In den späten 1970ern und frühen 1980ern war Hamburg die Hochburg des Punks in Westdeutschland. Viel ist davon nicht übrig geblieben, es gibt dennoch zwei Geheimtipps für Punkrocker und Gothic-Liebhaberinnen: die Punkrock-Kneipe „No Pasaran" in der Lobuschstraße unweit des Altonaer Bahnhofs und das „Onkel Otto" in der Bernhard-Nocht-Straße auf dem Kiez. Zum „Lobusch", wie die Kneipe intern genannt wird, gibt es den Verein „Pappnasen e. V.". Dieser bietet unkommerzielle Veranstaltungen wie etwa Konzerte, Ausstellungen, Flohmärkte oder Filme für schmale Geldbeutel an.
Adresse: Lobuschstraße 39, 22765 Hamburg,
🌐 http://www.lobusch.org/termine.html

▸ Monkeys Music Club

Eine stimmungsvolle Bar, Nachtclub und Musikstätte mit Auftritten lokaler Bands und Stand-up-Comedians – schräg gegenüber der Fabrik.
Adresse: Barnerstraße 16, 22765 Hamburg,
🌐 www.facebook.com/monkeysclubhamburg/

▸ Mathilde Bar & Moonshinetheater

Die Ottenser Dependance der Eimsbütteler Mathilde Bar hat eine kleine Bühne namens Moonshinetheater. Hier gibts Lesungen, Poetry-Slams, kleine Konzerte. Einige Events wie die Open Tunes kosten keinen Eintritt.
Adresse: Kleine Rainstraße 11, 20146 Hamburg, 🌐 www.facebook.com/Mathilde.Ottensen

Das Moonshinetheater in der Mathilde Bar

▸ Die Bedürfnisanstalt

Ein kleiner Pavillon, der einst ein Wartehäuschen für die Straßenbahn war und 1928 errichtet wurde, bietet heute, zum Atelierraum ausgebaut, Kunstwerken eine Heimat. Zudem kann die Bedürfnisanstalt für Kunstprojekte, Performances, Lesungen, Konzerte etc. gemietet werden. Die Mindestmietdauer beträgt zwei Wochen. Bei Gruppenausstellungen können maximal drei Künstler ausstellen.
Adresse: Bleickenallee 26a, 22763 Hamburg, ✉ post@diebeduerfnisanstalt.de,
🌐 http://www.diebeduerfnisanstalt.de/aktuell/

▸ Autonomes Zentrum in der Roten Flora

Die Rote Flora war mal ein Konzerthaus und Theater (1889), wurde in den 1920er-Jahren zu einem Kino, dann zu einem beliebten Warenhaus, in dem „1000 Töpfe“ beheimatet war. Ende der 1980er-Jahre erfolgte der Teilabriss des historischen Gebäudes. Als zudem die Pläne bekannt wurden, aus der Flora ein Musicaltheater (Phantom der Oper) machen zu wollen, regte sich im Viertel Widerstand. Im Sommer 1989 bot die Stadt den protestierenden Initiativen das Gebäude vorübergehend zur Miete an, um die vorgeschlagene Nutzung als Stadtteilkulturzentrum zu präsentieren. In der Folge wurde die Flora im November 1989 besetzt, erhielt ihre Bestimmung als Rote Flora unter Selbstverwaltung, und für das „Phantom der Oper“ wurde an der Holstenstraße kurzerhand die „Neue Flora“ gebaut. In der Roten Flora ist das Archiv der Sozialen Bewegungen untergebracht, es gibt die Kneipe Rote Flora, eine Fahrradselbsthilfe, einen Flora Flohmarkt, Kochangebote, das Flora Kino und weiterhin viel Politik.

Adresse: Schulterblatt 71, 20357 Hamburg, 🌐 www.rote-flora.de

Das Zentrum für Autonomie: die Rote Flora in der Schanze

▸ 3001 Kino

Als das Unternehmen Montblanc von seinem Stammsitz in der Schanzenstraße auszog, zogen andere ein: Neben der Volkshochschule kam 1991 das Programmkino 3001. Schwerpunkte sind Arthouse und Dokumentationen in Originalsprache. Zudem ist das Kino Spielstätte vieler regional und überregional bedeutender Filmfestivals, die jährlich stattfinden. Zu den regelmäßigen Festivals gehören unter anderem das „Internationale Kurzfilmfestival“, die „Lateinamerika-Filmtage“, das „Mo&Friese Kurzfilmfestival“, das „Japan-Filmfest Hamburg“, die „Lesbisch Schwulen Filmtage“ und das „cine cubano“. Sowohl das cino cubano als auch die Lateinamerika-Filmtage sind eigene Festivals des Kinos, während das Japan-Filmfest Hamburg oder das Mo&Friese Kurzfilmfestival als Gastfestivals im Kino stattfinden.

Adresse: Schanzenstraße 75, 20357 Hamburg, 🌐 www.3001-kino.de

Bildungs- & Kreativangebote

▸ FMZ – Frauenmusikzentrum

Und wieder geht es in einem Ottenser Hinterhof hoch her: Seit 1987 schafft das Frauenmusikzentrum einen Raum, wo sich Mädchen und Frau musikalisch ausprobieren können. Von Hip-Hop bis Rock, von Swing bis Jazz und Pop bis Electro, hier treffen sich alle Genres von der Anfängerin bis zum Profi. Die Proberäume sind vollständig mit Drumsets, Bass- und E-Gitarren, Mischpult, Klaviere, DJ-Set etc. ausgestattet. Derzeit proben über 100 Musikerinnen im FMZ und ehrenamtliche Helfer sind immer willkommen.

Adresse: Große Brunnenstraße 63 a, 22763 Hamburg, 🌐 frauenmusikzentrum.de

Im FMZ proben Musikerinnen aus ganz Hamburg.

▸ Drehbuchwerkstatt

Wer davon träumt, ein eigenes Drehbuch zu schreiben, kann das nötige Handwerkszeug bei Gabriel Bornstein in dem Verein Drehbuchwerkstatt Hamburg lernen. Dazu gehören Dialoge, Plottentwicklung und Stoffentwicklung.

Adresse: Große Brunnenstraße 73, D-22763 Hamburg, ✉ email@drehbuchwerkstatt-hamburg.de, 🌐 www.wordpress.drehbuchwerkstatt-hamburg.de/

▸ Die MOTTE – und ihre Hühner

Das Stadtteil- und Kulturzentrum MOTTE ist in seinem sozialen Engagement das Pendant zur Fabrik. Die MOTTE, 1976 gegründet, bietet ein Kulturprogramm und Kursangebot für Kinder, Jugendliche und Erwachsene. Ehrenamtliche Teams organisieren die MOTTE-Werkstätten mit ihren offenen Terminen. Hier können Interessierte selbst kreativ werden. In der MOTTE gibt es außerdem ein umfangreiches Beratungs- und Freizeitangebot für Jugendliche und Betreuung für Kinder. Desgleichen findet die Koordination des deutsch-türkischen Netzwerks Hamburg in der MOTTE statt. Eine weitere Besonderheit sind die gackernden MOTTE-Hühner in der Rothestraße: Im Hühnerstall mit Auslauf leben etwa 18 Hennen und der Hahn Knut Blumenfeld. Tagsüber laufen sie gackernd durch den Garten, abends schlafen sie im sicheren Stall.

Adresse: Eulenstraße 43, 22765 Hamburg, 🌐 www.diemotte.de/de

▸ W3 – Werkstatt für Internationale Kultur und Politik

Die W3 gehört zu den Evergreens der politischen Informations- und Debattenkultur in Hamburg. Auf der Agenda stehen Themen wie Klimagerechtigkeit, Mobilität, Feminismus, Weltwirtschaft und globale Gerechtigkeit.

Adresse: Nernstweg 32–34, 22765 Hamburg, 🌐 www.w3-hamburg.de

▸ Tischler-Akademie

DIY – Do-it-Yourself-Kurse sind in, ganz besonders Tischlerkurse. Die Tischler-Akademie bietet regelmäßig Kurse an, z. B. Grundkurs klassische Handwerkstechniken, Oberfräsen, Möbel aus Massivholzplatten. Es gibt Wochenendseminare, Abendkurse und den Bildungsurlaub Kompaktkurs Tischlern.

Adresse: Erzbergerstraße 6, 22765 Hamburg, 🌐 www.tischler-akademie.de

Grundkurs Tischlern in der Tischler-Akademie, Ottensen

▸ Bücherhalle Altona

Die kleine und beliebte Bücherhalle hat ihren Sitz im zweiten Stock des Einkaufszentrums Mercado und hat sechs Tage die Woche geöffnet.
Adresse: Ottenser Hauptstraße 10 (Mercado), 22765 Hamburg,
🌐 www.buecherhallen.de/altona.html

▸ Buchhandlung Christiansen

2016 und 2018 gab es für die Buchhandlung den Deutschen Buchhandelspreis, 2014 den Buchhandelspreis der Stadt Hamburg. Neben einer hervorragenden Literaturauswahl werden Lesungen und offene Literaturkreise angeboten. Jeden dritten Mittwoch trifft sich der Literaturkreis „junge europäische Literatur", jeden ersten Freitag ist es der Kreis „Indie Books".
Adresse: Bahrenfelder Str. 79, 22765 Hamburg,
🌐 www.buchhandlung-christiansen.de/de

Ein imposantes Gebäude ist das VHS-Zentrum Mitte in der Schanze.

▸ Schanzenbuch

Buchhandlung à la Schanze: Das Schanzenbuch am Schulterblatt hat das Lebensgefühl des Schanzenviertels in einen Kollektiv-Buchladen übersetzt. Begonnen hat alles vor über 40 Jahren mit dem Verkauf von Kinderbüchern und Spielwaren. Seit Anfang der Neunzigerjahre besteht die „Buchhandlung im Schanzenviertel GmbH" aus zwei Läden mit unterschiedlichen Schwerpunkten: Literatur und Politik im Schulterblatt und Kinderbücher und Pädagogik in der Schanzenstraße.
Im Schulterblatt finden regelmäßig Lesungen und Diskussionsrunden statt.
Adresse: Schulterblatt 55, 20357 Hamburg, 🌐 www.schanzenbuch.com

▸ VHS-Zentrum Mitte/Eimsbüttel

Die Volkshochschule an der Sternschanze beherbergt ein architektonisches Kleinod, das nur wenige kennen: ein Jugendstil-Treppenhaus, das aufwendig renoviert wurde. Interessant ist auch das Gebäude, in dem sich die VHS Sternschanze wie auch das Kino 3001 befinden: Der zwischen 1906 und 1910 erbaute Gebäudekomplex war bis zum Jahr 1991 die Montblanc-Produktions- und Verwaltungsstätte – mit einer Gesamtfläche von rund 5600 Quadratmetern.
Adresse: Schanzenstraße 75–77, 20357 Hamburg

Treffs & Begegnungsstätten

▸ Mein wunderbarer Waschsalon: Laundrette

Das witzigste Waschcenter Hamburgs ist die Laundrette. Es ist ein Waschsalon mit zehn Maschinen und fünf Trocknern, Bar und Club in einem. Am Wochenende wird der Waschbereich zu einer Tanzfläche.

Dafür werden DJs in den wunderbaren Waschsalon in Ottensen geholt.
Adresse: Ottenser Hauptstraße 56, 22765 Hamburg, 🌐 www.laundrette.de

▸ Christianskirche

Die Christianskirche am Ottenser Marktplatz wird auch Klopstockkirche genannt. Der Dichter Friedrich Gottlieb Klopstock hat hier seine eine letzte Ruhestätte. Noch bevor in Altona 1742 mit dem Bau der Hauptkirche St. Trinitatis begonnen wurde, errichtete man in Ottensen von 1735 bis 1738 den wunderschönen Barockbau Christianskirche, benannt nach dem seit 1730 regierenden König Christian VI. (Dänemark und Norwegen). Kantatenchor, Jugendchor, Motettenchor, Christiansbrass, Vokalwerk – die Musik wird großgeschrieben. Die Kirchengemeinde ist Gesellschafter der altonale GmbH – will sagen: Die Christianskirche steht für ein gutes Netzwerk von Kunst und Kultur, Stadtteilengagement und Gastfreiheit in Ottensen. Viele altonale-Veranstaltungen finden hier statt.
Adresse: Ottenser Marktpl. 6, 22765 Hamburg, 🌐 www.kirche-ottensen.de

Eine der altonale-Kirchen: die Christianskirche in Ottensen

▸ Eritreischer Jugend- und Kulturverein Hamburg

Der Eritreische Jugend- und Kulturverein e. V. existiert seit 1986 und hat gegenwärtig circa 60–70 Mitglieder, die sich regelmäßig 2- bis 3-mal pro Woche im eigenen Vereinsheim treffen. Die Treffen finden zumeist spontan am Wochenende statt, bei gutem Wetter werden Ausflüge unternommen (Stadtpark, Wildpark Schwarze Berge ...), Grillpartys und viele andere Aktivitäten finden statt.
Adresse: Bahrenfelder Straße 7, 22765 Hamburg, ✆ 040/30382392, ✉ info@ejuku-hamburg.de

▸ Haus 73

Das Haus 73 bietet Kultur auf vier Ebenen und ist einer der beliebtesten Treffpunkte in der hippen Schanze. Kleine Tische, bequeme Sofas, ein Kicker und entspannte Musik erwarten den Besucher des Cafés im Erdgeschoss. Musikfans lieben die Konzerte im Kellerclub, während im oberen Saal und dem hinteren Anbau Lesungen, Theater oder TV-Life-Übertragungen präsentiert werden.
Adresse: Schulterblatt 73, 20357 Hamburg, 🌐 www.dreiundsiebzig.de/#start73

▸ [why not] Café

Das [why not] ist eine NGO (Non Profit Organisation) zur Förderung der ganzheitlichen Integration und des Zusammenlebens der Menschen, insbesondere der Geflüchteten, Migranten und Menschen mit Mi-

grationshintergrund. Zusammenkommen können die Menschen im gemütlichen Ottenser Community Café [why not]. Im Erdgeschoss gibt es Feiern, Bildungsangebote, Workshops, Seminare, kostenlose Rechtsberatung, Räume zur Vermietung und einen kleinen Vor- und Hinterhofgarten.
Adresse: Daimlerstraße 38, 22763,
✉ info@why-not-integration.org,
🌐 http://www.why-not-integration.org

Abenteuer, Freizeit & Natur

▸ Boule: Hier wird gekugelt

Der kleine Park mit dem bekannten Stuhlmannbrunnen liegt zwischen Max-Brauer-Allee und Museumsstraße, wo das Bestattungsinstitut Hamburg Leuchtfeuer, das Altonaer Museum, das Altonaer Theater und die Staatliche Berufsschule Energietechnik Altona wie Perlen hintereinander aufgereiht sind. Die Grünfläche ist ein Treffpunkt für Boule-Spielerinnen und Boule-Spieler. Bei guter Witterung genießen die Besucher nicht nur die Grünfläche, sondern auch den imposanten Stuhlmannbrunnen.
Adresse: Platz der Republik, 22765 Hamburg

▸ Heine Park

Nur wenige Meter hinter dem Stadtteilschild „Ottensen" und dem Beginn der Elbchaussee reiht sich ein Park an den anderen bis hoch nach Blankenese. Der Heine Park hat seinen Namen von dem Bankier und Mäzen Salomon Heine, der 1812 das Grundstück erwarb. Im Sommer nutzen viele den Park für ihre Yogasessions und als Ort der Ruhe, vorausgesetzt, das Wetter und die Temperaturen spielen mit.
Adresse: Elbchaussee 43, 22765 Hamburg,
🌐 de.wikipedia.org/wiki/Heine-Park

▸ Fischers Park

Für viele Menschen in Ottensen und Umgebung ist der Fischers Park eine beliebte Erholungsfläche – auch deswegen wird er liebevoll „Fischi" genannt. Der Fischers Park bietet zahlreiche Spiel- und Freizeitangebote für alle Altersgruppen. Zwei Spielplätze, davon einer mit zeitweiser Betreuung durch die „Aktion Kinderparadies e. V.", diverse Schaukeln, Rutschen, Kletter- und Balanciergeräte und sogar eine Wassermatschanlage sorgen für Abwechslung. Auf dem großen Multifunktionsfeld bieten sich neben Fußball und Basketball auch verschiedene andere Ballspiele an. Gleich nebenan können sich die Kleinen auf der hügeligen Asphaltfläche im Rollschuhlaufen oder Skaten ausprobieren. Im Fischi gibt es Picknicktische, die zum freundlichen Beisammensein einladen. Dabei lassen sich auch die Boule-Spielenden beobachten, die hier neben der Grünfläche Platz der Republik ein weiteres Spielfeld haben.
Adresse: Fischers Allee 24, 22763 Hamburg

▸ Elbe

Die schönsten Spaziergänge für Ottenser, ob mit oder ohne Hund, sind diejenigen frühmorgens oder am Wochenende an der

Ein beliebter Treffpunkt für Wanderungen ist der Elbuferweg beim Anleger Teufelsbrück.

Elbe. Doch auch Fahrradfahrer und Jogger kommen auf Ihre Kosten, wenn es auch einige Teilstrecken gibt, wo Radfahrer absteigen müssen, z. B. in Övelgönne, wo die Kapitänshäuser stehen. Die Elb-Joggingstrecke von Ottensen bis zum Elbfähranleger Teufelsbrück in Klein Flottbek beträgt fünf Kilometer. Wer gut im Training ist, läuft weitere fünf Kilometer bis nach Blankenese. Zurück kann man ggf. die S-Bahn nach Altona nehmen.

Sport & Kontemplation

▸ Sportspaß e. V.
Der Verein ist Hamburgs größter Fitnessanbieter. Direkt am Bahnhof Altona hat Sportspaß seine Altona-Dependance.
Adresse: Paul-Nevermann-Platz 13, 22765 Hamburg, 🌐 www.sportspass.de

▸ ☺ SC Ottensen von 1984 e. V.
Basketball, Fußball, Judo, Einradfahren, Kind-Eltern-Turnen – der Verein fördert nicht nur sportliche Übungen und Leistungen, sondern unterhält auch eine Kindertagesstätte und Kooperation in der Ganztätigen Bildung und Betreuung (GBS) an Schulen.
Adresse: Gaußstraße 15, 22765 Hamburg, 🌐 www.scottensen.de

▸ SC Sternschanze von 1911 e. V.
Frauenfußball, Männerfußball, Jugendfußball, Gesundheitssport und Schach (!) bietet der Verein an. Im „Hinterhalt“ findet ein munteres und multikulturelles Vereinsleben statt. Hier trifft man sich auch zum Fernsehfußball „bis zum Abwinken“: 1. Bundesliga, 2. Bundesliga, Champions League, Europa League, Premier League, die spanischen „Clasicos“, alle großen Turniere. Eingeschlossen fundierte Fachgespräche, wahlweise hitzige Diskussionen.
Adresse: Sternschanze 9, 20357 Hamburg, 🌐 www.scsternschanze.de/verein

▸ Herzensgebet
Einmal wöchentlich bietet die Katholische Kirche St. Marien in Ottensen das Innere Gebet bzw. Herzensgebet an.
Adresse: Bei der Reitbahn 6–8, 22765 Hamburg, ✉ mail@christina-quirin.con

▸ Flamencostudio La Perla Azul
Flamenco, Flamenco goes Hip-Hop, Kastagnettentanz, kreativer Kindertanz, Nia und Tanztheater & Improvisation wird im Flamencostudio in der Schanze gelehrt und gelebt.
Adresse: Lippmannstraße 64A, 22769 Hamburg; La Carolina, ✆ 0173/2024843

In Bewegung: La Carolina von La Perla Azul

Märkte & Feste

▸ Wochenmarkt Spritzenplatz
Der Ottenser Wochenmarkt am Spritzenplatz ist der kleinste der städtischen Wochenmärkte im Bezirk Altona. Dennoch findet sich auch im multi-kulturellen Szenestadtteil Ottensen das komplette Warenangebot eines traditionellen Wochenmarktes und genau das macht ihn zu einem der schönsten Märkte Hamburgs.
Adresse: Spritzenplatz, 22765 Hamburg

▸ Weihnachtsmarkt
Der Weihnachtsmarkt Ottensen mit mehr als 50 liebevoll gestalteten Hütten gilt als einer der authentischsten, vielfältigsten und schönsten Märkte Hamburgs, mit Kunsthandwerk und Kulinarischem aus aller Welt. Das Weihnachtsdorf erstreckt sich vom Bahnhof Altona entlang dem Einkaufszentrum Mercado bis hin zum Spritzenplatz.
Adresse: Ottenser Hauptstraße, 22765 Hamburg

Spezielles

▸ „Black Form“ und Denkmal für die polnischen Juden
Auf dem Platz der Republik, in direkter Sichtweite des Altonaer Rathauses, steht der Schwarze Quader. Der US-amerikanische Künstler Sol LeWitt hat diesen 1989 der Stadt Hamburg geschenkt, nachdem sich diese nicht für einen Ankauf erwärmen konnte. Der Quader erinnert an die Zerstörung der jüdischen Gemeinde Altonas durch die Nationalsozialisten. Nur etwa 200 Meter weiter, Richtung Altonaer Bahnhof, Paul-Nevermann-Platz/Museumstraße, steht ein Gedenkstein für die am 28. Oktober 1938 vom Bahnhof Altona aus deportierten polnischen Juden.
Adresse: Platz der Republik, 22765 Hamburg

Ein Gedenkstein für die Altonaer Juden von Sol LeWitt

Bezirk Bergedorf

Bergedorf ist mit 154 Quadratkilometern der Bezirk der schönsten Stadt der Welt mit der zweitgrößten Fläche und den wenigsten Einwohnern. Um vom Hauptbahnhof in den Südosten Hamburgs zu kommen, gehts mit der S 2 bzw. S 21 Richtung Bergedorf/Aumühle. Die S-Bahn-Fahrt dauert 15 Minuten, zumindest dann, wenn nicht wieder Gleise erneuert oder Brücken saniert werden müssen und es heißt: Schienenersatzverkehr. Hat man die bekannten Stationen Berliner Tor und Rothenburgsort hinter sich gelassen, beginnt bereits eine Freizeittour, vorausgesetzt, man hat einen Sitzplatz am Fenster und fährt bei Tageslicht. Durch Hamburger Industrie bis zur idyllischen Naturszene ist alles

dabei. Am Bahnhof Bergedorf angekommen, sollte der erste Weg ins Bergedorfer Schloss führen, das Einzige, was Hamburg erhalten geblieben ist. Oder soll man lieber Hamburgs einziger Sternwarte einen Besuch abstatten? Oder, oder ... Das Gebiet des heutigen Stadtteils Bergedorf ist weitgehend identisch mit der ehemaligen Stadt Bergedorf. Die erste urkundliche Erwähnung stammt von 1162; damals als Kirchspiel Bergerdorp. Während der Zeit dänischer Zugehörigkeit, von 1202 bis 1227, entwickelte sich der Ort, begünstigt durch seine Lage an einer wichtigen Ost-West-Straße, zu einem Marktflecken. 1275 erhielt Bergedorf die Stadtrechte. Von 1420 bis 1866 war Bergedorf beiderstädtischer Besitz Hamburgs und Lübecks. Seitdem ist Bergedorf ein Teil des Hamburgischen Staates, blieb aber zunächst noch eine selbstständige Stadt. Erst durch das Groß-Hamburg-Gesetz der Nationalsozialisten wurde auch Bergedorf am 1. Januar 1938 Teil der Stadt Hamburg.
Der Bezirk Bergedorf hat 14 Stadtteile, wobei Nr. 15, Oberbillwerder, in Planung ist – und zum 105. Stadtteil Hamburgs wird. Neben Bergedorf und Lohbrügge sind das: Allermöhe, Billwerder, Moorfleet, Neuallermöhe, Ochsenwerder, Reitbrook, Spadenland und Tatenberg. Diese 8 bilden die Marschlande. Zu den Vierlanden zählen Altengamme, Curslack, Kirchwerder und Neuengamme. Zusammen bilden die 12 Stadtteile die Vier- und Marschlande, ein über 13 000 Hektar großes und landwirtschaftlich geprägtes Gebiet mit 27 000 Einwohnern, das auch Hamburgs Hausgarten genannt wird. Mit viel Wasser, Radwegen, Naturschutzgebieten, den Boberger Dünen, einem Surfrevier, und wunderschönen Bauernhäusern ist die Region ein attraktives Ausflugsziel.

Tourist-Information am Hasseturm
Johann-Adolf-Hasse Platz 1
21029 Hamburg
✉ info@bergedorf.de
🌐 www.bergedorf.de

Bergedorf, Lohbrügge

(Bezirk Bergedorf)

Sehenswertes

▸ Art déco im Rathaus
In einem schlossartigen Gebäude mit repräsentativen Innenräumen, einem Turm und angrenzendem Park befindet sich seit 1927 das Rathaus von Bergedorf. Der Bau ist untrennbar mit Hermann Friedrich Messtorff verbunden, einen Kaufmann, der durch den Vertrieb von Gummiüberschuhen reich geworden ist. Messtorff ließ sich in 1898/99 vom Architekten Johannes Martin Friedrich Grotjan eine schlossartige Villa mit aufwendiger Ausstattung bauen. Auf dem umliegenden Messtorff'schen Anwesen entstand eine Parkanlage. Im April 1924 gelangte die Villa samt Grundstück in den Besitz der Stadt Bergedorf und sollte fortan als Rathaus dienen. Zwischen 1925 und 1927 wurde die Villa erweitert bzw. überbaut und im Art-déco-Stil eingerichtet.
Die Eingangshalle, der Spiegelsaal, das Bürgermeisterzimmer und das östliche Treppenhaus des Rathauses Bergedorf ver-

mitteln den Besuchern einen interessanten Eindruck vom ursprünglichen Zustand des Gebäudes. Besucher können vom rund 35 Meter hohen Rathausturm die Aussicht über Bergedorf genießen (Anmeldung erforderlich).
Adresse: Wentorfer Straße 38, 21029 Hamburg, 040/428280,
www.hamburg.de/bergedorf

Rathaus mit Turm – und Aussicht

▸ Bergedorfer Schloss
Das am Billelauf gelegene Schloss steht auf der um 1900 zum Park umgebauten Schlossinsel und beherbergt heute ein Regionalmuseum: das Museum für Bergedorf und Vierlande. Um 1220 gründete Graf Albrecht von Orlamünde in der gestauten Bille eine Wasserburg, die 1227 an die Herzöge von Sachsen-Lauenburg fiel. 1420 eroberten Hamburg und Lübeck die Burg. Sie wurde damit Sitz des beiderstädtischen Amtes Bergedorf (Stadt Bergedorf, Vierlande und Geesthacht) und kam 1867 in Hamburger Alleinbesitz. Neben einer Dauerausstellung gibt es Kunst- und Sonderausstellungen sowie Veranstaltungen (geführte Rundgänge, Konzerte, Lesungen, Kino).
Adresse: Bergedorfer Schlossstraße 4, 21029 Hamburg,
museum@bergedorf.hamburg.de,
www.bergedorfer-museumslandschaft.de/ueber-uns/schloss

Das einzige echte Schloss in Hamburg steht in Bergedorf.

▸ St.-Petri-und-Paul-Kirche
Neben dem Bergedorfer Schloss gilt die evangelisch-lutherische St.-Petri-und-Paul-Kirche als wichtigster historischer Bau des Stadtteils. Die erste Erwähnung einer Kirche in Bergedorf an der heutigen Stelle der St.-Petri-und-Paul-Gemeinde erfolgte bereits im Jahr 1162. Sie gehörte zum Bistum Ratzeburg. Westlich neben der Kirche befindet sich das ehemalige Organistenhaus, ein 1630 errichteter Fachwerkbau. Von 1672 bis 1776 diente es als Wohnung der Organistenfamilie Hasse in drei Generationen. Hier wurde der berühmte Komponist des Spätbarock Johann Adolph Hasse geboren, dessen Vater Peter in der Kirche St. Petri und Pauli Organist war.
Adresse: Bergedorfer Schlossstraße 2, 21029 Hamburg,
stpetriundpauli-bergedorf.de

Kunst, Kultur & Clubs

Kultur- & Geschichtskontor
Das Kultur- & Geschichtskontor ist eine von 20 Hamburger Geschichtswerkstätten und seit über 35 Jahren im gesamten Bezirk Bergedorf aktiv. Aufgabe ist die Erforschung und Vermittlung der Geschichte und Kultur von Bergedorf, Lohbrügge und den Vier- und Marschlanden. Eine angeschlossene Organisation ist die Initiative zur Erhaltung historischer Bauten e. V. Im Programm der Geschichtswerkstatt gibt es geführte Rundgänge durch das Bergedorfer Villenviertel.
Adresse: Reetwerder 17, 21029 Hamburg, geschichts-kontor.de

Hansa Filmstudio
Das Hansa Filmstudio ist das letzte noch in Bergedorf existierende Kino. Von außen sieht es eher unscheinbar aus, überzeugt dafür aber umso mehr mit seinen drei Sälen und insgesamt 520 Sitzplätzen samt folgenden Programmschwerpunkten: Erstaufführungen, Kinderfilme, aktuelle Filme und Previews. Das Hansa ist überdies eines der Spielorte des Filmfests Hamburg.
Adresse: Alte Holstenstraße 17–19, 21031 Hamburg, bergedorf-kino.de/

Künstlerhaus Bergedorf
Die geschichtsträchtige, 1994 als Künstlerhaus Bergedorf wiedereröffnete und umgenutzte Gebäude beherbergt als Gewerbehof auf 1000 Quadratmetern Grundfläche Wohnateliers und eine Galerie.
Um die vorletzte Jahrhundertwende wurde das Haus als Ausflugslokal errichtet, im Zweiten Weltkrieg wurde es zur Maschinenfabrik umfunktioniert und diente in den 1950er-Jahren der Likörherstellung. 1991 erwarb der Bergedorfer Unternehmer Hans-Otto Gürtler den verwahrlosten Komplex und baute ihn auf Anregung des Pädagogen Klaus Ecker, der sich in ganz Hamburg erfolgreich für die Förderung der bildenden Kunst eingesetzt hat, zum Künstlerhaus mit zehn Wohnateliers aus. Die Galerie zeigt jährlich acht bis zehn Ausstellungen.
Adresse: Möörkenweg 18 b–g, 21029 Hamburg, kuenstlerhaus-bergedorf.de

Kulturhaus SerrahnEins e. V.
2022 haben zwei Vereine fusioniert: Aus dem KulturForum und dem Kulturhaus wurde SerrahnEins e. V. – Zentrum für Kultur und Gesellschaft. Aktuell werden Kinderkino und Kunstausstellungen angeboten. Es gibt einen circa 50 Quadratmeter großen Raum, der für Kurse, Workshops, kleine Feiern vermietet wird, und einen Saal von 158 Quadratmetern, der sich für große Festivitäten und Konferenzen anbietet.
Adresse: Serrahnstraße 1, 21029 Hamburg, de-de.facebook.com/kulturhausserrahn

Klangbar
Der legendäre „Suhrhof-Pub“ und die „Klangbar“ sind Zwillinge und nur zwei Minuten vom Bergedorfer Bahnhof entfernt. Einheimische aus den angrenzenden Hamburger Bezirken haben damit wenig Ausreden, nicht nach Bergedorf zu kommen, und bei tollen Konzerten vor Ort zu sein oder beispielsweise Depeche-Mode-, Karaoke- oder Ü30-Partys zu feiern.
Adresse: Weidenbaumsweg 13–15, 21029 Hamburg, de-de.facebook.com/Suhrhof

Theater Haus im Park / LichtwarkTheater
Die Körber-Stiftung erbaute das Theater Haus im Park als Teil des Begegnungszentrums Haus im Park im Jahr 1977. Das

Theater wurde am 5. November 1977 mit dem Stück „Palme oder der Gekränkte?" von Paul Kornfeld, einer Premiere des Thalia Theaters, eröffnet. 2007 beschloss die Körber-Stiftung neben der Einstellung ihres eigenen Theaterprogramms eine stärkere Förderung des Lichtwark-Ausschusses, der seit 2004 in Kooperation mit dem Altonaer Theater ein anspruchsvolles Programm aus Schauspiel, Musical, Comedy und Kabarett anbietet. Darüber hinaus erfreuen sich auch die seit vielen Jahren stattfindenden Aufführungen des Ohnsorg-Theaters großer Beliebtheit.
Adresse: KörberHaus, Holzhude 1, 21029 Hamburg, 🌐 www.theater-bergedorf.de

▸ Theater Am Neuen Weg/Lohbrügger Bürgerbühne e. V.

„Twee as Bonnie un Clyde." – Die Lohbrügger Bürgerbühne wurde 1967 gegründet. Sinn und Zweck ist natürlich das Theaterspielen, wobei aber die Erhaltung und Pflege der niederdeutschen Sprache an erster Stelle steht. Spezielle Aufführungen wie Weihnachtsmärchen finden auch im Theater Haus im Park statt.
Adresse: Neuer Weg 54, 21029 Hamburg, ✉ info@buergerbuehne.de, 🌐 buergerbuehne.de

▸ LOLA Kulturzentrum e. V.

Das LOLA ist seit 1992 ein sehr beliebter kultureller Treffpunkt in Bergedorf und Umgebung. Monatlich stehen bis zu 15 Veranstaltungen auf dem Programm, darunter Konzerte, offene Jamsessions, Kabarett, Comedy, Poetry-Slams, Ausstellungen, Kindertheater, Discos und Märkte. Aber auch Filme, Vorträge und Infoveranstaltungen sind Teil des LOLA-Programms. Wer selbst aktiv werden will, hat dazu in den vielen Kursen und Workshops Gelegenheit: in den Tanzkursen von Nia bis Stepptanz, bei den Workshops für Sänger und Musikerinnen und bei Yoga für alle. Viele Gruppen und Initiativen wie Allgemeiner Deutscher Fahrradclub (ADFC), AWO-Senioren Bergedorf oder NABU – Naturschutzbund Deutschland – treffen sich hier regelmäßig.
Adresse: Lohbrügger Landstraße 8, 21031 Hamburg, 🌐 de-de.facebook.com/LOLA.Kulturzentrum

▸ White Cube Club

Jazz, Funk, Soul, Konzerte und Jamsessions gibt es in dem kleinen Club, der sich seit seiner Eröffnung 2016 in einer alten Fabrik in Bergedorf schon einen großen Namen unter Musikkennern gemacht hat, ansonsten aber noch als Geheimtipp gilt. Im White Cube Club wird Musik jenseits des Mainstreams gespielt, vor allem zeitgenössischer Jazz. Es kann aber auch mal Disco geben – oder eine Kino-Nacht. Dabei verlangt der Kunst- und Kulturverein White Cube Bergedorf e. V. nie Eintritt, sondern bittet nur um Spenden für die Musiker und den Club-Betrieb.
Adresse: Kurt-A.-Körber-Chaussee 73/ Block B, erster Stock, 21033 Hamburg, 🌐 whitecube-bergedorf.de/program

Zeitgenössischer Jazz wird im White Cube Club großgeschrieben.

Bildungs- & Kreativangebote

Brahms-Chor e. V.
Der Chor gehört der Konzertgemeinschaft Hamburger Oratorienchor an und führt regelmäßig in der Laeiszhalle Hamburg mit den Hamburger Symphonikern große Werke der Chormusik auf. Rund 50 Sängerinnen und Sänger zählt der Chor, in vier bis acht Stimmen aufgeteilt. Jedes Jahr gestalten die Mitglieder ein großes Winterkonzert und ein kleineres Konzert im Sommer. Weitere Konzerttermine kann es je nach Bedarf geben. Neue Mitglieder sind jederzeit willkommen. Chorerfahrung und ein wenig Notenkenntnisse sind wünschenswert.
Adresse: Ladenbeker Weg 13, 21033 Hamburg,
✉ brahmschor@hamburger-oratorienchor.de,
🌐 www.hamburger-oratorienchor.de/brahmschor

Volkshochschule Bergedorf
Die Bergedorfer VHS hat ihren Hauptsitz in Lohbrügge; Kursangebote finden im gesamten Bezirk statt.
Adresse: Leuschnerstraße 21, 21031 Hamburg, ✉ bergedorf@vhs-hamburg.de

Freie Kunstschule Bergedorf
Die freie Kunstschule besteht seit 2004 und wird von Nino Kiria und Patrick Hanke geleitet. Hier können Erwachsene, Jugendliche und Kinder unterschiedliche Maltechniken lernen. Für die Erwachsenen gibt es Grund- und Aufbaukurse, Kinder ab sieben Jahren lernen in zwei Kinderateliers, für Jugendliche ab 13 gibt es entsprechend das Jugendatelier.
Adresse: Holtenklinker Straße 79, 21029 Hamburg, 🌐 www.freie-kunstschule-bergedorf.de

Treffs & Begegnungsstätten

☺ Jugendclub im Quartier
Computer, Aquarium, Billardtisch, Kicker, Hockeyschläger und Kajaks zum einen. Ein großer Sportraum samt Tischtennisplatte, ein Plotterraum für das Bedrucken von T-Shirts und das Anfertigen von Aufkleber sowie eine Kunstwerkstatt mit Nähmaschinen, Farben, Pinseln und Pappen zum anderen: Der neue, Anfang 2022 eingeweihte Jugendclub begeistert alle. Ein Jugendcafé gibt es ebenso in dem dreistöckigen Gebäude.
Adresse: Am Hohen Stege 1, 21029 Hamburg, 🌐 www.lichtwarkhaus.de

KörberHaus
Der Unternehmer Kurt A. Körber (1909–1992) ist nicht nur für Bergedorf prägend, sondern für ganz Hamburg und weit darüber hinaus. Er gilt als eine der herausragenden Unternehmerpersönlichkeiten im Nachkriegsdeutschland. 1946 gründete er die Hauni Maschinenfabrik in Bergedorf. Das Unternehmen ist heute Teil der Körber AG, eines weltweit tätigen Maschinenbaukonzerns. Bereits 1959 rief Kurt A. Körber die gemeinnützige Körber-Stiftung ins Leben. Das am 5. Dezember 2022 eingeweihte KörberHaus entstand auf Initiative des Bezirksamtes Bergedorf und der Körber-Stiftung. Das KörberHaus ist ein offener Ort und Treffpunkt für alle Generationen und Kulturen im Herzen von Hamburg Bergedorf. Ein Haus mit Möglichkeiten zum Miterleben, Mitmachen und Selbermachen für alle Menschen in Bergedorf, Hamburg und dem Umland. Die „Bücherhalle Bergedorf", der „AWO-Seniorentreff Bergedorf", das LichtwarkTheater u. a. haben neue Standorte im KörberHaus gefunden. Ebenso bietet

die „VHS Bergedorf" Kurse in den Räumen der neuen Begegnungsstäte an.
Adresse: Holzhude 1, 21029 Hamburg, 🌐 www.koerberhaus.de/veranstaltungen

Bergedorfs neuer kultureller Hotspot: das KörberHaus

Abenteuer, Freizeit & Natur

▸ Rathauspark Bergedorf

Der zum Rathaus gehörende Park stammt bereits aus der Anfangszeit der Villa und ist somit ein bedeutendes Gartendenkmal. Obwohl der Park seit damals mehrfach umgestaltet wurde, sind heute noch die Grundformen des alten Messtorff'schen Anwesens zu erkennen. Die Anlage ist circa zwei Hektar groß. Es gibt eine Freilichtbühne, einen großen Spielplatz, einen Teich und etliche ins Grün eingefügte Kunstwerke. 1925, ein Jahr, nachdem die Villa und der Park in den Besitz der Stadt Bergedorf übergegangen waren, fand auf der gesamten Parkanlage, in der Villa selbst und in einigen angrenzenden Nachbargärten die „Gartenbau-Ausstellung Bergedorf" statt.
Adresse: August-Bebel-Straße 20, 21029 Hamburg

▸ Sternwarte für alle

Die Hamburger Sternwarte ist eine von der Universität Hamburg betriebene Forschungssternwarte des Fachbereichs Physik. Die Doppelrolle als Universitätsstandort (Campus Bergedorf) sowie Kultur- und Technikdenkmal ist eine Besonderheit der Sternwarte. Auch der Lehrstuhl für Geschichte der Naturwissenschaft und Technik ist hier ansässig. Seit 1909 hat die Sternwarte ihren Standort in einer großen Parkanlage auf dem Gojenberg in Bergedorf. Der Förderverein Sternwarte e. V. organisiert monatlich in den Wintermonaten Vorträge von internationalen Wissenschaftlerinnen und Wissenschaftlern. Wöchentlich werden am Sonntag geführte Rundgänge zu den einzelnen Teleskopen samt der imposanten Bibliothek angeboten. Auf einmal ist man den Sternen sehr nah.
Adresse: Gojenbergsweg 112, 21029 Hamburg, 🌐 www.physik.uni-hamburg.de/hs/outreach.html

Sternwarte Hamburg, Hauptgebäude mit Verwaltung und Bücherei, Rückseite

▸ Mitten in der Sandkiste: Das Boberger Dünenhaus

Dass Lohbrügge mit den Boberger Dünen ein Naturwunder beherbergt, wissen noch viel zu wenige. Und sei es, weil die Boberger Dünen allein in Billwerder verortet

werden. Doch diese einzigartige Dünenlandschaft, die nicht umsonst von Hamburgern liebevoll als „Sandkiste“ bezeichnet wird, ist auch ein Teil von Lohbrügge. Ein guter Informations- und Startpunkt zur Erkundung dieses Naturschauspiels ist das Boberger Dünenhaus der Loki-Schmidt-Stiftung. Die Stiftung bietet mehr als 1000 Veranstaltungen pro Jahr auf den Info-Häusern sowie Stiftungsflächen an, bei denen Kinder und Erwachsene die Natur mit allen Sinnen erleben können.
Adresse: Boberger Furt 50, 21033 Hamburg, 040/73931266, boberg@loki-schmidt-stiftung.de,
Infos: www.loki-schmidt-stiftung.de/boberg,

Die Kunst des Fliegens
Der HAC Boberg e.V. ist mit fast 280 Mitgliedern einer der größten Segelflugvereine Deutschlands. Die Größe des Vereins ermöglicht ein breites Angebot an fliegerischen Möglichkeiten und ein vielfältiges Clubleben. Hier kann man als Gast mitfliegen – oder auch den Pilotenflugschein für einen Segelflieger machen.
Adresse: Weidemoor 21, 21033 Hamburg, 040/7394334, info@hac-boberg.de, www.hac-boberg.de

Die weite, baumfreie Fläche des Segelflugplatzes Boberg ist ein Teil des Naturschutzgebiets.

Hamburger Verein für Luftfahrt e. V.
1908 wurde der Segelflugverein gegründet. Damit zählt der Hamburger Verein für Luftfahrt zu den ältesten in Deutschland und zeigt, welch frühes Interesse es für die Fliegerei in Norddeutschland zu Anfang des 20. Jahrhunderts gab. So wurde der Hamburger Flughafen 1911 gegründet – und ist damit der älteste Flughafen Deutschlands. Ab 14 Jahren darf man sich zur Segelfliegerin ausbilden lassen. Ehrenamtlich arbeitende Schulungslehrer bringen den Interessierten das Segelfliegen in Schulungsflugzeugen bei.
Adresse: Weidemoor 23, 21033 Hamburg, 040/7394849, info@hvl-boberg.de, www.hvl-boberg.de

Hafen ahoi! Bergedorfer Serrahn
„Warum in die Ferne schweifen?“, fragen sich viele, denn das Gute namens Serrahn liegt hier so nah. Der Serrahn ist Bergedorfs Stadthafen und liegt mitten in der Fußgängerzone des beliebten Stadtteils, der ein wenig an die HafenCity erinnert, nur älter ist. Deswegen musste auch hier saniert werden und zur Neugestaltung der Promenade gab es im Sommer 2022 eine große Party mit viel Musik, Gastronomie

Traumhafte Fahrt durch die Marschlande mit der Bergedorfer Schifffahrtslinie

und Prominenz. Mit der Bergedorfer Schifffahrtslinie Buhr GmbH lassen sich viele Touren unternehmen. Das Portfolio bietet Fahrten durch den Hamburger Hafen, die Marschlande bis hin zu ein- und mehrtägigen Flussfahrten an. Beispielsweise geht es nach Lüneburg, Dresden, Berlin, in das polnische Stettin oder nach Amsterdam. Fahrten: April bis Oktober
Adresse: Anleger: Serrahnstraße, Wassertreppen 1–3, 21029 Hamburg,
🌐 www.barkassenfahrt.de

Sport & Kontemplation

▸ Bergedorf 85

Der Allgemeine Sport-Verein Bergedorf-Lohbrügge von 1885 e. V. (kurz „Bergedorf 85“) sitzt in Lohbrügge. Neben Fußball umfasst das Sportangebot Aikido, Badminton, Darts, Gymnastik, Karate, Schwimmen, Surfen, Tanzen, Tennis, Tischtennis, Turnen und Wassersport.
Adresse: Krusestraße 7, 21033 Hamburg,
🌐 www.asv-bergedorf85.de

▸ Bille-Bad

Am Fluss Bille liegt das nach ihm benannte Bille-Bad. Wer hier im Außenbereich schwimmt, zieht direkt am idyllischen Flüsschen vorbei. Neben einem Sportbecken gibt es ein warmes Erlebnisbecken mit Wasserfall sowie einen Wasserspielplatz namens Lillebille für Kinder bis sechs Jahre.
Adresse: Reetwerder 25, 21029 Hamburg,
🌐 www.baederland.de/baeder/standorte/bille-bad/

▸ TSG Bergedorf

Die Turn- und Sportgemeinschaft Bergedorf von 1860 e. V. betreut mit 130 Hauptamtlichen und 500 Übungsleiterinnen, Trainern und Jugendgruppenleitern mehr als 8500 Mitglieder. Mit 800 Angeboten spricht die TSG, über soziale und kulturelle Grenzen hinweg, Menschen aller Altersstufen an. In der multifunktionalen Anlage, eine der größten ihrer Art in Deutschland, kann man u. a. American- & Flag-Football, Baseball, Indoor-Skating, Judo und Leichtathletik trainieren. Ebenso gibt es Ballettschulen, Behindertensport/Inklusionssport, Gesundheitssport und Reha-Sport.
Adresse: Billwerder Billdeich 607, 21033 Hamburg, 🌐 www.tsg-bergedorf.de

▸ Schwimmgemeinschaft Bille

Die Schwimmgemeinschaft ist ein Zusammenschluss der Schwimmabteilungen von fünf großen Bergedorfer Vereinen, die eine umfassende Schwimmschule anbieten.
Adresse: Binnenfeldredder 52, 21031 Hamburg, 🌐 www.sgbille.de

▸ Ort der Stille Bergedorf

Der Ort der Stille bietet Hatha Yoga, Bogenschießen und Qigong an. Neben dem eigenen Angebot nutzen als Gäste die Mitglieder der „Buddhistischen Gemeinschaft Triaratna“ die Räumlichkeiten und bieten Meditationen und Einführungskurse in den Buddhismus an. Jasmin Saribaf betreut die Mindfullness Based Stress Reduction (MBSR) Kurse im Ort der Stille und gibt mehrere Yogakurse.
Adresse: Weidenbaumsweg 7, 21029 Hamburg, 🌐 www.ods-bergedorf.de

Märkte & Feste

▸ Stadtfest Bergedorf

Alle zwei Jahre findet die Mega-Fete in der Innenstadt statt, die um die 300 000 Besucherinnen und Besucher anlockt:

das Stadtfest Bergedorf. Die Flaniermeile zwischen der Kirche St. Petri und Pauli und der Schleuse verwandelt sich in eine Vergnügungsmeile mit vielen Bühnen, Livemusik, kulinarischen Genüssen und Kinderprogramm.
Adresse: Bergedorfer Schlossstraße 2, 21029 Hamburg, 🌐 www.hamburg.de/strassenfest/3020578/bergedorfer-stadtfest/

▸ Black Atlantik! Heimatklänge?
Das World Music-Festival „Black Atlantik! Heimatklänge?" wird im Rahmen des Hamburger Kultursommers vom Afrikafestival Alafia in Bergedorf veranstaltet. Infos: Zwischenräume e. V., Turnus: jährlich im Spätsommer.
Adresse: Mittlerer Landweg 203, 21035 Hamburg, ☎ 040/7340844, 🌐 black-atlantic-hamburg.de

▸ Weihnachtsmarkt
Der Bergedorfer Weihnachtsmarkt gilt als einer der schönsten in Hamburg. Dieser liegt zentral an der Einkaufsstraße Alte Holstenstraße, führt über den Kirchenvorplatz der St.-Petri-und-Paul-Kirche und endet inmitten des Bergedorfer Schlossgartens.
Infos: 🌐 www.hamburg-tourism.de/sehen-erleben/veranstaltungen/bergedorfer-weihnachtsmarkt/

▸ Bergedorfer Biomarkt
Auf dem schön gestalteten Johann-Adolf-Hesse-Platz findet donnerstags von 11 bis 19 Uhr der Bio-Wochenmarkt statt. In gemütlicher Atmosphäre, umgeben von alten Fachwerkhäusern, Backsteingebäuden und der Kirche St.-Petri-und-Paul, lässt sich der gesunde Wocheneinkauf erledigen. Der Markt bietet durchschnittlich sechs Stände mit Obst, Gemüse, Käse und Fleisch.
Adresse: Johann-Adolf-Hasse-Platz, 21029 Hamburg

▸ Wochenmarkt im Schlosspark
Der Markt befindet sich direkt am Schlosspark und bietet damit eine außergewöhnlich gemütliche Atmosphäre. Er liegt zudem in unmittelbarer Nähe zur Innenstadt Bergedorfs.
Adresse: Vinhagenweg/Chrysanderstraße, 21029 Hamburg

▸ Wochenmarkt Lohbrügge
Der Wochenmarkt Lohbrügge befindet sich praktisch am oberen Ende der Fußgängerzone Alte Holstenstraße. Weitere Einkaufsmöglichkeiten finden sich also in unmittelbarer Nähe. Durch seinen klassischen Aufbau bietet er durch den möglichen Rundlauf und die ausgeprägten, dichten Gänge eine besonders gemütliche Atmosphäre, in der man sich gut treffen, klönen und einkaufen kann.
Adresse: Lohbrügger Markt 1, 21031 Hamburg

Spezielles

▸ Alter Bahnhof von 1842
Bergedort hat nicht nur Hamburgs einziges erhaltenes Schloss, sondern auch das zweitälteste erhaltene Bahnhofsgebäude Deutschlands. Dieses steht allerdings nicht mehr an der heutigen Bahnstrecke. Der Alte Bahnhof entstand im Jahre 1842 nach einem Entwurf des Hamburger Architekten Alexis de Chateauneuf, Sohn französischer Emigranten. Die Bahnstrecke Bergedorf–Hamburg wurde 1838 geplant und am 7. Mai 1842 in Betrieb genommen.
Adresse: Neuer Weg 54, 21029 Hamburg

Das zweitälteste Bahnhofsgebäude Deutschlands

Marschlande I: Allermöhe, Billwerder, Moorfleet, Neuallermöhe

(Bezirk Bergedorf)

Sehenswertes

▸ Wasser- & Radwege

Drei Flüsse durchziehen das Gebiet im Südosten Hamburgs: die Elbe mit ihren Seitenarmen Dove, Gose Elbe und Bille. Aus diesem Grund wird es auch gerne als Dreistromland Hamburgs bezeichnet. Die Flüsse waren bis ins 20. Jahrhundert die wichtigste Verkehrsanbindung zur Lieferung von Blumen und Gemüse in die Stadt. Dank des vielen Wassers, der Radwege wie auch der schönen Bauernhäuser ist die Elb-Region ein schönes Ausflugs- und Urlaubsziel, das zum Wandern, Radfahren und Paddeln einlädt. Ein besonderes Highlight für Rad- und Wanderfreunde ist eine Tour auf dem 33 Kilometer langen Marschbahndamm. Hier lässt sich verfolgen, wie die Waren früher auf einer kleinen Bahnlinie in die Stadt gebracht wurden. Geführte Radtouren (2–2,5 Stunden) von Moorfleet bis Ochsenwerder gibt es von den Hamburg Guides, dem Berufsverband der Hamburger Gästeführer.
Infos: ✉ info@hamburgguides.de,
🌐 www.hamburgguides.de/tour/moorfleet-ochsenwerder/

▸ Moorfleeter Pastorat

In Moorfleet steht eines der ältesten noch erhaltenen Pastorate, nämlich das Moorfleeter Pastorat aus dem Jahre 1741 mit seinem reetgedeckten Dach. Bei dem hier genannten Gebäude handelt es sich auch um das ältesteste noch erhaltene Bauwerk, nachdem die gesamte Bebauung im besetzten Moorfleet in der Franzosenzeit 1813 geplündert und abgebrannt wurde. Ebenso sehenswert ist die Kirche St. Nikolai, welche noch über ein altes Kirchenschiff aus Fachwerk verfügt und außerdem mit ihrem neugotischen Turm und dem barocken Altar besticht.
Adresse: Moorfleeter Kirchenweg 56, 22113 Hamburg

Kunst, Kultur & Clubs

▸ Kokus – Kommunikations- und Kunstverein Allermöhe

Bei der Errichtung des Stadtteils Neuallermöhe haben 1998 mehr als 20 Baugenossenschaften, Wohnungsgesellschaften und Vermieter, die insgesamt 2014 Wohnungen gebaut haben, den KOKUS e. V. gegründet. So wurde ein gemeinsamer Fonds für Kunst am Bau und im öffentlichen Raum sowie für Aktionen und Kommuni-

kation gebildet. Hierzu gehört auch auch die Aufgabe, den Dialog der Menschen im Stadtteil zu fördern, z. B. mit Stadtteil- und Familienfesten, Ferienprogrammen, Obdachlosenhilfe, Nacht der Chöre.
Adresse: Otto-Grot-Straße 90, 21035 Hamburg, 040/73509726,
www.kokus-allermoehe.de/aktuelles

Bildungs- & Kreativangebote

KulturA
Das KulturA ist ein Bürger- und Kulturzentrum in Neuallermöhe mit einem umfangreichen Kultur- und Kursprogramm. Neben Theater- und Musikveranstaltungen für Erwachsene, Ausstellungen, Festen oder Flohmärkten ist Kinderkultur mit den monatlich stattfindenden Veranstaltungsreihen Kinderkino und Kindertheater ein Schwerpunkt der Arbeit. Das Kursprogramm findet zum Teil in Kooperation mit der VHS Bergedorf und anderen Partnern, z. B. Kokus, statt.
Adresse: Otto-Grot-Straße 90, 21035 Hamburg, 040/73597025,
www.kultura-hamburg.de

Bücherhalle Neuallermöhe
Im Oktober 2022 hat die Neuallermöher Bücherhalle ihr 25-jähriges Jubiläum gefeiert. Die Öffnungstage sind Montag bis Freitag.
Adresse: Fleetplatz 2–4, 21035 Hamburg,
www.buecherhallen.de/neuallermoehe.html

Treffs & Begegnungsstätten

Bürgerhaus Allermöhe e. V.
Unter dem Dach des Bürgerhauses treffen sich zahlreiche Vereine und bieten ein buntes Programm an. Die Angebote sind kostenlos und basieren auf Spendenbasis, beispielsweise Handarbeitstreffe, Spielenachmittag für Kinder, Kreativwerkstatt, Kleiderkammer Wilhelmsburg und Gärtnern.
Adresse: Ebner-Eschenbach Weg, 21035 Hamburg,
www.buergerhaus-allermoehe.de

Abenteuer, Freizeit & Natur

Aussichtsturm Zuckerstangen
Das Wahrzeichen von Neuallermöhe ist bereits von Weitem gut sichtbar. Die sogenannten Zuckerstangen, die sich seit 2004 auf dem zentralen Fleetplatz an der S-Bahn-Station Allermöhe befinden, stechen sofort ins Auge. Das von Michael Dörner und Christoph Fischer gefertigte begehbare 25 Meter hohe Kunstwerk besteht aus Wendeltreppen, die sich um bunt-ge-

Die Zuckerstangen sind eine beliebte Aussichtsplattform.

streifte Stangen in die Höhe winden. Die Aussichtsplattform befindet sich auf rund 18 Metern Höhe. Von dort aus bietet sich eine gute Sicht auf den Stadtteil inklusive Marktplatz, über die S-Bahn-Schienen hinweg auf die Felder und die weitere Umgebung.
Adresse: Fleetplatz, 21035 Hamburg

▸ Eichbaumsee
Bekannt geworden ist das Areal des Eichbaumsees auch durch das jährlich stattfindende Wutzrock-Festival. Der See ist etwa ein Kilometer lang und 280 Meter breit, die Fläche beträgt 0,24 Quadratmeter, die größte Tiefe 16 Meter. Er entstand 1972 als Baggersee beim Bau der Autobahn A25. Bis zum Ausbau der Regattastrecke (1977) in der Dove Elbe stand er mit dieser noch in direkter Verbindung, heute erfolgt nur noch ein geringer Wasseraustausch mit der Dove Elbe durch durchlässige Sedimentschichten.
Adresse: Allermöher Deich 36, 21037 Hamburg

▸ Boberger Dünen
Hamburgs Riesensandkiste, die Boberger Dünen, die zu den Stadtteilen Lohbrügge und Billwerder gehören, sind gut mit öffentlichen Verkehrsmitteln zu erreichen. Mit der U-Bahnlinie U2 oder U4 bis Haltestelle Mümmelmannsberg, anschließend mit der Buslinie 609 oder M12 bis Haltestelle Schulredder oder Boberg. Von dort über „Schulredder" und „Boberger Furt" zum Ausgangspunkt am Parkplatz. Alternativ mit der S-Bahn S21 bis Mittlerer Landweg und dann mit der Buslinie 221 bis Billwerder Billdeich oder Bojendamm oder man geht die Strecke von der S-Bahn-Station in die Boberger Dünen zu Fuß (circa 30 Minuten). Gerade in den Morgen- und Abendstunden ist Hamburgs schönes und artenreiches Naturschutzgebiet ein beliebter Fotospot. Denn dann lassen sich in der fantastischen Dünenlandschaft magische Bilder und Stimmungen einfangen.
Infos: 🌐 www.hamburgtourist.info boberger-dunen.html

Die tollste und größte Sandkiste der Stadt: Boberger Dünen

▸ Freiwillige Feuerwehr Moorfleet
Ein heißes Hobby und eine gute Gemeinschaft verspricht die Freiwillige Feuerwehr für alle interessierten Moorfleeter zwischen 17 und 50 Jahren. Auch die Jugendfeuerwehr freut sich über neue Mitglieder im Alter von 10 bis 17 Jahren.
Adresse: Sandwisch 83, 22113 Hamburg, ✉ info@feuerwehr-moorfleet.de, 🌐 www.feuerwehr-hamburg.de/dienststellen/moorfleet

Sport & Kontemplation

▸ Elbe Triathlon Hamburg
Es begann etwa 2011 als Trainingswettkampf für Rookies (Einsteigerinnen und Einsteiger). Damals hat niemand geahnt, dass sich der Wettkampf an und in der Dove Elbe in kürzester Zeit zum zweitgrößten Triathlon in Hamburg entwickeln

würde. Kinder, Jugendliche, Erwachsene – mehr als 1200 Triathleten gehen mittlerweile an den Start und messen sich im Schwimmen, Radfahren und Laufen. Veranstaltungsort: Wassersportzentrum Hamburg Allermöhe/Olympiastützpunkt der Ruderer und Kanuten.
Adresse: Allermöher Deich 35, 21037 Hamburg, www.elbe-triathlon.weebly.com

Allgemeiner Alster-Ruderclub/ Norddeutscher Ruderer Bund
Der Landesruderverband (AAC/NRB) Hamburg vertritt die Interessen von Hamburgs Ruderinnen und Ruderern, zählt knapp 7000 Mitglieder in 22 Vereinen und ist der älteste Regattaverein in Deutschland. Mitglied im Landesruderverband Hamburg (AAC/NRB) können nicht nur Vereine werden, sondern auch Einzelpersonen.
Adresse: Allermöher Deich 36, 21037 Hamburg, 040/7375510, www.alsterclub.de

Ruderclub Bergedorf e. V.
Seit vielen Jahren richtet der Ruderclub Bergedorf die „Dove-Elbe-Rallye“ aus, eine kombinierte Lang- und Kurzstreckenregatta auf dem schönsten Ruderrevier in Hamburg, der Dove Elbe. Die Rallye eignet sich für Regatta-Neulinge, ambitionierte Mastersruderer bis hin zu Leistungssportlern. Selbstverständlich kann man im Verein auch rudern lernen oder wiederaufnehmen.
Adresse: Schleusendamm 20, 21037 Hamburg, www.rc-bergedorf.de

Judo Gemeinschaft Sachsenwald e. V.
Judo, Jodo, Ju Jutsu: Die auch in nationalen und internationalen Wettkämpfen erfolgreiche Judo-Gemeinschaft Sachsenwald in der TSG Bergedorf bietet ein kompaktes Training für Kinder, Jugendliche und Erwachsene an. Zudem wird jeden Mittwoch (20–21 Uhr) Frauenselbstverteidigung unterrichtet, zu der auch ein mentales Coaching inklusive Infos zu Prävention, Deeskalation, Waffen und Recht gehört.
Adresse: Billwerder Billdeich 607, 21033 Hamburg, www.jgs-hamburg.de

Angelverein Bergedorf-West/Allermöhe
Angelrute raus für Hecht, Zander, Karpfen, Schleie, Quappen, Brassen, Rotaugen, Rotfedern: Angeln kann man lernen, doch braucht man dazu einen Fischereischein (Angelschein). Als Vereinsmitglied kann man im Angelverein Bergedorf nicht nur den Schein machen, sondern man erhält Zugang zu riesigen Hamburger Wasserflächen, die mit der Bezahlung des Jahresbeitrages beangelt werden können.
Adresse: Friedrich-Frank-Bogen 5, 21033 Hamburg, vorstand@av-bewe.de, www.av-bewe.de

Atlantik 97
Der BFSV Atlantik 97 ist ein Sportverein und eine Migrantenselbstorganisation aus Hamburg-Neuallermöhe. Der Fußballverein wurde 1997 von einer aus der ehemaligen Sowjetunion stammenden sportbegeisterten Aussiedler-Gruppe gegründet. Seit 2015 hat der BFSV Atlantik eine interkulturelle Öffnung eingeleitet und ist nun ein moderner Stadtteil-Sportverein, der Menschen aus über 20 Nationen ein sportliches Zuhause bietet.
Adresse: Wilhelm-Stille-Sportanlage, Marie-Henning-Weg 2, 21035 Hamburg, www.atlantik-97.de

Boberger Reitverein
Das Gründungsjahr des BRV ist 1968. Seitdem liegt das Glück der Erde auch in

Boberg auf dem Rücken der Pferde. Im Angebot sind Einzel- und Gruppenunterricht bei erfahrenen Trainern in den Bereichen Dressur, Springen und Voltigieren für Kinder, Jugendliche und Erwachsene. Es gibt regelmäßige Lehrgänge, Fortbildungen (auch mit externen Referenten) sowie Turniere und weitere Veranstaltungen. Auch ohne Reitinteresse ist die wunderschöne Anlage des Boberger Reitvereins einen Besuch wert: Das Haupthaus stammt aus dem Jahre 1650 und war einst die Sommerresidenz des Hamburger Michel-Pastors, die heute liebevoll restauriert ist.
Adresse: Billwerder Billdeich 256, 21033 Hamburg, ✉ info@boberger-reitverein.de, 🌐 www.boberger-reitverein.de/index.php/startseite-brv

Ein Genuss: Reiten in den Boberger Dünen

▸ Eisenbahner Turn- und Sportverein von 1924 e. V.
Turnen, Tanzen, Hip-Hop und Boxen auf der einen, Fußball auf der anderen Seite. Der ETSV beschränkt sich erfolgreich auf seine Kernkompetenzen in Sachen Sport. Dabei spielt Fußball mit seinen 300 Mitgliedern eine große Rolle, vor allem die 1. Herren: Seit 2022 ist der ETSV zurück in der Landesliga Hansa – nach 33 Jahren.
Adresse: Mittlerer Landweg 40, 21033 Hamburg, 🌐 www.etsvhamburg.de

▸ Taekwondo Bergedorf
1986 gründete Rafet Yildrim Taekwondo Bergedorf e. V. Der Verein betreibt Taekwondo nach der World Taekwondo Federation (WTF) und gehört der deutschen Taekwondo Union (DTU) an. Innerhalb der 35+ Jahre wurden bisher über 30 Meisterinnen und Meister sowie 15 lizenzierte Trainerinnen und Trainer ausgebildet. Am Samstag gibt es pädagogisches Kindertraining.
Adresse: Mittlerer Landweg 4, 21033 Hamburg, 🌐 www.taekwondo-bergedorf.de

Märkte & Feste

▸ Umsonst & draußen: Wutzrock Festival
Wutzrock ist eine öffentliche, kostenlose Veranstaltung für alle, die Musik, Kultur, Kunst und gute Stimmung lieben. Erstmalig fand dieses Festival 1979 statt. Nachdem es verschiedene Veranstaltungsorte innerhalb des Bezirks gab, ist seit Ende der 1980er ein Gelände am Eichbaumsee in Allermöhe Veranstaltungsort des Open-Air-Festivals. Zwischen der Dove Elbe und dem Badestrand des Eichbaumsees stehen Elbbühne (Hauptbühne), Seebühne, Backstagebereich und viele Stände verschiedener Art. Kostenlos zelten lässt sich rund um das Festivalgelände. Auch für das Parken von Kraftfahrzeugen, Krafträdern und Fahrrädern wird (noch) keine Gebühr erhoben.
Adresse: Galactic Entertainment e. V., Lohbrügger Landstraße 8, 21031 Hamburg, 🌐 www.wutzrock.de/wutzrock-umsonst-und-draussen.html

Marschlande II: Ochsenwerder, Reitbrook, Spadenland, Tatenberg

(Bezirk Bergedorf)

Sehenswertes

▸ Reitbrooker Mühle

Südlich von Allermöhe zwischen Gose-Elbe und Dove Elbe erstreckt sich der dünn besiedelte Stadtteil Reitbrook. Hier steht das Wahrzeichen der Marschlande, die Reitbrooker Mühle. Die Windmühle wurde 1870 gebaut und ist seit 1941 außer Betrieb. Man kann diese aber während der Öffnungszeiten des heute hier ansässigen Getreide- und Futtermittelhandels besichtigen. Das daneben liegende Fachwerkhaus des Müllers ist ebenfalls noch erhalten. Hier wuchs Alfred Lichtwark auf. Der Sohn eines Müllers machte sich einen Ruf als Kunsthistoriker und -pädagoge, der als erster Museumsleiter die Kunsthallen-Sammlung systematisch aufbaute. Nach ihm ist die Lichtwarkschule benannt, eine Reformschule der 1920er-Jahre, die Helmut und Loki Schmidt besuchten.

Das Wahrzeichen von Marschlande: die Windmühle in Reitbrook

Adresse: Reitbrooker Mühlenbrücke 1, 21037 Hamburg, ✆ 040-723 12 82, 🌐 www.reitbrooker-muehle.de

Abenteuer, Freizeit & Natur

▸ Spadenland & Tatenberg

Hier bietet sich eine Rad- und Wandertour durch zwei Stadtteile an, die stark an Bullerbü erinnern. Viel Natur, viel Ruhe, eine weite Elbauenlandschaft und ein freier Himmel, der sogar bei grauem Wetter die herrliche Stimmung nicht trüben kann. Gute Radtouren- wie auch Wandertipps gibt es bei der Tourist-Information in Bergedorf. Di–Sa: 10–14 Uhr

Adresse: Johann-Adolf-Hasse Platz 1, 21029 Hamburg, ✆ 040/72693324, 🌐 www.bergedorf.de/tourismus/kontakt

▸ Surferparadies Oortkatensee

Auch in Hamburg kann man Wind- und Kitesurfen, nämlich in Ochsenwerder am Hohendeicher See, auch als Oortkatensee bekannt – wobei die Locals ihren See liebevoll als „Ottisee" bezeichnen. Der Ottisee

liegt unmittelbar hinter dem Elbdeich und gilt als Surferparadies. Daher haben sich am Ufer – mit Liegewiesen für Sonnenanbeter – verschiedene Surfschulen niedergelassen. Auch Taucher schätzen den See. Die Polizei absolviert hier ihr Tauchtraining. Im Süden gibt es eine abgetrennte Badebucht mit Sandstreifen, die am Wochenende von der DLRG bewacht wird. Sanitäre Einrichtungen, Campingplatz, Gaststätte und Imbiss sind vorhanden.
Adresse: Oortkatenufer 1, 21037 Hamburg

Sport & Kontemplation

▸ Windsurfing Club Hamburg

Der Windsurfingclub Hamburg ist der älteste und größte Surfclub in Hamburg und das Clubhaus befindet sich neben der Surfschule am Oortkatensee/Hohendeicher See. Die Bushaltestelle ist nur circa 100 Meter entfernt. Damit ist der Windsurfing Club Hamburg über die öffentlichen Verkehrsmittel mit der Buslinie 120 direkt ab Hamburg Hauptbahnhof bzw. der S-Bahn-Haltestelle Tiefstack gut erreichbar. Alle Mitglieder des Vereins können günstig den Windsurfing-Grundschein erwerben. Nach dem Grundschein gibt es die Möglichkeit, den Amtlichen DSV-Sport-Boot-Schein-Binnen für Segelsurfen zu machen.
Adresse: Oortkatenufer 24, 21037 Hamburg, ✆ 040/73506494,
🌐 www.windsurfing-club-hamburg.de

▸ Windsurfing Hamburg

Tausende Einheimische haben hier das Surfen gelernt, denn Windsurfing Hamburg gibt es seit mehr als 30 Jahren. Die Funsportart hat ein wenig Konkurrenz bekommen: Stand-up-Paddling und Wingfoilen bzw. Wingsurfen sind neue Trendsportarten, die in der Gunst der Einheimischen in puncto Funsport ganz oben stehen und die man hier ebenso erlernen kann. Während Stand-up-Paddling ein eher kontemplativer Wassersport ist, ist Wingsurfen Action eine Mischung aus Kitesurfen, Windsurfen und Stand-up-Paddling. Man benötigt weniger Material und weniger Wind als beim „normalen" Surfen und hat den doppelten Spaß. Mit einem Brett unter den Füßen und einem leichten Wing in der Hand schwebt man über das Wasser.
Adresse: Oortkatenufer 12, 21037 Hamburg, 🌐 www.surfen-hamburg.de

Märkte & Feste

▸ O'zapft is im Spadenland

Wer sich als Hamburger für das Oktoberfest interessiert, reist entweder gleich nach München oder feiert auf dem Wandsbek

Alle 3 Jahre wird Oktoberfest im Spadenland gefeiert.

Markt, geht zum Franziskaner in der Hamburger Innenstadt oder ins Bayern Stüberl auf dem Kiez. Oder man feiert im Spadenland, denn hier gibt es ein uriges Oktoberfest, sogar mit Trachten. Zum ersten Mal fand dieses 1997 statt, es amüsierten sich dort knapp 3.000 Gäste, bayerisches Bier gab es auch. Seit 2005 präsentiert der Förderverein der Spadenländer Feuerwehr das Fest im Drei-Jahre-Rhythmus. Mittlerweile kommen rund 5000 Gäste in das Riesenzelt am Hofschläger Deich, Ecke Ochsenwerder Landstraße, geschätzte 90 Prozent davon in bayerischer Tracht. Live-Band, Blasmusik und Auftritte bringen die Besucher so richtig in Stimmung. Auf dem Festplatz werden Spiele für Kinder und Aktionen der Feuerwehr geboten. Spezialitäten wie Haxen und Schweinsbraten sind die kulinarischen Highlights.
Infos: de-de.facebook.com/FFSpadenland

Vierlande: Altengamme, Curslack, Kirchwerder, Neuengamme

(Bezirk Bergedorf)

Sehenswertes

▸ Rieck Haus
Das Freilichtmuseum Rieck Haus in Curslack zählt zu den ältesten erhaltenen Bauernhäusern Norddeutschlands. Als Außenstelle des Altonaer Museums präsentiert es ein Bauernhofensemble der Familie Rieck aus dem 16. und 17. Jahrhundert. Es gibt ein wechselndes Veranstaltungsprogramm mit geführten Rundgängen, Familientagen und Plattsnackern. Höhepunkte sind das Erdbeerfest und die Handarbeitstage zum Tag des offenen Denkmals im September. März bis Oktober: Di–So, 10:30–17 Uhr. Winterpause: November bis Februar.
Adresse: Curslacker Deich 284, 21039 Hamburg,
www.bergedorfer-museumslandschaft.de/ueber-uns/rieck-haus

Das Rieck Haus mit Bauerngarten, Ansicht vom Curslacker Deich aus

Treffs & Begegnungsstätten

▸ Biker-Treff beim Zollenspieker
Wenn in Hamburg die Temperatur über zehn Grad klettert und die Sonne zusätzlich rauskommt, ist das Biker-Treffen angesagt. Einer der beliebtesten Biker-Treffpunkte seit 30 Jahren ist in Kirchwerder am Fahranleger Zollenspieker. Neben röhrenden Maschinen gönnen sich die Biker gerne ein deftiges Essen bei Kuddels Fährimbiss. Das kann man auch ohne Harley & Co tun und die Fährverbindung Hoopte-Zollenspieker

erkunden. Die besteht nachweislich mindestens seit dem Jahr 1252 und ist heute wie damals ein Familienbetrieb.
Adresse: Zollenspieker Hauptdeich, 21037 Hamburg, 🌐 www.biker-treff.de

Abenteuer, Freizeit & Natur

▸ Die Eselei
Wandern mit Eseln ist auch in Hamburg-Altengamme etwas Besonderes. Die Eselei bietet mit ihren vier Eseln Paula, Finu'u, Moritz und Maja ein- bis zweistündige Schnuppertermine, vierstündige Halbtages- und siebenstündige Tagestouren an. Esel-Vater Andreas Kirsch und Team bieten verschiedene Routen im Osten von Hamburg und dem angrenzenden Schleswig-Holstein an, zum Beispiel über den Geesthang und die Felder der Hohen Geest, durch die Dalbekschlucht, das Bistal, das Stiftungsland Lohe, das Naturschutzgebiet Kirchwerder Wiesen oder ab Geesthacht entlang der Oberelbe. Das Mindestalter für die Schnuppertermine ist sechs Jahre, bei den Wanderungen sieben Jahre.
Adresse: Brookdeich 28, 21029 Hamburg, ✆ 040/72977051, 🌐 www.dieeselei.de

Die Wanderung mit Eseln macht Spaß. Hier gehts durch die Dahlbekschlucht.

Spezielles

▸ Gedenkstätte KZ Neuengamme
Mit mehr als 100 000 Inhaftierten war in Neuengamme das größte KZ in Nordwestdeutschland. Die KZ-Gedenkstätte Neuengamme erinnert mit Ausstellungen, Sonderthemen, Kolloquien und Forschung an die inhaftierten Männer und Frauen, die dort entrechtet und ermordet wurden. Für Schülerinnen und Jugendliche gibt es eine offene Lernwerkstatt, die auf einfache Weise mehr über die Geschichte des Konzentrationslagers Neuengamme und der KZ-Gedenkstätte vermittelt. Die offene Lernwerkstatt steht ebenfalls Multiplikatoren, Einzelbesuchern, Wissenschaftlerinnen und allen Interessierten offen.
Adresse: Jean Dolidier Weg 75, 21039 Hamburg,
🌐 www.kz-gedenkstaette-neuengamme.de

Oberbillwerder

(Bezirk Bergedorf)

Spezielles

▸ Nr. 105
Mit rund 118 Hektar ist Oberbillwerder nicht nur Hamburgs zweitgrößtes Stadtentwicklungsprojekt, es wird auch der 105. Stadtteil der Hansestadt. Nördlich der S-Bahnstation Allermöhe entstehen ab 2026 6000–7000 neue Wohnungen, Tausende neue Arbeitsplätze, neue Parks und damit neue Wege, neue Mobilitätskonzepte, neue Nachbarschaften, neue Möglichkeiten, neue Abenteuer sowie neue Angebote für Bildung, Kultur, Freizeit, Sport und Erholung.

Ein grüner Ring für Freizeit und Erholung wird für Oberbillwerder mitgeplant.

Bezirk Eimsbüttel

Der Bezirk Eimsbüttel gilt als eines der beliebtesten Wohngebiete der Hansestadt. Mit etwa 250 000 Einwohnern ist Eimsbüttel mit Blick auf die Besiedlung die Nummer zwei hinter Hamburg-Nord. Eimsbüttel, das ist die Westseite der Alster (Alstervorland), das sind viele kleine und große Parks und Wasserläufe, mondäne Villen, Jugendstilflair, Universitätsviertel und Deutschlands erste Hochhaussiedlung nach Kriegsende mit 12 Häusern am Grindel, wo auch das Bezirksamt seinen Sitz hat. Mit dem Norddeutschen Rundfunk (NDR) in Lokstedt (Fernsehen) und Rotherbaum (Hörfunk) ist der Bezirk ein bedeutender Medienstandort. Auftrumpfen kann Eimsbüttel auch wirtschaftlich: Der Stadtteil ist Gründungsort und bis heute Stammsitz der Baiersdorf AG mit Weltmarken wie Nivea und tesa. Hagenbecks Tierpark, der 1907 seine Pforten öffnete, zählt zu den beliebtesten Tierparks Deutschlands und ist der einzige Großzoo, der ohne staatliche Hilfen auskommt. Noch immer befindet sich Hagenbeck, wie der Tierpark von Einheimischen genannt wird, in Familienhand.

Das Dorf „Eymersbuttele“, wie es 1275 in einer Urkunde genannt ist, hat eine steile Karriere in Hamburg gemacht. Am 1. Juli 1894 wurde der Vorort Eimsbüttel auf Senats- und Bürgerschaftsbeschluss ein Hamburger Stadtteil. Nach Kriegsende hat man Hamburg in sieben neue Verwaltungsbezirke gegliedert. 1951 wurde der Bezirk Eimsbüttel nach dem Stadtteil Eimsbüttel benannt. Neben Eimsbüttel als Stadtteil gehören acht weitere Stadtteile zum Bezirk: Eidelstedt, Harvestehude, Hoheluft-West, Rotherbaum, Lokstedt, Niendorf, Schnelsen und Stellingen.

Im Gegensatz zu den preußischen Großstädten Altona, Wandsbek und Harburg gibt es keine einheitliche Vorgeschichte des Bezirks. Die historischen Wurzeln sind – wie auch in Hamburg-Nord – demnach in den jeweiligen Stadtteilen zu finden. So waren bis zur Eingemeindung des Groß-Hamburg-Gesetzes durch die Nationalsozialisten die Stadtteile Stellingen und Eidelstedt Vororte von Altona/Elbe. Lokstedt, Niendorf und Schnelsen bildeten ab 1927 eine vergrößerte Gemeinde unter den Namen Lokstedt, die wiederum zum Kreis Pinneberg (Schleswig-Holstein) gehörte.

Bezirksamt Eimsbüttel
Grindelberg 66
20144 Hamburg
www.hamburg.de/eimsbuettel

Eimsbüttel, Eidelstedt Stellingen

(Bezirk Eimsbüttel)

Sehenswertes

▸ Apostelkirche

Die Eimsbütteler Apostelkirche (erbaut 1893/94) hat zwar den Zweiten Weltkrieg fast unbeschadet überstanden, nicht aber einen Brand, der 1977 aus ungeklärten Gründen ausgebrochen ist und bei dem die Kirche bis auf die Grundmauern niederbrannte. Die bis 1982 wieder aufgebaute Kirche erhielt ein neues, modernes Interieur mit einem Foyer, einem Kirchensaal im Obergeschoss und Mehrzweckräumen. Hervorzuheben sind die neu gestalteten Altarfenster, die 1990 eingeweiht wurden und jeweils sechs Frauen und sechs Männer als „neue Apostel" würdigen: Sophie Scholl, Hermann Stöhr, Martin Luther King Jr., Dietrich Bonhoeffer, Simone Weil, Ernst Barlach, Albert Schweitzer, Mathilda Wrede, Oscar Romero, Anna Paulsen, Dorothy Day und die Hamburgerin Elise Averdieck. Averdieck gründete 1837 eine Jungenschule in der damaligen Vorstadt St. Georg, die zwanzig Jahre von ihr geleitet wurde. Zusätzlich arbeitete Elise Averdieck in der Armen- und Krankenpflege. 1856 gründete sie mit zwei Freundinnen das Krankenhaus Bethesda. „Nebenbei" schrieb Elise Averdieck Romane und viel gelesene Kinderbücher. Hochbetagt starb die Hamburgerin in ihrer Heimatstadt im Alter von 99 Jahren (1907).
Adresse: Bei der Apostelkirche 2, 20257 Hamburg, 🌐 www.ev-ke.de/

▸ Die schöne Marianne

An der viel befahrenen Kreuzung Kieler Straße/Eimsbüttler Marktplatz stand einst die Schankwirtschaft „Mariannenruh", die Johanna Maria Caroline Ruaux von ihrem Vater übernommen und von 1824 bis 1831 geführt hat. Viele Besucher kamen nur wegen der Schönheit der Wirtin, die sich auch außerhalb der Hamburger Stadtgrenzen herumsprach. Die schöne Marianne, Kind französischer Eltern, wurde 1802 im dänischen Altona geboren und starb 1882 in Hamburg. Ein Gedenkstein der Patriotischen Gesellschaft von 1775 erinnert seit Dezember 2002 an diesen Ort, der auch ein Stück Frauengeschichte ist.
Infos: 🌐 denkmalhamburg.de/die-schoene-marianne/

Nicht nur schön, sondern auch zupackend: die Wirtin Marinne

▸ Geschichtswerkstatt Eimsbüttel

Alltagsgeschichte, Arbeiterbewegung, Frauengeschichte, Architektur, Kunst, Fotografie, Jüdische Geschichte – in der Galerie Morgenland hat die Geschichts-

werkstatt Eimsbüttel seit 1983 ihren festen Sitz. Angeboten werden Stadtteilrundgänge zum jüdischen Leben und Leiden in Eimsbüttel, zur Frage, wie Carl Hagenbeck den Stadtteil Stellingen durch den Tierpark geprägt hat, oder auch zum Wohnungsbau der 1920er-Jahre zwischen Schlankreye und Kaiser-Friedrich-Ufer. Es gibt ein wechselndes Veranstaltungsprogramm mit Lesungen und Kunstausstellungen sowie Werkgesprächen.
Adresse: Sillemstraße 79, 20257 Hamburg, ✉ info@geschichtswerkstatt-eimsbuettel.de, 🌐 www.galerie-morgenland.de

▸ Wasserturm Stellingen
Der Stellinger Wasserturm ist ein Wahrzeichen Stellingens. Er diente zum Druckausgleich und als Reserve der Stellinger Wasserversorgung und versorgte neben Stellingen und Langenfelde auch die Nachbargemeinden Niendorf und Eidelstedt. Er wurde 1911–1912 vom Kölner Architekten Max Stirn erbaut, bis 1974 als Wasserturm genutzt und ist 47,59 Meter hoch. Zwischen 1979 und 1981 wurde der Turm für Wohnraum umgebaut. Heute befinden sich auf elf Etagen Eigentumswohnungen mit entsprechendem Weitblick.
Adresse: Högenstraße, 22527 Hamburg, 🌐 www.neues-stellingen.de/stellinger_wasserturm/Stellinger_Wasserturm.html

Kunst, Kultur & Clubs

▸ FilmRaum
Früher war hier mal eine Videothek, seit 2008 ist es ein Kino, das von Behzad Safari betrieben wird. Mit seinen 35–40 Sitzplätzen eines der kleinsten Programmkinos in Hamburg, werden hier vor allem sozialkritische Autorenfilme, Dokumentationen und Kurzfilme gezeigt. Daneben gibt es künstlerische Projekte, Lesungen oder auch Konzerte. Im Sommer lockt das Kino mit Open-Air-Filmen im Stadtpark Eimsbüttel.
Adresse: Müggenkampstraße 45, 20257 Hamburg, 🌐 www.filmraum.net/

▸ Birdland
Der Jazz-Club zählt zu den musikalischen Institutionen schlechthin in Hamburg. Gegründet wurde dieser 1985 vom Jazz-begeisterten Ehepaar Heidi und Dieter Reichert. In einem holzgetäfelten Eimsbüttler Keller gaben sich Jazz-Größen wie Chet Baker, Diana Kral, Joe Henderson, Art Blakey, Rebekka Bakken sowie die Legenden Branford und Wynton Marsalis ein Stelldichein. Nachdem sich die Eltern aus Altersgründen zurückgezogen haben, haben die Söhne Wolff und Ralph das Birdland übernommen. Veranstaltet werden Jam Sessions, Vocal Sessions und weiterhin Jazz-Konzerte sowie Singer/Songwriter-Abende.
Adresse: Gärtnerstraße 122, 20253 Hamburg, 🌐 www.birdlandhamburg.de

Ob Jazz-Legenden oder Newcomer: Im Birdland herrscht immer eine gute Stimmung.

▸ Delphi Showpalast

Das Show- und Gastronomietheater mit der interessanten halbrunden Architektur hat eine spannende Historie. Im Delphi war bis 1958 ein Kino, dann von 1960 bis 1977 das Tanzlokal „Kaisersaal". Von 1978 bis 1986 beherbergte es die Nobel-Disco „Trinity", deren Vorbild das New Yorker „Studio 54" war. In kleinen Livekonzerten sind hier u. a. Depeche Mode, Gloria Gaynor und Level 42 aufgetreten. Das Etablissement liegt zwar im Einzugsgebiet der Schanze, gehört aber administrativ zum Bezirk Eimsbüttel.

Adresse: Eimsbütteler Chaussee 5, 20259 Hamburg, 🌐 delphi-showpalast.de

▸ MUT! Theater

Das MUT! gibt kultureller Vielfalt eine Bühne. Das charmante Theater ist eine von sieben Off-Bühnen Hamburgs. Neben Eigenproduktionen sind oft spartenübergreifende Aufführungen von Gastspielgruppen sowie Kabarett und Konzerte fester Bestandteil des Programms. Dadurch ergibt sich ein bunter und abwechslungsreicher Spielplan. Nach dem Theaterbesuch kann man weiter in die nahe gelegene Schanze ziehen oder in eines der vielen Eimsbütteler Cafés und Restaurants gehen, die in der Nähe sind.

Adresse: Amandastraße 58, 20357 Hamburg, ✉ info@muttheater.de, 🌐 www.muttheater.de

Bildungs- & Kreativangebote

▸ Buchladen Osterstraße

Eimsbüttel ist voller gut sortierter Buchläden. Eine Institution ist der Buchladen Osterstraße, 1978 als „Dritte-Welt-Buchladen" eröffnet. Heute nennt er sich zeitgemäß nur noch „Buchladen" und ist vor einigen Jahren auf die andere Straßenseite der Osterstraße in ein größeres Geschäft umgezogen. Seinen undogmatischen, kritischen und emanzipatorischen Geist hat der Buchladen mitgenommen. In der Buchhandlung spürt man auch heute noch, dass Eimsbüttel in den 70er-Jahren über eine lebendige linke Studentenszene wie auch eine diskussionsfreudige Arbeiterklasse verfügte. Bis heute ist der Laden nicht nur Buchhandlung, sondern auch Kommunikationstreff, in dem politische und kulturelle Initiativen zusammenkommen. Die Lesungen und Weinproben sind schnell ausverkauft.

Adresse: Osterstraße 171, 20255 Hamburg, 🌐 www.buchladen-osterstrasse.de/ueber-uns/

▸ Buchhandlung & Antiquariat Lüders

Die Buchhandlung Lüders wird seit ihrer Gründung im Jahr 1956 als Familienunternehmen geführt. Hier verbinden sich Tradition und Innovation. Belohnt wurde das unter anderem mit dem Deutschen Buchhandlungspreis, den die Buchhandlung schon zweimal erhalten hat. Neben aktuellen Bestsellern und Neuerscheinungen beherbergt die kleine, bis zur Zimmerdecke vollgestopfte Buchhandlung auch ein Antiquariat, in dem sich neue und alte Literaturschätze entdecken lassen. Mit viel Witz wird auf Facebook und Instagram für die Freude am Lesen samt Buchhandlung geworben.

Adresse: Heußweg 33, 20255 Hamburg, 🌐 de-de.facebook.com/people/Buchhandlung-L%C3%BCders/100063587080329/

▸ Musikschule Abenteuer Musik

Die Musikschule gibt es zweimal in Hamburg: in Eimsbüttel und in Barmbek. Die Eimsbüttler Dependance befindet sich

in direkter Nachbarschaft des Jazz-Clubs Birdland und des Professional Music Shop für Saxofone. Musikalische Früherziehung, E-Gitarre, Ukulele, Klavier, Drums, Querflöte, Geige, Saxofon, Gesang werden angeboten. Dabei darf auch Blockflöte nicht im musikalischem Repertoire fehlen.
Adresse: Unnastr. 2, 20253 Hamburg,
✉ info@Abenteuer-Musik.de,
🌐 www.abenteuer-musik.de

Treffs & Begegnungsstätten

▸ Synagoge Hohe Weide
Die Synagoge Hohe Weide ist das Gebäude der Jüdischen Gemeinde Hamburg. Sie wurde von den Architekten Karl Heinz Wongel und Klaus May entworfen und 1960 eingeweiht. Die Jüdische Gemeinde in Hamburg bietet nach vorheriger schriftlicher Anmeldung mittwochs und donnerstags in der Zeit von 09:30 bis 15:00 Uhr Führungen für Schülergruppen an. Nach Absprache sind jedoch am Mittwoch und Donnerstag auch Nachmittagstermine möglich. Die Jüdische Gemeinde unterhält ein Bildungs- und Jugendzentrum. Sie lädt regelmäßig zu Konzertabenden ein. Monatlich gibt es ein Frauenfrühstück.
Adresse: Hohe Weide 34, 20253 Hamburg,
🌐 www.facebook.com/HoheWeide/

Die Synagoge von der Straße Hohe Weide aus gesehen

▸ St. Bonifatius
Herz und Zentrum der römisch-katholischen Gemeinde St. Bonifatius (Pfarrei Heilig Geist) ist die aus rotem Backstein erbaute Kirche mit ihrem 45 Meter hohen Turm. Nur gut fünf Gehminuten von der geschäftigen Eimsbütteler Osterstraße entfernt steht die Basilika an einem romantischen, allseits beliebten Weiher in einer ruhigeren Gegend mit Gründerzeit-Häusern im ansonsten dicht besiedelten Hamburger Stadtteil. Das Gotteshaus wurde 1909/1910 nach dem Entwurf des Kölner Architekten Fritz Kunst erbaut. Seit 1998 steht es unter Denkmalschutz.
Adresse: Am Weiher 29, 20255 Hamburg,
🌐 www.heiliggeist.org

▸ Hamburg-Haus Eimsbüttel
Das 1965 eröffnete Hamburg-Haus am Doormansweg ist als Gemeinschafts- und Kulturzentrum konzipiert. Es bietet Raum für kulturelle Veranstaltungen, Versammlungen und Ausstellungen und beherbergt den Eimsbütteler Standort der Öffentlichen Bücherhallen, eine Elternschule, einen Seniorentreff des Vereins Lange Aktiv Bleiben e. V., ein Mädchenzentrum und ein Café der Winterhuder Werkstätten. Das in die Jahre gekommene Hamburg-Haus, das jährlich von bis zu 250 000 Menschen besucht wird, wird ab 2023 für mehrere Millionen Euro saniert. In dieser Zeit läuft der Betrieb mit kleinen Einschränkungen weiter.
Adresse: Doormannsweg 12, 20259 Hamburg

▸ Bürgerhaus Lenzsiedlung
Das Bürgerhaus Lenzsiedlung ist eine Begegnungsstätte und bietet „alles unter einem Dach“. Von offenen Treffs und Kinderbetreuungsmöglichkeiten über

Beratungsangebote und unterschiedliche Gruppen und Kurse bis hin zu Veranstaltungen und Aufführungen gibt es ein breites und vielfältiges Angebot. Träger ist der gemeinnützige Verein Lenzsiedlung e. V., der zusätzlich einen Kinderclub und ein Jugendhaus unterhält. Räume können für Feste und Workshops gemietet werden.
Adresse: Julius-Vosseler-Straße 193, 22527 Hamburg, ✉ verein@lenzsiedlungev.de

▸ Griechische Gemeinde Hamburg e. V.
Der Verein wurde direkt nach dem Ende des Zweiten Weltkriegs von griechischen Tabak-, Baumwoll- und Weinhändlern in Hamburg gegründet. Heute ist die Griechische Gemeinde ein gemeinnütziges Kultur- und Kommunikationszentrum. Die Schwerpunkte: Bürgerservice, Sprache und Kultur. Räumlichkeiten können auf Anfrage gemietet werden. Es gibt eine für die Öffentlichkeit zugängliche Bibliothek zur griechischen Kultur.
Adresse: Doormannsweg 22, 20259 Hamburg,
🌐 www.griechisches-kulturhaus-hh.com

▸ steeedt
Eidelstedt hat ein neues soziales und kulturelles Zentrum. In zentraler Lage liegt das neue Stadtteilzentrum „steeedt" für Kultur, Bildung und Begegnung. Hierfür wurde das bisherige Eidelstedter Bürgerhaus umfangreich saniert und um einen Neubau ergänzt. Mit der Erweiterung wurde zusätzlicher Platz unter anderem für den runderneuerten Standort der Bücherhalle Eidelstedt, einen multifunktionalen Veranstaltungssaal und ein zum Eidelstedter Platz geöffnetes Café geschaffen.
Adresse: Alte Elbgaustraße 12, 22523 Hamburg,
🌐 www.steeedt.de

▸ Bürgerverein Eidelstedt
Der Eidelstedter Bürgerverein von 1901 hat viele attraktive Angebote für den Stadtteil. Es gibt Digitalsprechstunden für Seniorinnen und Senioren, gemeinsame Theaterbesuche, Ausflüge in und um Hamburg, Spielenachmittage, Fahrradsternfahrten und gemeinsames Gärtnern. Jeden Freitag (bis auf Feiertage/Ferien) sind Ehrenamtliche am Infostand des Vereins im Eidelstedt Center, um mit Anwohnerinnen und Anwohnern ins Gespräch zu kommen. Der Eidelsteder Bürgerverein hat eine informative Webseite.
Adresse: Eidelstedter Dorfstraße, 22523 Hamburg,
🌐 eidelstedter-buergerverein.de

Was viele nicht wissen: In russisch-orthodoxen Kirchen steht man im Gottesdienst.

▸ Russisch-Orthodoxe Prokop-Kirche
Die Kirche des heiligen Prokop ist eine russisch-orthodoxe Kirche, die 1965 in Stellingen eingeweiht wurde. Sie ist dem heiligen Prokop gewidmet, einem in Lübeck geborenen Kaufmann, der zum russisch-orthodoxen Glauben übertrat und sein Vermögen an die Armen verteilte. Die Prokop-Kirche wurde mit ihren Zwiebeltürmen im klassischen russischen Stil errichtet. Der Innenraum ist auf einer fast rechteckigen Grundfläche traditionell gestaltet. Wände und Decken sind mit Fresken des Malers Baron Nikolaj Bogdanovič von Meyendorff bedeckt. Die feierlichen Gottesdienste werden überwiegend in kirchenslawischer Sprache gehalten. Am ersten Sonntag im Monat wird der Gottesdienst in Deutsch angeboten.
Adresse: Hagenbeckstraße 10, 2527 Hamburg, 🌐 www.prokopij.de/index_de.htm

▸ Faszle Omar Moschee
Die Faszle Omar Moschee ist die drittälteste Moschee in Deutschland und der erste Moscheeaufbau nach dem Zweiten Weltkrieg – das Gebetshaus wurde am 22. Juni 1957 in Stellingen eröffnet. Die Religionsgemeinschaft AMJ nutzt die Moschee seit Anbeginn für interreligiöse Dialoge und

Die drittälteste Moschee Deutschlands steht in Stellingen.

Diskussionsrunden. Sie beteiligt sich ebenfalls am Tag der offenen Moschee am 3. Oktober, um den Mitbürgerinnen und Mitbürgern symbolisch die Tür zur Moschee zu öffnen, wenngleich die Moschee das ganze Jahr über geöffnet ist und als Informationsstelle für Schulklassen, Behördengruppen und andere Institutionen genutzt wird. Öffnungszeiten: 24/7.
Adresse: Wieckstraße 24, 22527 Hamburg, 🌐 www.ahmadiyya.de/gebetsstaette/moscheen/hamburg/

Die afrikanischen Elefanten sind ein Publikumsmagnet.

Abenteuer, Freizeit & Natur

▸ Tierpark Hagenbeck
Ein Besuch reicht zwar nicht aus, um die mehr als 1400 Tiere aller Kontinente darunter eine der größten Elefantenherden Europas und viele frei laufende Tiere, zu bestaunen, aber mit vier bis sechs Stunden Besuchszeit lässt sich schon eine Menge im Tierpark Hagenbeck erleben. Als „das muss man gesehen haben" gelten die Tierbabys, ein junger Elefant, der Leoparden-Nachwuchs, das Eismeer und das Tropen-Aquarium, das Orang-Utan-Haus, die Schaufütterung bei verschiedenen Tieren

mit Kängurus, die Afrikanischen Löwen, die Cuba Flamingos, die Chile Flamingos, die Eselspinguine, die Pazifischen Walrosse ... 1907 wurde der Tierpark, damals noch unter dem Namen „Hagenbecks Tierpark“, als weltweit erster Tierpark ohne Gitter am heutigen Standort eröffnet. Die Parkanlage umfasst 19 Hektar und bietet ein Wegenetz von über sechs Kilometern Länge. Knapp zwei Millionen kleine und große Fans besuchen Hagenbeck jährlich.
Adresse: Lokstedter Grenzstraße 2, 22527 Hamburg, 🌐 www.hagenbeck.de/de

▸ Schwarzlichtviertel
Hamburgs Rotlichtviertel kennt fast jeder, aber auch das Schwarzlichtviertel in Stellingen braucht sich nicht zu verstecken. Die Zielgruppe ist allerdings eine andere: Kinder, Jugendliche, Familien, aber auch Erwachsene können sich in dem Indoor-Freizeitpark auf über 1000 Quadratmetern austoben. Geboten werden Minigolf, Laser- und Geschicklichkeitsparcours, Blacklight-Billard, Airhockey im Schwarzlicht und mehr. Eine Erlebnisgastronomie ist dem Schwarzlichtviertel angegliedert. Die Öffnungszeiten variieren in der Winter- und der Sommersaison. Reservierungen am besten online.
Adresse: Kieler Str. 571, 22525 Hamburg, 🌐 www.schwarzlichtviertel.de/de

Im Schwarzlichtviertel trifft Virtual Reality auf Indoor-Freizeit.

▸ ☺ Klettern im Salon Du Bloc
Ohne Kletterseil, in Absprunghöhe und mit weichen Matten am Boden, klettert man in Hamburgs erster Boulderhalle im Herzen von Eimsbüttel. Auf 100 Quadratmetern erlebt man, was es heißt, das Felsgefühl nach innen zu verlegen. Auf überschaubaren etwa 400 Quadratmetern gibt es über 200 Routen für alle Kletterlevel, gar auch über Kopf. Leihschuhe gibt es im Laden. Im Salon du Bloc gibt es ein Café und eine kleine Sauna. Das Klettern ohne Begleitung ist ab 14 Jahren möglich. Mindestalter mit Begleitung ist regulär zehn Jahre, am Samstag ab acht Jahren.
Adresse: Eppendorfer Weg 4, 20259 Hamburg, ✉ info@salondubloc, 🌐 www.salondubloc.de

▸ Eimsbütteler Park „Am Weiher“
Der kleine, knapp zwei Hektar große Park „Am Weiher“ repräsentiert eine für Hamburg im 19. Jahrhundert untypische Form eines Binnenparks mit Randbebauung. Diese ideale Lage, umgeben von herrschaftlichen Gründerzeitbauten, macht ihn jedoch zu einem beliebten wie auch romantischen Naherholungsziel für die Einheimischen. Neben dem Weiher bilden auch der alte, vielseitige Baumbestand, der schöne Spielplatz, das Planschbecken, welches im Sommer mit Wasser gefüllt wird, sowie seit 2006 auch ein Café besondere Anziehungspunkte.
Adresse: Ottersbekallee/Ecke Unnastraße, 20255 Hamburg

▸ Stadtpark Eimsbüttel
Der Stadtpark Eimsbüttel (Stellingen) ist noch kleiner als der Park „Am Weiher", nämlich knapp 1,5 Hektar. Doch auch dieser Park lädt zum Verweilen, Frühsport wie Tai Chi und Yoga sowie Spazierengehen oder lesend mit einem Buch auf einer Bank sitzen ein. Im Sommer findet hier das kostenlose „filmRaum-Open-Air-Kino" statt.
Adresse: Hagenbeckstraße 39, 22527 Hamburg

Sport & Kontemplation

▸ HEBC
Lila und Weiß sind die Vereinsfarben des HEBC: Der Hamburger Eimsbüttler Ballspielclub ist seit Jahrzehnten die Eimsbüttler-Fußball-Eminenz. Der ruhmreiche Traditionsclub wurde 1911 gegründet, seine Spielstätte ist der Professor-Reinmüller-Platz. Seit der Saison 20/21 sind die Herren wieder in der Oberliga vertreten. Die erste Frauenmannschaft spielte von 2017 bis 2019 ebenfalls in der Oberliga und tritt seither in der Landesliga an.
Adresse: Tornquiststraße 79, 20259 Hamburg, 🌐 www.hebc.de

▸ ETV – Eimsbüttler Turnverband
„Ganz schön sportlich" heißt das über siebzig Seiten starke Magazin vom ETV, Eimsbüttler Turnverband. Der ETV ist einer der Hamburger Leuchtturm-Sportverbände. Mit über 14 000 Mitgliedern ist der Verband der drittgrößte Sportverein Hamburgs hinter dem HSV und dem FC St. Pauli und einer der mitgliederstärksten Vereine in Deutschland. Es werden 30 unterschiedliche Sportarten wie Fußball, Fechten, Handball, Leichtathletik, Tischtennis, Unihockey, Aikido, Judo, Pilates, Yoga, Kindersport, Rehasport angeboten, die in 23 Abteilungen gegliedert sind. Sportliche Erfolge gibt es viele: In der Saison 20/21 stiegen die Volleyball-Frauen in die zweite Bundesliga auf. Die Volleyball-Herren sind auf dem Sprung.
Adresse: Geschäftsstelle und ETV-Sportzentrum Bundesstraße: Bundesstraße 96, 20144 Hamburg,
🌐 www.etv-hamburg.de

▸ Squash Point Eimsbüttel
Hamburg ist von jeher eine Squash-Hochburg, so auch der Squash Point, den es seit den 1980er-Jahren in Eimsbüttel unweit der Schanze gibt.
Adresse: Eimsbütteler Chaussee 63, 20259 Hamburg, 🌐 www.squash-point.de

▸ Bäderland Kaifu-Bad
Wer in Hamburg zum ersten Mal vom Zehnmeterturm gesprungen ist, hat das zumeist im Sommerfreibad Kaifu (Kaiser-Friedrich-Ufer) gewagt. Die Anlage, die den bekanntesten Eingang schräg gegenüber des ETV hat, ist eines der beliebtesten Freibäder Hamburgs. Chillen, Gucken,

Das große Kaifu-Bad mit dem 10-Meter-Sprungturm

Bräunen, Schwimmen ... außerdem gibt es Sportschwimmbecken mit acht markierten Wettkampfbahnen und den Maßen 50 × 20 Meter und besagten Sprungturm mit 1-, 3-, 5- und 10-Meter-Sprungmöglichkeit. An den Komplex ist das Bad Hohe Weide angeschlossen. Die Anlage steht unter Denkmalschutz.
Adresse: Hohe Weide 15, 20259 Hamburg, 🌐 www.hamburg-tourism.de/sehen-erleben/freizeit-sport/baeder-wellness/sommerfreibad-kaifu/

▸ Kaifu-Lodge

Gleich neben dem Eingang des Sommerfreibads Kaifu ist der beliebte Sportclub Kaifu-Lodge, der die Bäder des Sommerfreibads Kaifu wie auch das Bad Hohe Weide mit nutzt. Die Mitglieder der Kaifu-Lodge kommen aus ganz Hamburg. Neben der Wassersportmöglichkeit und sehr guten Fitness-Angeboten wie auch einer Restauration ist die Lodge durch ihre Squashcourts groß geworden, die von den vielen umliegenden Schulen massiv genutzt wurden, als der Trendsport ab Mitte/Ende der 1980er in Hamburg aufkam.
Adresse: Bundesstraße 107, 20144 Hamburg, 🌐 www.kaifu-lodge.de

▸ Eisbahn Stellingen

Geschützt von Wind und Wetter und trotzdem an der frischen Luft ist man auf der Eisbahn Stellingen. Denn unter dem großen Zeltdach können Besucher auch bei Regen und Schnee entspannt und vor allem trocken übers Eis gleiten. Hier trainiert und spielt zudem die Eishockeymannschaft des HSV. Die überdachte Kunsteisbahn überzeugt vor allem durch die familienfreundlichen Preise.
Adresse: Hagenbeckstraße 124, 22527 Hamburg, 🌐 www.eisbahn-stellingen.de

▸ Grün-Weiß Eimsbüttel

Grün-Weiß Eimsbüttel, 1901 gegründet, ist ein sympathischer Verein, der abgesehen von Fußball etwa 20 weitere Sportarten im Portfolio hat. Beispielsweise Gymnastik, Fechten, Handball, Tanzen für Kinder/Jugendliche, Sport mit Handicap (u. a. für Kinder mit Downsyndrom) und Tischtennis.
Adresse: Julius-Vosseler-Straße 195, 22527 Hamburg, 🌐 www.gweimsbuettel.de

▸ Christuskirche

Die Christuskirche in Eimsbüttel bietet unterschiedliche Kontemplationsformate an: Oase der Stille am Abend, Oase der Stille am Morgen, ebenso trifft sich wöchentlich eine Zen-Gruppe.
Adresse: Bei der Christuskirche 2, 20259 Hamburg, ✆ 040/398097841, 🌐 www.ev-ke.de/gruppen/meditation

▸ Himalaya-Institut für Yogawissenschaften & Philosophie e. V.

Die Hamburger Dependance des in Ahrensburg ansässigen Himalaya-Instituts hat seit vielen Jahren ihren Sitz in einem kleinen ehemaligen Fabrikgebäude eines Eimsbüttler Hinterhofs. Hier werden Yoga-Seminare, Workshops und Meditationskurse angeboten. Ebenso dient das Institut einer zertifizierten Yoga-Ausbildung sowie einer umfassenden Information und dem persönlichen Kontakt mit Gleichgesinnten.
Adresse: Osterstraße 172B, 20255 Hamburg., 🌐 www.himalaya-institut.de

▸ Ninjutsu Akademie

Im selben Gebäude wie das Himalaya-Institut hat die Ninjutsu Akademie ihren Sitz. Neben Ninjutsu gibt es Self Defense und Fitness für Frauen, Thaiboxen, Kung Fu und Kampfsport für Kinder.

Adresse: Osterstraße 172B, 20255 Hamburg, 🌐 www.ninjutsu-akademie.com

▸ Hamburg-Harvestehuder Turnverein
Der Hamburg-Harvestehuder Turnverein von 1872 e. V. (BHT) ist ein im Bezirk Eimsbüttel (Stadtteile Eimsbüttel und Harvestehude) sowie Hamburg-Nord (Stadtteil Eppendorf) tätiger ehrenamtlich geführter Sportverein mit zurzeit rund 350 Mitgliedern. Sportliche Schwerpunkte sind verschiedene Angebote im Bereich Fitness/Gymnastik, dazu kommen Volleyball, Badminton, Kinderturnen, Nordic Walking sowie Basketball und Tischtennis, beides mit Punktspielbetrieb. Das Training findet ausschließlich in Schulturnhallen statt.
Adresse: HHT von 1872 e. V., Kielortallee 20, 20144 Hamburg, 🌐 www.hht-1872.de

▸ Haus des Sports
Haus des Sports ist der Dachverband der Hamburger Sportvereine und -verbände – mit 578 672 Mitgliedschaften in 871 Vereinen sowie 54 Fachverbänden die größte Personenvereinigung der Stadt. Der Dachverband sitzt in Eimsbüttel, gegenüber der U-Bahnhaltestelle Schlump.
Adresse: Schäferkampsallee 1, 20357 Hamburg, 🌐 www.hausdessports.de

Im Haus des Sports kann man auch Säle und Räume buchen.

Märkte & Feste

▸ Wochenmarkt Grundstraße
Etwas versteckt, dafür aber umso ruhiger, liegt dieser Wochenmarkt im Herzen von Eimsbüttel. Samstags nutzen die Eimsbütteler den Markt gern für einen entspannten Start ins Wochenende. Nur wenige Meter von der Osterstraße entfernt kann man hier in lockerer und familiärer Atmosphäre frühstücken, Kaffee trinken und seine Wocheneinkäufe erledigen.
Adresse: Grundstraße, 20257 Hamburg

▸ Wochenmarkt beim U-Bahnhof Schlump
Der Wochenmarkt, in guter Lage direkt an der U-Bahn Haltestelle Schlump, wird immer montags und donnerstags aufgebaut. Donnerstags schlagen dort bis zu 20 Anbieter ihre Zelte auf, montags kann man dort eher die Ruhe auf dem Markt genießen. Von den Verkäufern bekommt man dort Fisch, Gemüse und Obst.
Adresse: Gustav-Falke-Straße 3, 20144 Hamburg

▸ Weihnachtsmarkt Apostelkirche
Der Weihnachtsmarkt hat eine festliche und individuelle Atmosphäre. Jährlich wird ein kleines Weihnachtsdorf mit viel Liebe zum Detail errichtet, das Jung und Alt erfreut und gar auch Einwohner aus den Nachbarschaftsquartieren anzieht.
Turnus: jährlich, Nov.–Dez.
Adresse: Vorplatz, Bei der Apostelkirche, 20257 Hamburg,
🌐 www.weihnachtsmarkt-apostelkirche.de

Harvestehude, Hoheluft-West, Rotherbaum

(Bezirk Eimsbüttel)

Sehenswertes

▸ Hamburger Kammerspiele
Am 10. Dezember 1945 eröffnete die Schauspielerin und Regisseurin Ida Ehre die Hamburger Kammerspiele im Nachkriegswinter. Das kleine und feine Privattheater ist für seine renommierten Produktionen weit über die Grenzen Hamburgs hinaus bekannt. Gezeigt wird modernes und kritisches Sprechtheater mit zeitgenössischer Dramatik. Neben dem klassischen Kammerspiel und modernen Klassikern sind auch Lesungen, politisches Kabarett und Liederabende bis hin zu dem jährlich stattfindenden Weihnachtsstück zu sehen. Das Haus ist sehr eng mit der jüdischen Geschichte Hamburgs und des Stadtteils Rotherbaum sowie der Theaterleiterin Ida Ehre verknüpft. Die hochherrschaftliche Villa, 1863 erbaut, war ab 1904 Treffpunkt der jüdischen Freimaurerloge. Die Villa wurde 1930 an die Anthroposophische Gesellschaft verkauft, der Loge war jedoch weiterhin die Nutzung erlaubt und der Standort wurde zum Zentrum der jüdischen Gemeinde Rotherbaum. 1941 liquidierten die Nazis den Jüdischen Kulturbund und das Gebäude wurde an die Stadt Hamburg zwangsverkauft. Ida Ehre, die als Jüdin im KZ-Fuhlsbüttel inhaftiert war, legte mit der Theatereröffnung auch einen Neuanfang im Miteinander: Die Hamburger Kammerspiele stehen für die Idee eines „Theaters der Menschlichkeit und Toleranz".
Adresse: Hartungstraße 9–11, 20146 Hamburg,
🌐 www.hamburger-kammerspiele.de

Eng mit Hamburgs jüdischer Geschichte verknüpft sind die Hamburger Kammerspiele.

▸ Pöseldorf
Das Quartier Pöseldorf ist legendär: Nirgendwo sonst gibt es in Hamburg einen vergleichbaren Mix aus eleganten Villen, kleinen, hübschen Wegen, einigen verträumten Hinterhöfen und dem direkten Weg zur Alster über den Pöseldorfer Weg. Belebt wird das Viertel zudem durch zahlreiche Szene-Restaurants, gemütliche Cafés, inhabergeführte Geschäfte und einige Galerien wie die „Galerie Schimmig"

Schön anzusehen, auch von innen: Budge-Palais der Hochschule für Musik und Theater Hamburg

in der Milchstraße 28. Einen mondänen Sitz hat die „Hochschule für Musik und Theater“: Das Budge-Palais ist ein klassizistischer Villenbau des Architekten Martin Haller, der Eingang der Hochschule ist am Harvestehuder Weg. Ebenso in Pöseldorf hat sich das „Theater im Zimmer“ 1948 gegründet, das in einer unter Denkmalschutz stehenden Villa residiert.

▸ St.-Nikolai-Kirche
Die Kirche am Klosterstern ist die jüngste und kleinste der fünf Hamburger Hauptkirchen. Die Kirche wurde zur Nachfolgerin der alten Nikolai-Kirche am Hopfenmarkt in der Innenstadt, die beim Feuersturm im Juli 1942 nahezu völlig zerstört und aufgegeben wurde. Vor dem Altarraum befindet sich seit 1974 das Mosaik „Ecce homines“ (Seht, die Menschen) des bedeutenden österreichischen Malers Oskar Kokoschka. An St. Nikolai gibt es verschiedene Arbeitskreise wie Stolpersteine und Jüdisches Leben sowie Veranstaltungsformate zu theologischen, ethischen und gesellschaftspolitischen Themen, z. B. die Ärztekanzel.
Adresse: Harvestehuder Weg 118, 20149 Hamburg,
🌐 www.hauptkirche-stnikolai.de

Kunst, Kultur & Clubs

▸ Abaton Kino
Das Abaton, 1970 gegründet und damit eines der ersten Programmkinos in Deutschland, ist seit vielen Jahren eines der kulturellen Zentren in Hamburg und erhält regelmäßig höchste Auszeichnungen für sein anspruchsvolles und unterhaltsames Programm. Es ist in unmittelbarer Nachbarschaft der Universität Hamburg und verfügt neben dem Kino über ein von Abaton-Fans, Studenten, Anwohnern und Spaziergängern beliebtes Restaurant, das Abaton Bistro.
Adresse: Allende-Platz 3, 20146 Hamburg,
🌐 www.abaton.de

▸ Holi Kino
Wer anspruchsvolle Filme und einen gewissen Retro-Charme mag, wird das Holi in Harvestehude lieben. In dem bereits 1951 eröffneten Kino erwartet Besucher ein wohl durchdachtes Programm und eine besondere Inneneinrichtung.
Adresse: Schlankreye 69, 20144 Hamburg,
🌐 www.kinofans.com/kinoprogramm/Hamburg/Holi-kino-30706-Uebersicht.htm

▸ Pony Bar
Was tagsüber ein Studenten-Café im Erdgeschoss der sozialwissenschaftlichen Fakultät ist, verwandelt sich nachts in Hamburgs kleinstes Kulturzentrum. Die Pony Bar glänzt seit Eröffnung anno 2004 mit einem prall gefüllten Kulturkalender. Jeden Montag geben die Sänger und Songwriter im Hinterzimmer kleine Konzerte. Der Dienstag gehört mit den entspannten „Open-Mic-Sessions“ dem Hip-Hop. Hamburgs Nachwuchs-Jazzer und Piano-Legenden zeigen mittwochs Seite an Seite

Rechts im Gebäude ist die beliebte Pony Bar.

die Vielfältigkeit des zeitgenössischen Jazz. Der Eintritt ist aus Prinzip frei.
Adresse: Allende-Platz 1, 20146 Hamburg, 🌐 de-de.facebook.com/PonyBar

▸ Logo

Das Logo gehört zu den wichtigsten Liveclubs in Hamburg. Es gibt diesen seit 1974 und es ist einer der wenigen „alten Rockschuppen", die die Zeit überdauert haben und gibt auch ein Gefühl der legendären Hamburger Musikszene der 1970er-Jahre sowie des Univiertels wieder, ohne im Alten verhaftet zu sein.
Adresse: Grindelallee 5, 20146 Hamburg, ✉ club@logohamburg.de, 🌐 www.logohamburg.de

▸ Museum am Rothenbaum: MARKK

Das Museum am Rothenbaum – Kulturen und Künste der Welt, kurz: MARKK, wurde 1879 als Museum für Völkerkunde gegründet und 2018 umbenannt. Es zählt heute zu den größten ethnografischen Museen in Europa. Das beliebte, aber ehemals leicht verstaubt wirkende Museum hat nicht nur durch die neue Namensgebung einen zeitgemäßen Fokus erhalten. Seit 2017 befindet sich das MARKK in einer aktiven Auseinandersetzung mit der eigenen kolonialen Vergangenheit. 2022 wurden die ersten Benin-Bronzen an die Bundesrepublik Nigeria zurückgegeben.
Adresse: Rothenbaumchaussee 64, 20148 Hamburg, 🌐 www.markk-hamburg.de

Das Team von Fluctoplasma rüttelt die Hamburger Kunstszene gekonnt auf.

▸ Fluctoplasma

Fluctoplasma – Hamburgs Festival für Kunst, Diskurs und Diversität ist ein interdisziplinäres Kunstfestival, das seit 2020 dezentral an verschiedenen kleinen und großen Orten stattfindet. Einer der Austragungsorte ist das MARKK.
🌐 www.fluctoplasma.com

▸ Levy Galerie und Kunsthaus

Die Galerie wurde 1970 von dem Hamburger Thomas Levy (*1947) gegründet. Mit ihrem vielseitigen Programm, das nicht zuletzt auf den Säulen Surrealismus und Pop-Art ruht, hat sich die Galerie Levy im Laufe der letzten Jahrzehnte eine erstrangige Stellung in der deutschen Galerienlandschaft erworben. Sie vertritt exklusiv als Erstgalerie u. a. die Künstler Allen Jones, Marc Lüders, C.O. Paeffgen, Mel Ramos und Daniel Spoerri. Daneben kümmert sie sich auch in enger Abstimmung mit der Familie von Meret Oppenheim um deren Nachlass.
Adresse: Hagedornstraße 47, 20149 Hamburg, ☏ 040/459188, ✉ info@levy-galerie.de, 🌐 www.levy-galerie.de

▸ Hamburger Galerie

Die Galerie ist spezialisiert auf zeitgenössische Kunst, amerikanische und internationale Pop-Art, Street-Art und Urban-Art sowie auf fotorealistische und hyperrealistische Malerei. In der Hamburger

Galerie sind die wichtigsten Künstler jener Stilrichtungen vertreten, wie Andy Warhol, Roy Lichtenstein, Banksy, David Buckingham, Butch Anthony, COPE 2 und viele mehr. Öffnungszeiten nach telefonischer Absprache.
Adresse: Die Hamburger Galerie, Greta Verhuelsdonk, Oberstraße 26, 20144 Hamburg, 040/35016453,
www.hamburgergalerie.de/kuenstler

Galerie Anne Moerchen
Seit 1992 ist die Hamburgerin als Galeristin aktiv, und ihr bewährtes Galerieprogramm hat sich durch diverse Galerieumzüge nicht verändert. Internationale renommierte und junge zeitgenössische Künstler mit dem Schwerpunkt auf Malerei mit expressiver, figurativer bis hyperrealistischer Kunst ist nach wie vor die Linie von Anne Moerchen. Fotografie und Skulptur sind aber auch vertreten. Ebenso gibt Anne Moerchen auch begabten Künstlerinnen und Künstlern ein Forum, die einen ganz anderen Erstberuf haben, beispielsweise einer Kriminalkommissarin.
Adresse: Brahmsallee 24, 20144 Hamburg,
www.instagram.com/galerie_anne_moerchen/?hl=de

Theater(-Schule) Zeppelin
Leinen los! Das Kinder- und Jugendtheater Zeppelin hat seine Bühne auf einem Schiff namens HoheLuftschiff am Kaiser-Friedrich-Ufer, unweit der U-Bahnstation Hoheluftbrücke. Doch nicht nur die jungen Schauspieler vom Zeppelin präsentieren hier ihre Theaterproduktionen – es treten auch viele freie und professionelle Theatergruppen aus dem ganzen Bundesgebiet auf dieser besonderen Theaterbühne auf.
Adresse: Theater Zeppelin e. V. & Hohe-Luftschiff e. V., Kaiser-Friedrich-Ufer 27, 20253 Hamburg, mail@hohleuftschiff.de,
theaterzeppelin.de

Universitätsmuseum
Am 25. September 2019 wurde die erste Ausstellung im neu gegründeten Universitätsmuseum eröffnet: „100! Geschichte und Gegenwart der Universität Hamburg". Die Ausstellung bietet auf über 300 Quadratmetern Fläche spannende Einblicke in hundert Jahre Lehre und Forschung, in Campusalltag und Hochschul-Kultur. Dabei zeigt sie eine Universität, in der sich die bewegte deutsche Geschichte widerspiegelt. Das Museum ist im 1. Stock des weithin sichtbaren historischen Hauptgebäudes der Universität. Der Zugang ist barrierefrei; der Eintritt ist frei.
Adresse: Edmund-Siemers-Allee 1, 20146 Hamburg, www.uni-hamburg.de/museen-sammlungen.html

Bildungs- & Kreativangebote

Frauenbildungszentrum DENKtRÄUME
Der Standort des Frauenbildungszentrums ist in einem Hinterhof in der Grindelallee. Es gibt Lesungen, Veranstaltungen, Diskussionen und eine feministische Bibliothek mit rund 13 000 Titeln. Das Frauenbildungszentrum ist aus dem Verein „Frauen lernen gemeinsam e. V." hervorgegangen, der 1981 die erste Hamburger Frauenwoche ins Leben gerufen hat. Räume zur Vermietung stehen zur Verfügung.
Adresse: Grindelallee 43, Sauerberghof, Haus C, Aufgang C2, 20146 Hamburg,
www.denktraeume.de/

Auf den Spuren jüdischen Lebens
2000 kleine Mahnmale zeugen von ihnen: In keinem anderen Viertel Hamburgs gibt es so viele Stolpersteine wie in Rother-

baum/Grindelquartier. Und trotz des Grauens der Nazizeit und der Entrechtung blüht wieder jüdisches Leben in Hamburg, allen voran im Grindel. Stadtführungen wie „Das Jüdische Hamburg" führen durch Rotherbaum/Grindel und bieten eine Extra-Tour mit einer Führung der Synagoge Hohe Weide an. Info: Sandra Latussek
Adresse: Bärenhof 37, 22419 Hamburg, 0163/3771779, hamburg@vergangenundvergessen.de, vergangenundvergessen.de/touren/das-juedische-hamburg/

▸ Mahnmal „Platz der jüdischen Deportierten"

In Hamburg begann die Deportation von Jüdinnen und Juden in die Gettos und Vernichtungslager am 25. Oktober 1941. Zentrale Sammelstelle war das ehemalige Logenhaus der Freimaurer an der Moorweidenstraße. Von dort wurden die Deportierten zur Moorweide gebracht, einem gut einsehbaren Platz mitten in Hamburg. Seit 1983 gibt es das Mahnmal „Platz der jüdischen Deportierte", des Künstlers Ulrich Rückriem an diesem Ort; wenige Meter von Hauptgebäude und Eingang der Universität Hamburg entfernt.
Adresse: Edmund-Siemers-Allee, 20146 Hamburg

▸ University Players

Die University Players sind ein Englischsprachiges Amateurtheater, das 1980 in der Anglistik-Fakultät der Universität Hamburg gegründet wurde. Seit mehr als vierzig Jahren werden zwei Theaterstücke pro Jahr aufgeführt. Die Bühne ist das Audimax. Der Verein sitzt im WiWi-Bunker (Fakultätsgebäude für Wirtschafts- und Sozialwissenschaften), Raum 1040.
Adresse: Von-Melle-Park 5, 20146 Hamburg, up@uni-hamburg.de, www.universityplayers.de/

▸ Bücherstube Stolterfoht

Der kleine Bücherpavillon an der U-Bahn Hallerstraße nahe der Uni Hamburg auf der einen und dem Landesfunkhaus des Norddeutschen Rundfunks (NDR) auf der anderen Seite ist ein Juwel. Da ist zum einen die Architektur: Der Entwurf des Glaspavillons stammt vom bekannten Hamburger Architekten Werner Kallmorgen, der auch den Kaispeicher A entworfen hat, auf dem die Elbphilharmonie gebaut wurde. Da ist zum anderen Frank Bartling: der neue Besitzer setzt wie die 2021 verstorbene Gründerin und Namensgeberin der Buchhandlung Greta Stolterfoht, auf eine fein kuratierte Auswahl schönster Nischenliteratur. Service direkt vor Ort ist die Maxime des Buchhändlers.
Adresse: Rothenbaumchaussee 100, 20149 Hamburg, 040/4101580

▸ Pro Linguis – Der Sprachclub

In einer Gründerzeitvilla in Rothenbaum im Verein Pro Linguis zu einem günstigen Mitgliedspreis die wichtigsten Sprachen der Welt lernen oder bestehende Sprachkenntnisse auffrischen, anwenden und/oder verbessern: Englisch, Französisch, Italienisch, Russisch, Spanisch. Oder auch Arabisch, Chinesisch, Griechisch, Japanisch. Bei einem Mitgliedsbeitrag von 46 Euro monatlich (41 Euro ab dem 3. Mitgliedsjahr) kann man so viel Sprachen lernen, wie man möchte. Der Verein bietet zudem eine Auswahl verschiedenster Veranstaltungen: Ausstellungen, Lesungen, Konzerte, Play Readings und Tanzveranstaltungen.
Adresse: Rothenbaumchaussee 97, 20148 Hamburg, www.prolinguis.de

Treffs & Begegnungsstätten

Schroedingers Kulturhaus
Das Schroedingers liegt zwar am Rande des Schanzenparks, es gehört dennoch zum Bezirk Eimsbüttel. Im Kulturhaus gibt es Konzerte, Flohmarkt, Comedy und ab dem 3. Dezember 2022 findet jeden ersten Samstag im Monat eine Inklusionsdisco statt, wo barrierefrei getanzt und gelacht wird. DJ Niko und Team legen auf. Alter: ab 16 Jahre, bis 18 Jahre in Begleitung. Mit und ohne Beeinträchtigung. Eintritt für Menschen mit Beeinträchtigung 2 €, Begleitpersonen zahlen 5 €.
Adresse: Schröderstiftstraße 7, 20146 Hamburg, schroedingers.hamburg/events/i-dance-im-schroedingers-barrierefreie-inklusionsdisco-am-samstag/

Abenteuer, Freizeit & Natur

Gemeinsam um die Außenalster
Die Außenalster zählt zu den absoluten Hightlights unserer Elbschönheit. Zu sehen gibt es Gründerzeithäuser, Villenviertel und – je nach Standort – eine imposante Skyline von Kirchtürmen, Fernsehturm und den Mundsburg-Hochhäusern. Die Außenalster lädt dazu ein, das Ambiente zu Wasser oder an Land zu genießen: paddeln, Kanu fahren, segeln oder mit dem Alsterdampfer fahren. Mit oder ohne Hund spazieren gehen, sich mit Freunden treffen, relaxen, für die Schule, Ausbildung, Uni lernen. Oder radfahren, walken, joggen, seinen Gedanken freien Lauf lassen und die Landschaft genießen.

Moorweide
Die ausgedehnte Rasenfläche liegt von Bäumen umgeben am Dammtorbahnhof direkt an der Universität. Sie wird häufig als Fußballfeld von Freizeitkickern genutzt. Ebenso dient die Moorweide als Hundewiese mit Freilauffläche. Auf der Moorweide, nicht weit entfernt vom Fünf Sterne Hotel „Grand Elyse", befindet sich seit 1979 die Bronzefigur „Die Liegende". Die Maße der Skulptur sind beträchtlich:

Um die Alster und auf der Alster wimmelt es von Lieblingsplätzen.

200 x 221 x 150 Zentimeter groß und 800 Kilogramm schwer.

▸ Innocentia Park
Der schöne 4,5 Hektar große „Inno-Park“ im Harvestehuder Villenviertel wurde nach Papst Innozenz IV. benannt und1884/85 als erste Grünanlage Hamburgs angelegt. Der Park liegt am Ort des ehemaligen Klosterland Konsortiums. Der norwegische Autor Ingvar Ambjørnsen hat Titel und Handlungsort seines Buches „Innocentia Park“ nach diesem Park benannt und ausgesucht.
Adresse: Innocentiastraße, 20144 Hamburg

Sport & Kontemplation

▸ Lauftreff an der Alster
Apropos Joggen: Eine Alsterrunde ist 7,4 Kilometer lang. Eine selbst organisierte Laufgruppe trifft sich seit Jahren zum Alster Networking. Der Treff verbindet das Nützliche mit dem Spaßigen, denn die Läuferinnen und Läufer sind dazu aufgefordert, untereinander Kontakte zu knüpfen und sich auch beruflich auszutauschen. Das Tempo ist locker, sodass man problemlos reden kann. Auf Anfänger nimmt der Lauftreff Rücksicht. **Kontakt**: Thomas Römer, ✉ thomas@alster-acht.de
Adresse: Treffpunkt: Außenalster, Höhe Cliff/Anlegestelle Fährdamm, 20148 Hamburg,
🌐 www.team-roemer.de/networking/

▸ Alster-Jugend-Segelclub
Hier können Kinder zwischen 8 und 14 Jahren in den Hamburger Schulferien auf der Alster segeln lernen. Die Integration von Kindern und Jugendlichen aus Familien mit geringem Einkommen ist dem AJuS ein besonderes Anliegen, ebenso Erwachsenen den Segelsport zu vermitteln, die keinen Zugang zu den etablierten Institutionen des Segelsports haben.
Adresse: *Wasseranschrift Harvestehude*: Fährdamm 12, 20148 Hamburg, *Geschäftsstelle*: Alster-Jugend-Segelclub e. V., c/o. Manfred Ledolter, Blumenau 47, 22089 Hamburg, ✉ info@ajus-hamburg.de, 🌐 www.ajus-hamburg.de

▸ Der Club an der Alster
DCADA, so der Kurzname, ist einer der elitärsten Sportclubs in Hamburg. Die Anlage am Rothenbaum ist der Traditionsstandort für Tennis in Deutschland. Das Angebot an die Mitglieder umfasst die Möglichkeit, Leistungs- und Breitensport im Tennis und Hockey auszuüben. Angeboten wird darüber hinaus Schwimmen, Fitness, Paddeln auf der Alster sowie eine gute Gastronomie. Neben der Clubanlage mit Hauptgeschäftsstelle am Rothenbaum gibt es zwei weitere Anlagen: in Wellingsbüttel und die Anlage Horn Hamm beim Stadtpark. Ein starker Fokus wird beim DCADA auf die Jugendarbeit im Tennis und Hockey gerichtet.
Adresse: Hallerstraße 91, 20149 Hamburg,
🌐 www.dcada.de/club

▸ Tennis am Rothenbaum
Die Anlage am Rothenbaum ist die größte Tennisanlage Deutschlands und atmet noch den Tennis-Boom-Zeitgeist, als die deutsche und internationale Tenniswelt von den Sport Ikonen Steffi Graf, Michael Stich und Boris Becker lebte. Neben der Austragung der Hamburg European Open gibts im wandlungsfähigen Stadion auch große Beachvolleyball-Events. Der Deutsche Tennisbund (DTB) hat hier seinen Sitz. Hamburg European Open, Turnus: jährlich.

Adresse: MatchMaker Sports GmbH, Hallerstraße 89, 20149 Hamburg,
🌐 www.hamburg-open.com

▸ Hamburger Germania Ruderclub

Der Hamburger und Germania Ruderclub, kurz „Der CLUB" genannt, 1836 gegründet, ist nicht nur einer der ältesten Sportvereine in Hamburg, sondern der zweitälteste Ruderclub der Welt. Vielleicht hat es deswegen ein wenig mit der Gleichstellung gedauert: Am 3.9.2015 beschloss eine große Mehrheit in der außerordentlichen Mitgliederversammlung, dass jetzt auch Frauen offiziell als Ruderinnen und ordentliche Mitglieder im CLUB willkommen geheißen werden.
Adresse: Alsterufer 21, 20354 Hamburg,
🌐 www.der-club.de

▸ Favorite Hammonia

Der anno 1854 gegründete Ruderclub Favorite Hammonia, von seinen Mitgliedern „Fari" genannt, ist mit über 800 Mitgliedern einer der größten und zugleich ältesten deutschen Rudervereine. Der Club hat sein Zuhause am westlichen Ufer der Hamburger Außenalster in unmittelbarer Nähe der Kennedy-Brücke. Der Club nimmt bis heute traditionell nur männliche Mitglieder auf; ruderinteressierte Mädchen und Frauen werden an den Hamburger Ruderinnen-Club e. V. am Isekai verwiesen. Das Clubhaus ist begehrt für Hochzeitsfeiern.
Adresse: Alsterufer 9, 20354 Hamburg,
🌐 www.favorite-hammonia.de

▸ Yachtclub Meridian e. V.

Der Segelverein hat knapp 200 Mitglieder, davon etwa 80 Kinder und Jugendliche. Die vereinseigenen Jachten sind eher Jollen und Optimisten Dinghy, doch seit 2001 gibt es auch eine Jacht, die im Jachthafen in Wedel liegt. Neben Segeln lässt sich hier auch der Sportbootführerschein machen. Das Vereinsleben lädt zu Neujahrsempfang, Osterfeuer und Segeltörns ein.
Adresse: Alsterufer 2, 22763 Hamburg,
🌐 www.ycm-hamburg.de/joomla/index.php

▸ Bodo's Bootssteg

Das Café samt den Liegestühlen auf Bodo's Bootssteg zählt zu den liebsten Freizeitvergnügen der Einheimischen. Einfach am Steg abhängen, mit einem Getränk in der einen Hand, ein Stück Blechkuchen in der anderen, und entweder den Morgen ab 10 Uhr begrüßen, mittags ein Alster-Päuschen machen oder den lauen Sommerabend genießen. Wer sich wassersportlich betätigen will, kann sich ein Boot mieten. Im Sortiment von Bodo sind: Ruderboote (maximal vier Personen), Tretboote (maximal drei Personen) und Segelboote (Elb-H-Jolle, Lase). Der Bootsverleih ist wetterabhängig.
Adresse: Harvestehuder Weg 1B, 20148 Hamburg,
🌐 hamburg.mitvergnuegen.com/tipps/bodos-bootssteg/

▸ HBC Heroes – Hamburger Box Club

Seit 1922 steigen Hamburgs Boxer hier in den Ring. Das Training beginnt mit einem gemeinsamen Aufwärmtraining und schlüsselt sich dann in Fitness-, Anfänger- und Leistungsgruppen auf. Übrigens: Frauen boxen hier ebenso.
Adresse: Sporthalle Helene-Lange Gymnasium, Bogenstraße 32, 20144 Hamburg,
🌐 www.hbc-heros.de

▸ Schule für Taijiquan & Qigong

Der Erziehungswissenschaftler und Humanmediziner Dr. Michael Plötz leitet die-

se Schule für Taijiquan und Qigong (Yang Stil). Im Alter von neun Jahren beganner sein zehnjähriges Judotraining, danach trainierte er fünf Jahre modernes und klassisches Gongfu, bevor ihn sein Weg zum Taijiquan und Qigong führte. Er ist Lehrer für Taijiquan und Qigong, Gründungsmitglied und akkreditierter Lehrerausbilder des Deutschen Dachverbands Qigong und Taijiquan (DDQT). Beim Unterricht in der Schule assistieren langjährig trainierende Schülerinnen und Schüler.
Adresse: Bogenstraße 54B, 20144 Hamburg, 🌐 www.tq-hh.de/schule

▸ Elbspeeders e. V.
Was mal „Speed Badminton" hieß, heißt heute „Crossminton". In Hamburg ist der ELBSPEEDERS e. V. die erste Adresse für die Trendsportart Crossminton. Seit 2007 bietet der Club ein regelmäßiges Training und verschiedene Turniere an. Hier kann man Crossminton lernen und in bester Gesellschaft regelmäßig für nationale und internationale Turniere trainieren oder einfach nur Spaß beim Speeden haben. Für Neueinsteiger, die gern in den Sport reinschnuppern wollen, steht ein Schnupper-Equipment mit Rackets, Speeder und Feldern bereit.
Adresse: Rothenbaumchaussee 103d, 20148 Hamburg,
🌐 www.elbspeeders.de/index.html

▸ Wan Fu – Schule für Kung Fu und Selbstverteidigung
Shifu Tim Otte, Leiter der Schule, begann seine Gong-Fu-Ausbildung im Alter von 15 Jahren in Hamburg. In den folgenden Jahren gewann er viele nationale und internationale Titel in Voll- und Leichtkontakt, Hand-, Waffen- und Partnerformen. Seit 2012 ist Wan Fu an der Grindelallee ansässig. Unterrichtet wird u. a. Gong Fu, Selbstverteidigung und Opfercoaching, Tai Chi und Qigong und Kindertraining. Regelmäßig gibt es Wochenendworkshops zur Selbstverteidigung.
Adresse: Grindelallee 161–163, 20146 Hamburg, ✉ info@wanfu.de,
🌐 www.wanfu.de

Märkte & Feste

▸ Wochenmarkt Turmweg
Der Wochenmarkt am Turmweg ist einfach wunderbar und schön gelegen. Er liegt fußnah an der U-Bahn Hallerstraße, der Turmweg ist eine Verbindung zwischen Rothenbaumchausse (Rothenbaum) und Mittelweg (Pöseldorf/Harvestehude).
Adresse: Turmweg 13, 20148 Hamburg

▸ Wochenmarkt am MARKK
Der Wochenmarkt vor dem „Museum am Rothenbaum Kulturen und Künste der Welt", kurz MARKK, ist nun schon seit dem 21. März 2005 ein fester Bestand im Stadtteil. Gerne wird der Markt auch bei einem Kaffee oder einem morgendlichen Imbiss von den Museumsbesuchern und hiesigen Anwohnern für einen kleinen Plausch genutzt. So sind der Wochenmarkt sowie das MARKK immer auch ein Ort der Begegnung.
Adresse: Rothenbaumchaussee 64, 20148 Hamburg

▸ Bio-Wochenmarkt Hallerplatz
Zwar kann der Wochenmarkt auf dem Hallerplatz von der Größe her nicht mit dem nahe gelegenen Isemarkt in Eppendorf mithalten, der ebenso am Freitag seine Waren anbietet, dennoch findet man an den acht bis zehn Ständen alles, was das Herz begehrt: frisches Obst und Gemüse,

Fisch, Fleisch, Blumen und Backwaren.
Adresse: Hallerplatz 8, 20146 Hamburg

▸ ChristGrindelMarkt
Der Weihnachtsmarkt findet alljährlich auf dem Allende-Platz statt, in direkter Nachbarschaft von Kino und Gastronomie Abaton, der Pony Bar und dem „Pferdestall", dem Gebäude, wo die Politik- und Sozialwissenschaften und die Kriminologie gelehrt werden. Gute Stimmung ist garantiert.
Adresse: Allende-Platz 1, 20146 Hamburg, www.christgrindelmarkt.de

Spezielles

▸ Plattenrille
Seit mehr als 40 Jahren gehört die Plattenrille zum Grindel. Ursprünglich war der Kultladen für Vinyl zuerst in der Grindelallee, zog dann in die Rutschbahn – um seine Zelte daraufhin in einem Hinterhof im Grindelhof aufzuschlagen. Die diversen Umzüge haben dem Plattengeschäft nicht geschadet, auch nicht der Besitzerwechsel, im Gegenteil: Der Hype um Schallplatten führt dazu, dass sich Vinyl-Fans aus allen Richtungen Hamburgs in den Grindel zur Plattenrille aufmachen. Die Auswahl ist mit etwa 200 000 Platten gigantisch, die Preise sind fair. Platten werden nicht nur verkauft, sondern auch angekauft.
Adresse: Grindelhof 29, 20146 Hamburg, plattenrille.com

▸ Scherben-Klinik
Ein weiteres Kleinod hat seinen Sitz etwa sieben Minuten Fußweg von der Plattenrille entfernt: die Scherben-Klinik als weiterer Gegenentwurf zur Instant- und Wegwerfgesellschaft. Arne Zimmermann führt in zweiter Generation die Arbeit seiner Eltern fort, lieb gewordene Stücke, die zu Bruch gegangen sind, mit seinem Team wieder zusammenzufügen. Wer nicht vor Ort ist, schickt seine Stücke sehr gut verpackt in die Klinik. Die Pakete kommen aus ganz Deutschland und Europa.
Adresse: Bundesstraße 40, 20146 Hamburg, , 040/458192, www.scherbenklinik.de

Arne Zimmermann führt den Betrieb weiter, den sein Vater 1935 gegründet hat.

Lokstedt, Niendorf, Schnelsen

(Bezirk Eimsbüttel)

Sehenswertes

▸ Lokstedter Wasserturm
Der 50 Meter hohe Wasserturm von 1911 ist Wahrzeichen von Lokstedt und wird ebenso als Wohnturm genutzt wie der Wasserturm in Stellingen. Der Wasserturm ist bis heute ein stiller Zeuge der rasanten Entwicklung von Lokstedt, die nach einem sprunghaften Bevölkerungswachstum eine zentrale Wasserversorgung nötig machte.

Ebenso zeugt der Lokstedter Wasserturm von dem architektonisch-kreativen Projekt, ein historisches Wasserturmgebäude in den 1980er-Jahren in Wohnraum umzuwandeln.
Adresse: Süderfeldstraße 49A, 22529 Hamburg

Kunst, Kultur & Clubs

▸ Künstlerhaus Sootbörn e. V.

In einem Teil eines ehemaligen Schulgebäudes, das von den beiden Bauhaus-Architekten Ernst und Wilhelm Langloh von 1927 bis 1929 gebaut wurde, befindet sich seit 1993 das Künstlerhaus Sootbörn. Jährlich finden sechs bis zehn Ausstellungen zur aktuellen Kunst von Hochschulabsolventen und/oder international bekannten Künstlern statt. Professionelle Künstlerinnen und Künstler können sich mit einem Konzept für eine Ausstellung beim Kunstverein Künstlerhaus Sootbörn e. V. bewerben.
Adresse: Sootbörn 22, 22453 Hamburg,
✉ sootboern@web.de,
🌐 www.kuenstlerhaus-sootboern.de/das-haus

▸ The Village

Das Village in Niendorf ist ein Kulturraum, eine Bar, eine Bühne und eine Art philosophischer Salon. Es bezeichnet sich „als ein Stadthafen für alle, locals und Geflüchtete, aus jeder Ecke der Erde". Im Dorf gibt es ein abwechslungsreiches Programm mit Konzerten, Lesungen, Poetry-Slams, Kunst-Workshops für Kinder und Jugendliche. Und eine kleine Gastronomie für das leibliche Wohl.
Adresse: Tibarg 21, 22459 Hamburg,
🌐 www.instagram.com/thevillagehamburg/

Bildungs- & Kreativangebote

▸ Führungen durch den NDR

Das Fernsehen des Norddeutschen Rundfunks ist in Lokstedt beheimatet. Im Landesfunkhaus wird u. a. das „Hamburg Journal" produziert, und die „Tagesschau" für die ARD gesendet. Wer schon immer mal wissen wollte, wie Fernsehen gemacht wird und wie ein Landesfunkhaus von innen aussieht, liegt beim NDR-Fernsehen richtig: In Lokstedt werden kostenlose Führungen für bis zu 15 Personen pro Termin angeboten. Voraussetzung: Mindestalter 15 Jahre, keine kommerziellen Anbieter. Die Führung dauert 1,5 bis 2 Stunden, die Terminbuchung erfolgt online.
Infos: 🌐 www.ndr.de/der_ndr/events/fuehrungen/Fuehrungen-beim-NDR-Fernsehen-in-Lokstedt,fuehrungen338.html

▸ Symphonischer Chor Hamburg e. V.

Der Symphonische Chor Hamburg gehört zu den renommiertesten und traditionsreichsten Chören Hamburgs. Zweimal im Jahr konzertiert der Chor mit namhaften Solisten und Orchestern in der Laeiszhalle oder der Elbphilharmonie; regelmäßig führen ihn Konzertreihen nach Schleswig-Holstein und Dänemark. Mit einem ausgesuchten Weihnachtsprogramm tritt der Symphonische Chor jedes Jahr in der Hauptkirche St. Petri und im „Michel" auf.
Adresse: Eidelstedter Weg 9, 20255 Hamburg,
🌐 www.symphonischer-chor-hamburg.de

▸ Bücherhallen

Gleich drei Bücherhallen sind in Lokstedt, Schnelsen und Niendorf vor Ort. Alle Bücherhallen bieten eine Medien-Rückgabe außerhalb der Öffnungszeiten sieben Tage die Woche an.

Bücherhalle Lokstedt: Kollaustraße 1, 22529 Hamburg,
🌐 www.buecherhallen.de/lokstedt.html
Bücherhalle Schnelsen: Wählingsallee 19, 22459 Hamburg,
🌐 www.buecherhallen.de/schnelsen.html
Bücherhalle Niendorf: Tibarg 41 im Tibarg-Center, 22459 Hamburg,
🌐 www.buecherhallen.de/niendorf.html

Treffs & Begegnungsstätten

▸ Bürgerhaus Lokstedt

Das kulturelle Stadtteilzentrum Bürgerhaus Lokstedt ist ein beliebter Treffpunkt in Lokstedt für Jung und Alt mit einem attraktiven Kurs-, Kultur- und Freizeitangebot. Dazu gehören Sprach-, Musik- und Malkurse sowie Ausstellungen, Konzerte, Bridge-Brunch, Kunst-Brunch, Vortragsabende, Workshops, Ausflüge und Besichtigungen. Hervorzuheben ist das Sprachangebot: Es gibt Kurse für Deutsch, Französisch, Italienisch, Englisch und Spanisch. Dazu ist das Bürgerhaus ein wichtiger Anlaufpunkt für Initiativen im Stadtteil und die Vernetzung verschiedener Einrichtungen und Aktivitäten. Hierzu gehören u. a. das Bündnis für Familie in Lokstedt und das Lokstedter Forum.
Adresse: Sottorfallee 9, 22529 Hamburg,
🌐 www.buergerhaus-lokstedt.de/category/aktuelles/

▸ Freizeitzentrum Schnelsen

Das Freizeitzentrum Schnelsen ist ein Stadtteilkulturzentrum und wird jährlich von circa 50 000 Schnelsenerinnen und Schnelsenern aller Altersgruppen genutzt. Hier finden Veranstaltungen, Kurse, Gruppentreffen, Vereinstreffen und private Feiern statt. Bewegung (z. B. Yogalates, Salsa-Zumba, Bauchtanz), Sprachen (z. B. Englisch, Französisch, Spanisch), Computer (z. B. Computer, Smartphone), Kochen, Freizeit & Gesundheit und Kinder (Tanzmäuse, Dancekids, Musicalkids) sind die sechs Säulen, auf denen das breite Freizeitangebot steht. Zusätzlich gibt es diverse Treffs wie Skat-Treff, Russlanddeutscher Seniorentreff und Norderstedter Tafel – Lebensmittelausgabe für Bedürftige. Räume für Feiern lassen sich mieten.
Adresse: Wählingsallee 16, 22459 Hamburg, ✆ 040/5592434,
🌐 www.fz-schnelsen.de

Abenteuer, Freizeit & Natur

▸ DAV Kletterzentrum Hamburg

Der Berg ruft – auch in Hamburg. Mitten in Lokstedt findet sich die größte Kletterhalle Norddeutschlands, betrieben vom Deutschen Alpenverein (DAV). Hier gibt es regelmäßige Ausbildungskurse zu Kletter- und Bergtouren, einen Ausrüstungsverleih sowie verschiedenen Veranstaltungen und Aktionen. Auf einer Kletterfläche von 3800

Mangels echten Bergen boomen die Kletterzentren und Boulderhallen. Kletterhighlghts bietet das DAV Kletterzentrum.

Quadratmetern im Innen- und Außenbereich gibt es rund 500 Kletterrouten und rund 50 Boulderprobleme mit Schwierigkeitsgraden von drei bis zehn.
Adresse: Döhrnstraße 4, 22529 Hamburg, 🌐 www.dav-hamburg.de/kletterzentrum

▸ Niendorfer Gehege
Hier trifft man Hirsche, Rehe und Füchse. Das Niendorfer Gehege ist eine Naturidylle mitten in Hamburg. Zwischen den Stadtteilen Niendorf, Stellingen, Eidelstedt und Schnelsen liegt das knapp 150 Hektar große Waldgebiet. Obwohl das Revier umschlossen ist von Straßen und Häusern, können Wanderer auf den 15 Kilometern an Wanderwegen schnell der lauten Großstadt entfliehen. Unter den Baumkronen der bis zu 200 Jahre alten Buchen, Eichen und Fichten findet man schnell Ruhe und Entspannung. Die Wege, die durch den Wald führen, sind gut befestigt und bieten optimale Bedingungen für eine schöne Wanderung, zum Joggen oder zum Fahrrad fahren. Für Hunde gibt es im Waldgebiet eine Freilaufwiese.
Adresse: Niendorfer Gehege, 22453 Hamburg, 🌐 www.kulturlotse.de/ort/niendorfer-gehege-1140019864749711696

▸ Ponyhof Niendorfer Gehege
Auf dem weitläufigen Areal des Niendorfer Geheges ist Hamburgs einziger innerstädtischer Ponyhof. Kleine Pferdefans kommen auf dem Rücken der sanften, kleinen Pferde voll auf ihre Kosten und jauchzen vor Freude auf der geführten Runde durch das Niendorfer Gehege. So: 10:00–17:30 Uhr.
Adresse: Niendorfer Gehege 50, 22453 Hamburg, ✆ 040/582341, 🌐 www.pro-niendorfer-gehege.de/gehege-a-z/pony-reiten/

▸ Amsinckpark
Der Amsinckpark ist ein 5,7 Hektar großer Park, der früher einmal ein Privatgarten mit großem Herrenhaus war. Der Hamburger Kaufmann Wilhelm Amsinck hat ihn 1868 als Landschaftsgarten im englischen Stil anlegen lassen. Im Park befindet sich die prachtvolle Amsinck-Villa, die seit 1993 unter Denkmalschutz seht. Jahrzehntelang stand das neoklassizistische Gebäude leer und verfiel, bis 2015 mit der Rudolf-Ballin-Stiftung ein neuer Mieter gefunden wurde.
Adresse: Hartnitweg 1, 22529 Hamburg, 🌐 www.hamburg.de/contentblob/11197820/6d6f1480a-b3efe6a96e84a4a5cafb0d1/data/flyer-amsinck-villa-download.pdf

Sport & Kontemplation

▸ Alster Dojo e. V.
Das Alster Dojo ist ein Verein für japanische Kampfkünste und bietet Besuchern einen Einblick in die Welt von Kyodo (Bogenschießen) bis Sojutsu (Speerfechten) samt Teetrinkzeremonie. Zwischen 1983 und 1985 erbauten die Mitglieder des seit 1969 bestehenden Vereins das erste Ken- und Kyū-dōjō Europas in Hamburg-Lokstedt. Die angebotenen Kampfkünste sind: Kyudo, Kendo, Sojutsuun Iaido.
Adresse: Veilchenweg 34, 22529 Hamburg, 🌐 www.alster-dojo.de/

▸ Freizeitbad Bondenwald
Im 2017 runderneuerten Freizeitbad „Bondiland“ erwartet die Kleinsten eine fantasievolle Wasserwelt zum Spielen. Sportlich Aktive kommen im Actionpool mit Kletterwand, Kletternetz und Sprungturm auf ihre Kosten. Und wer stattdessen oder danach zur Ruhe kommen möchte, der entspannt in einer besonderen Sauna-

welt, für die Japan als Vorbild Pate stand.
Adresse: Friedrich-Ebert-Straße 71, 22459 Hamburg, www.baederland.de/baeder/standorte/bondenwald

Tennis, Hockey und Golf im SC Victoria
Die Tennissparte im SC Victoria von 1895 e. V. wurde 1904 gegründet und ist heute ein Treffpunkt für alte und junge Breitensportler und Spitzenspieler und ganz besonders für Familien. Mit neun Aschen- und drei Hartplätzen können Tennisfans ganzjährig spielen und sind damit nicht aufs Hamburger Wetter angewiesen. Die wunderschöne Tennisanlage liegt am Lokstedter Steindamm und ist eingebettet in die Stadtteile Lokstedt, Eimsbüttel, Niendorf und Eppendorf (Bezirk Hamburg-Nord). Am Lokstedter Steindamm befindet sich ebenso die Hockeyanlage des Vereins. Seit 2017 gibt es eine Golf-Sparte.
Adresse: Lokstedter Steindamm 72, 22529 Hamburg, www.sc-victoria.de/tennis

Turnverein Lokstedt von 1892
Gesundheitssport, Fitness, Turnen, Gymnastik, Ballett, Ballsport- und Trendsportarten sind beim Turnverein Lokstedt die Schwerpunkte. Auch Nichtmitglieder können Trend-Workshops und Sportkurse in den insgesamt sechs Sportstätten besuchen. Neu im Portfolio: Ball-Kinder für 4–7 Jahre, Parkour und Akrobatik für 7–10 Jahre.
Adresse: Döhrntwiete 20, 22529 Hamburg, www.tv-lokstedt.de

Niendorfer Miniatur Golfclub e. V.
Hier wird mit den beiden Bundesliga-Spielern Tim de Boer und Youri Bottenberg auf höchstem Minigolf-Niveau gespielt. Die Anlage befindet sich inmitten eines bewaldeten Naturschutzgebietes. Alle Bahnen sind barrierefrei zu erreichen und zu bespielen.
Adresse: Burgunderweg 23, 22453 Hamburg, 040/5552204, www.niendorf-minigolf.club

Eintracht Lokstedt von 1908
Eintracht Lokstedt, kurz Lokke, ist ein lokaler Fußballverein mit einem Super-Senioren-, Alte-Herren-, Herren- und Jugendbereich. Der Fußballverein bietet eine hochwertige, über alle Jahrgänge angepasste fußballerische Ausbildung. Der Traum der Super-Senioren: „Einmal gegen den HSV siegen." So stand es jedenfalls 2021 im Hamburger Wochenblatt. Mit dem Aufruf, sich als neuer Mitspieler den Super-Senioren von Eintracht Lokstedt anzuschließen.
Adresse: Döhrntwiete 2, 22529 Hamburg, www.eintracht-lokstedt.de

Niendorfer Turn und Sportverein
Der Niendorfer Turn- und Sportverein von 1919 e. V., kurz Niendorfer TSV, hat neben der Fußball-Abteilung, deren 1. Mannschaft in der Hamburger Oberliga spielt, weitere Sportangebote: Badminton, Baseball/Softball, Basketball, Handball, Judo, Ju-Jutsu, Karate, Kung-Fu, Leichtathletik, Prellball, Reha-Sport, Schach, Schwimmen, Tanzen, Tischtennis, Tennis, Turnen, Volleyball – und als Besonderheit Laienspiel, d. h. Theater.
Adresse: Geschäftsstelle und Sportzentrum Bondenwald: Bondenwald 14c, 22453 Hamburg, info@niendorfer-tsv.de, www.niendorfer-tsv.de

Baseballclub Hamburg Stealers
Die Stealers sind ein Synonym für erfolgreichen Baseballsport in Deutschland. Über die Jahre haben die Hamburg Stealers die Deutsche Meisterschaft, den Deutschen

Pokal sowie den Europapokal gewonnen. Die erste Herrenmannschaft spielt aktuell in der 1. Baseball-Bundesliga, weitere Teams in der 2. Baseball-Bundesliga. Aber auch als Freizeitsport ohne Bundesliga-Ambitionen macht Baseball Spaß.
Adresse: Langenhorst 4, 22453 Hamburg, www.instagram.com/hamburgstealers/?hl=de

Märkte & Feste

▸ Wochenmarkt Grelckstraße
Der entzückende Wochenmarkt in der Lokstedter Grelckstraße gehört mit seinen circa 14 Ständen zu den kleineren Märkten in Hamburg. In einer verkehrsberuhigten Straße lädt er seine Gäste einmal pro Woche zum Schlendern sowie zum Kauf von Frischem ein.
Adresse: Grelckstraße, 22529 Hamburg

Bezirk Hamburg-Mitte

Hamburg-Mitte ist der zentralste Bezirk der Freien und Hansestadt Hamburg, er durchläuft das Stadtgebiet quer von Westen nach Osten. Er umfasst die Hamburger Innenstadt, einen großen Teil des berühmten Hamburger Hafens, das östliche Stadtgebiet sowie den am Rand gelegenen Stadtteil Finkenwerder – eine ehemalige Elbinsel, die seit der großen Flut 1962 durch Deiche mit dem Land verbunden ist – und die drei zu Neuwerk gehörenden Nordseeinseln, die 120 Kilometer entfernt sind und direkt vor Cuxhaven in der Elbmündung liegen. Insgesamt zählen 19 (20) Stadtteile zum Bezirk: Altstadt, Billbrook, Billstedt, Borgfelde, Finkenwerder, HafenCity, Hamm, Hammerbrook, Horn, Kleiner Grasbrook, Neustadt, Neuwerk (Insel), Niegelhörn (Insel), Rothenburgsort, Scharhörn (Insel), St. Georg, St. Pauli, Steinwerder, Veddel, Waltershof und Wilhelmsburg, der flächenmäßig größte Stadtteil Hamburgs. Im Gegensatz zu vielen anderen Stadtteilen, die früher eigenständige Städte (Altona, Bergedorf, Harburg, Wandsbek) oder eigenständige Ortschaften (z. B. Eidelstedt, Niendorf, Schnelsen) bildeten und erst später dem Stadtgebiet angegliedert wurden, gehören die meisten Gebiete im Hamburger Bezirk Mitte bereits seit vielen Jahrhunderten zur Stadt. Einige sind sogar neu: Stichwort HafenCity. Auf einer Fläche von 157 Hektar ist ein lebendiger Stadtteil samt neuem Hamburger Wahrzeichen, der Elbphilharmonie, entstanden. Neben Elphi, Reeperbahn und Hafen hat Mitte viele Anziehungspunkte, die Einheimische und Touristen gleichermaßen schätzen. Die meisten Hamburger Museen sind in Mitte und der Bezirk beherbergt spannende Galerien und eine vielfältige Theater- und Musicallandschaft. Am Jungfernstieg, Binnenalster, starten die Linien-, Ausflugs- und Rundfahrtschiffe der Alster-Touristik. Die Altstadt beherbergt alle fünf Hauptkirchen, die typisch sind für die Hamburger Skyline: St. Petri (Hamburgs älteste Kirche), Michel/St. Michaelis (Hamburgs Wahrzeichen), St. Jacobi, Das Mahnmal St. Nikolai und St. Katharinen. Alle fünf Kirchtürme sind außergewöhnlich hoch: Der Nikolaikirchturm ist mit 147 Metern sogar der fünfthöchste der Welt, die anderen vier sind immerhin noch unter den 30 höchsten weltweit zu finden.

Bezirksamt Hamburg-Mitte
Caffamacherreihe 1–3
20355 Hamburg
www.hamburg.de/mitte/

Altstadt, Neustadt, St. Pauli

(Bezirk Hamburg-Mitte)

Sehenswertes

Hamburger Rathaus

Das historische Rathaus Hamburg ist der Sitz des Senats und der Hamburgischen Bürgerschaft. Von 1886 bis 1897 erbaut, strahlt es noch heute den Glanz der Kaufmannsstadt aus. Das Rathaus ist Wahrzeichen, politisches Zentrum und Mittelpunkt der Hansestadt Hamburg. Regelmäßig gibt es informative Führungen auf Deutsch oder Englisch, die einen Blick hinter die Kulissen des politischen Tagesgeschäfts der Fraktionen erlauben und eine Zeitreise in die Hamburger Geschichte geben. Gruppen können exklusive Sonderführungen in folgenden weiteren Sprachen buchen: Französisch, Italienisch, Spanisch, Chinesisch oder Russisch.

Adresse: Rathausmarkt 1, 20095 Hamburg, www.hamburg.de/rathaus/2829156/rathausfuehrungen

Als Gast in der Hamburgischen Bürgerschaft

Wer Interesse hat, kann an einer Sitzung der Hamburgischen Bürgerschaft als Gast teilnehmen, denn die Sitzungen sind für jedermann öffentlich. Die Bürgerschaft tagt jeweils mittwochs nachmittags alle

Hamburger Rathaus mit Binnenalster und Außenalster

14 Tage, ausgenommen in den Hamburger Schulferien. An Sitzungstagen finden keine Rathausführungen statt. Karten lassen sich auf der Webseite der Hamburgischen Bürgerschaft bestellen.
Infos: 🌐 www.hamburgische-buergerschaft.de/kartenbestellung

▸ St. Michaelis (Michel)

Der Michel, so der Kirchenspitzname, gilt als eine der schönsten Barockkirchen Norddeutschlands und zählt zu den imposantesten Gebäuden Hamburgs. Geschichtlich hat St. Michaelis auch viel zu erzählen: Zwischen 1647 und 1912 wurde die Kirche dreimal erbaut und zweimal komplett zerstört. Außer zu den Gottesdiensten und Veranstaltungen können die Kirche, der Turm und die Krypta besucht werden. Für ein atemberaubendes Panorama sorgt die Aussichtsplattform auf einer Höhe von 83 Metern. Dafür lohnt es sich, die 452 Stufen im Turm hochzugehen. Wer nicht gut zu Fuß ist, braucht dennoch nicht auf den Ausblick über Hamburg verzichten: Es gibt einen Fahrstuhl. Lohnend auch den Turm in den Abendstunden zum Nacht-Michel zu besteigen. Zum Ausblick mit Lichtermeer gibt es einen Drink und klassische Musik. Echte Gruftis wagen sich auch in die Krypta. Diese stammt aus dem Jahr 1750 und zählt zu den größten in Europa. 2000 namentlich bekannte Tote haben hier ihre letzte irdische Ruhestätte gefunden.
Adresse: Englische Planke 1, 20459 Hamburg, 🌐 www.st-michaelis.de/michel-besuch

▸ Motorradgottesdienst Michel

Alljährlich kommen Tausende Biker am Hamburger Michel zum Motorradgottesdienst, kurz MoGo, zusammen. Im Jahr 2022 hat der größte Motorradgottesdienst Europas bereits zum 39. Mal stattgefunden.
Adresse: St. Michaelis, Englische Planke 1,20459 Hamburg, 🌐 www.mogo.de

▸ Gängeviertel

Das Gängeviertel inmitten der Hamburger Neustadt, Nähe Laeiszhalle, ist ein Kunst- und Sozialprojekt, das 2009 im Jahr verhindert hat, die historischen Arbeiterhäuser rund um den Valentinskamp abzureißen. Das ursprüngliche Viertel aus dem 18. Jahrhundert zog sich bis in die Hamburger Innenstadt. Was Seuchen wie Pest, Feuerkatastrophen und zwei Weltkriege nicht zerstört haben, hat die Hamburger Stadtplanung in den 1970ern erledigt: den Abriss (vieler) historischer Häuser, zumeist Arbeiterhäuser. Nur eine Handvoll, gelegen zwischen Bäckerbreitergang, Caffamacherreiche, Valentinskamp und Speckstraße, haben wie durch ein Wunder überlebt. Infos: Verein Gängeviertel e. V. und Gängeviertel Genossenschaft 2010 eG.
Adresse: Valentinskamp 34, 20355 Hamburg, 🌐 www.das-gaengeviertel.info

▸ Deichstraße

Nach einem großen Brand im Jahr 1842, dem Zweiten Weltkrieg und Abrissmaßnahmen bis in die 1980er bilden die historischen Bürgerhäuser das letzte Gebäudeensemble der alt-hamburgischen Bauweise. Gelegen ist die wunderschöne Deichstraße am Nikolaifleet, unweit der Speicherstadt und nahe der Elbphilharmonie. Heute ist die Straße eine beliebte Fußgängerzone. Die alten Häuser sind bewohnt und werden für Läden, Café sowie Restaurant genutzt.
Adresse: Deichstraße, 20459 Hamburg, U-Bahn Rödingsmarkt,
🌐 www.hamburgtourist.info/deichstrasse-hamburg.html

▸ St. Pauli Landungsbrücken
Einer der beliebtesten Touristenpunkte am Hafen sind die Landungsbrücken. Steigt man hier bei der gleichnamigen S- oder U-Bahn-Haltestation „Landungsbrücken" aus, erhält man einen einzigartigen Blick über den Hamburger Hafen. Der Kernpunkt der Landungsbrücken ist der Pegelturm mit seinem Uhren- und Glockenturm. Von den Landungsbrücken ist es nicht weit zum Michel oder zum Hamburg Dungeon. In Sichtweite sind die Museumsschiffe „Cap San Diego" und „Rickmer Rickmers". Die Landungsbrücken sind zudem Start und Ende von großen und kleinen Hafenrundfahrten. Rainer Abicht Elbreederei, Barkassen-Meyer, Kapitän Prüsse und weitere Originale bieten Hafentouren, von denen keine langweilig ist. Es gibt ein- und zweistündige Rundfahrten, Lichterfahrten, Brunchfahrten, Krimifahrten, Fahrten durch die Speicherstadt oder auch die Alternative Hafenrundfahrt vom Verein Rettet die Elbe e. V. Für jeden Geschmack ist etwas dabei.
Info: 🌐 www.hamburg.de/hafenrundfahrt/ 868760/hafenrundfahrten-hamburg/

▸ Inklusive Kunst: Galerie der Schlumper
Die neue Galerie der Schlumper an der Marktstr. 131 ist neben dem Atelier der Schlumper (Neuer Kamp 30) und der Schule der Schlumper (Thedestr. 99) das dritte Standbein der Ateliergemeinschaft. Dazu hat der Verein Freunde der Schlumper zusammen mit der Hans-Kauffmann-Stiftung die gemeinnützige GmbH „Galerie der Schlumper – Forum für Kunst und Inklusion" gegründet.
Die Galerie der Schlumper hat das Ziel, in wechselnden Ausstellungen aktuelle

Hamburg kann Drama: Blick über die Landungsbrücken

Arbeiten der Ateliergemeinschaft wie auch das Werk einzelner verstorbener Künstlerinnen und Künstler der Schlumper zu präsentieren. Außerdem sind Ausstellungen in Gemeinschaft mit anderen Künstlern mit und ohne Behinderung geplant.
Adresse: Galerie der Schlumper, Marktstr. 131, 20357 Hamburg,
🌐 www.schlumper.de/aktuell.html

Kunst, Kultur & Clubs

▸ Pulverfass Cabaret

Das weit bekannte Pulverfass Cabaret war ursprünglich am Pulverteich in St. Georg. Dort wurde es 1973 gegründet, von dort hat es seinen Namen. 2021 zog Europas größtes Travestie-Theater in ein ehemaliges Kino (Oase) auf die Reeperbahn um. Pro Tag gibt es zwei Shows, am Wochenende gar täglich drei im allerbesten Broadway-Format. Der bunte Show-Mix wird jeden Monat neu zusammengestellt. Wiederkommen lohnt sich also.
Adresse: Reeperbahn 147, 20359 Hamburg, 🌐 www.pulverfasscabaret.de

▸ Felix Jud

Die Kunst- und Buchhandlung, 1923 gegründet, zählt zu den schönsten ihrer Art in Hamburg. Modezar Karl Lagerfeld war, wenn er seine Geburtsstadt Hamburg besuchte, einer der prominenten Stammkunden. Die Buchhandlung unweit von Jungfernstieg und Rathaus zählt zu den Preisträgern des Deutschen Buchhandels. In der Buchhandlung finden regelmäßig Lesungen und Diskussionen mit Autoren statt. Meike Lipp, August Macke, Katharina Duwe oder auch Henri Matisse sind einige der namhaften Künstlerinnen und Künstler, die von der Galerie Felix Jud ausgestellt wurden.
Adresse: Neuer Wall 13, 20354 Hamburg,
🌐 www.felix-jud.de/news/

Happy Birthday zum 100sten, Felix Jud Kunst- und Buchhandlung

▸ cohen+dobernigg

Eine weitere ausgezeichnete Buchhandlung ist cohen+dobernigg im Karolinenviertel. Besondere Schwerpunkte der Buchhandlung sind hierbei die erzählende Literatur und alle Aspekte des kulturellen Lebens wie Film, Theater, Popkultur, Design, Fotografie, Mode, Denken u. a. Die in der schönen, rundlichen Buchhandlung stattfindenden hochkarätigen Lesungen sind regelmäßig sehr schnell ausverkauft.
Adresse: Sternstraße 4, 20357 Hamburg,
🌐 de-de.facebook.com/codobuch

▸ Laeiszhalle

Zur Einweihung im Juni 1908 war die Musikhalle das größte Konzerthaus Deutschlands. Richard Strauss, Sergej Prokofjew, Igor Strawinsky, Paul Hindemith, Yehudi Menuhin und Operndiva Maria Callas sind nur einige Namen am musikalischen Firmament des Konzerthauses. Um an die Stifter, den Hamburger Reeder Carl Heinrich Laeisz und seine Frau Sophie Christine zu erinnern, wurde die Halle 2005 rückbenannt. Die Nazis hatten während ihrer Herrschaft aus der Laeiszhalle namentlich die Musikhalle

gemacht. In der Laeiszhalle geben sich die internationalen Stars der Musikwelt, wozu auch die Popmusik zählt, die Klinke in die Hand. Zugleich ist sie Treffpunkt für das Hamburger Musikleben. Hier sind auch die renommierten Orchester der Stadt – Philharmoniker Hamburg, NDR Elbphilharmonie Orchester und Hamburger Symphoniker – sowie das Ensemble Resonanz als Ensemble in Residence beheimatet.
Adresse: Johannes-Brahms-Platz, 20355 Hamburg, 🌐 www.elbphilharmonie.de/de/laeiszhalle

▸ Markthalle
AC/DC, The Clash, Gil Scott Heron, The Police, Pat Benatar, Elvis Costello & The Attractions, Ton, Steine Scherben, Marius Müller-Westernhagen, U2, Motörhead – wer hat nicht alles schon in der mehr als 40-jährigen Geschichte der Hamburger Markthalle in der Nähe vom Hauptbahnhof gespielt? Über zwei Millionen Besucherinnen und Besucher zählt das Veranstaltungshaus nach eigener Aussage. Und: Es gibt wohl kaum jemanden in dieser Stadt, der nicht schon einmal auf den Stufen der Markthalle mit der Bühne gestanden und gejubelt hat. Doch nicht nur Musik, auch Lesungen, Comedy und Partys finden in der für öffentlichen Verkehrsmittel verkehrsgünstig gelegenen Location statt. Die Halle kann man auch für private Veranstaltungen mieten. Im selben Gebäudekomplex sitzt das Kunsthaus Hamburg, der Hamburger Kunstverein und die Galerie Barlach Halle K. Der Architekt Fritz Schuhmacher zeichnet für das Gebäudeensemble verantwortlich. Es wurde 1913 gebaut.
Adresse: Klosterwall 11, 20095 Hamburg, 🌐 www.markthalle-hamburg.de

▸ Kunstmeile Hamburg
Ein Pass für fünf Häuser: Fünf Hamburger Museen präsentieren sich gemeinsam als „Kunstmeile“. Für die Besucher bedeutet das viel Kunst für wenig Geld. Der Pass ermöglicht einen Eintritt in alle fünf Häuser und hat eine Gültigkeit von 12 Monaten. Zu den Häusern zählen: die Kunsthalle, Bucerius Kunst Forum, Deichtorhallen, Kunstverein (alle Altstadt) und das Museum für Kunst und Gewerbe (St. Georg). Der Pass ist an allen fünf Kassen der Häuser erhältlich, kann aber auch digital erworben werden. Als Alternative ist ein Drei-Tages-Pass erhältlich: unbegrenzter Eintritt in alle fünf Häuser an drei aufeinanderfolgenden Tagen.
Infos: 🌐 kunstmeile-hamburg.de/paesse.html

▸ Hamburger Kunsthalle
Die Hamburger Kunsthalle gehört zu den bedeutendsten und größten Kunstmuseen Deutschlands. 2019 feierte sie runden Geburtstag: 150 Jahre. Der Gebäudekomplex der Kunsthalle setzt sich aus Altbau (1863–1868), Neubau (1909, 1912–1921) und Galerie der Gegenwart (1993–1996) zusammen. Der Eingang befindet sich beim Altbau gegenüber der Galerie der Gegenwart. Als eines von wenigen Museen beherbergt die Hamburger Kunsthalle Kunst aus sieben Jahrhunderten, vom Mittelalter bis in die unmittelbare Gegenwart. Sammlungsschwerpunkte sind die norddeutsche mittelalterliche Malerei, die niederländische Malerei des 17. Jahrhunderts, die deutsche Malerei des 19. Jahrhunderts sowie die Klassische Moderne. Der Bestand an zeitgenössischer Kunst enthält wichtige Werkkomplexe von deutschen und internationalen Künstlern. Mit hochkarätigen Sonderausstellungen

erregt die Hamburger Kunsthalle international Aufmerksamkeit, diese ziehen jährlich Tausende Besucher an.
Adresse: Glockengießerwall 5, 20095 Hamburg, www.hamburger-kunsthalle.de

Kunsthaus Hamburg
Das Kunsthaus Hamburg ist ein Zentrum für zeitgenössische Kunst. Zentral gelegen zwischen Hauptbahnhof und Deichtorhallen werden in der ehemaligen Markthalle auf 500 qm jährlich sechs bis zehn wechselnde Einzel- und Gruppenausstellungen aktueller bildender Kunst und angrenzender Disziplinen präsentiert. Der Schwerpunkt des Programms liegt auf der Förderung der Nachwuchsgeneration.
Adresse: Klosterwall 15, 20095 Hamburg, www.kunsthaushamburg.de

Bucerius Kunst Forum
Im Herzen Hamburgs, unmittelbar neben dem Rathaus am Alten Wall gelegen, zeigt das Bucerius Kunst Forum jährlich vier Ausstellungen zu Themen von der Antike bis zur Gegenwart. Es versammelt Kunstwerke aus den wichtigsten Museen der Welt und bringt diese in die Hansestadt. Für Kinder gibt es speziell konzipierte Audioguides, empfehlenswert sind auch Kunstführungen wie Taschenlampenführung (nachts im Museum), Familienführung, Führung für Eltern mit Babys, Führung und Yoga.
Adresse: Alter Wall 12, 20457 Hamburg, www.buceriuskunstforum.de

Deichtorhallen
Die Deichtorhallen Hamburg sind eines der größten Ausstellungshäuser für zeitgenössische Kunst in Europa. Sie verfügen über drei Standorte: die Halle für aktuelle Kunst und das Haus der Fotografie im Zentrum Hamburgs sowie die Sammlung Falckenberg in Hamburg-Harburg.
In der Halle für „Aktuelle Kunst“ werden in Großprojekten künstlerische Positionen der Gegenwart vorgestellt. Einzelausstellungen von Malern, Bildhauern und Designern mit internationalem Ruf stehen dabei im Vordergrund.
Das „Haus der Fotografie“ zeigt internationale Wechselausstellungen zur Fotografie, von historischen Positionen des 19. und 20. Jahrhunderts bis hin zu jungen Fotografen der Gegenwart und Aspekten der digitalen Revolution sowie künstlerischer Fotografie.
Adresse: Deichtorstraße 1, 20095 Hamburg, www.deichtorhallen.de

Die Rückseite der Deichtorhallen

Freie Akademie der Künste
In Sichtweite der Deichtorhallen haben sich hier Künstlerinnen und Künstler aller Disziplinen zu einer Akademie zusammengeschlossen, um den interdisziplinären Austausch zu fördern, als Anreger und

Katalysator zu wirken und ungewohnte Verbindungen herzustellen. Eine Akademie ist keine Interessenvertretung einzelner Künste oder Künstler, sondern sie vertritt den Anspruch der Kunst im Ganzen gegenüber Staat und Gesellschaft. Ein Ort, an dem Künstlerinnen mit ihren Werken, aber ebenso mit ihren Überlegungen zu Wort kommen und Ausstellungen, Konzerte, Lesungen, Diskussionsrunden und Vorträge veranstalten.
Adresse: Klosterwall 23, 20095 Hamburg, 🌐 www.akademie-der-kuenste.de

Ein gutes Netzwerk der Kunst ist die Freie Akademie der Künste.

▸ Museum für Hamburgische Geschichte
Ein schönes, lokales kulturhistorisches Museum, das in einem Gebäude nach den Plänen des Architekten und Stadtplaners Fritz Schumacher residiert. Schumacher war von 1909–1933 Oberbaudirektor von Hamburg und hat die Stadt durch die damals neuzeitliche Backstein-Bauweise sehr geprägt. 1908 gegründet, bietet das Museum einen Überblick über die Geschichte Hammaburgs von 800 bis heute: Hamburg. Das Museum hat seinen Sitz in der Neustadt, am Holstenwall und berührt mit seinem Standort die Großen Wallanlagen, Hamburgs ehemalige Stadtbefestigung.
Adresse: Holstenwall 24, 20355 Hamburg, 🌐 www.shmh.de/de/museum-fuer-hamburgische-geschichte

▸ Udo Lindenberg in der Europa Passage
Das Einkaufszentrum Europa Passage ist eher als vielseitiges Shopping-Erlebnis bekannt. Dass die Europa Passage auch Kunst kann, hat sie bereits mit der „Udo Lindenberg & more – Walentowski Galerie" bewiesen: Diese präsentiert seit über 10 Jahren eine breite Auswahl an moderner und zeitgenössischer Kunst. Im Fokus der Galerie stehen die Werke von Hamburgs Ehrenbürger und Deutschlands liebstem Panikrocker Udo Lindenberg.
Adresse: Udo Lindenberg & more, Europa Passage, Ballindamm 40, 20095 Hamburg, 🌐 walentowski-galerien.de/galerien/hamburg-lindenberg-more

▸ OttosBilderWelten in der Europa Passage
Seit Dezember 2022 gibt es ein weiteres Kunst-Highlight in der Passage: Kult-Komiker und künstlerischer Tausendsassa Otto Waalkes stellt seine Bilder in einer eigenen Galerie namens „OttosBilderWelten" aus. Neben den bekannten Ottifanten-Produkten hängen auch klassische Gemälde in der 100 Quadratmeter großen Galerie, die sich gegenüber der „Udo Lindenberg & more – Walentowski Galerien" befindet.
Adresse: OttosBilderWelten, Europa Passage, Ballindamm 40 , 20095 Hamburg, 🌐 walentowski-galerien.de/galerien/hamburg-otto-waalkes

▸ Galerien & Kunstverein
Die Vielfalt der Hansestadt spiegelt sich auch in der lokalen Kunstszene wider. Kunstliebhaber können in Hamburg mehr als 60 Galerien entdecken. Die Galerie-Szene ist international sowie hanseatisch geprägt. Hier lassen sich etablierte genauso wie junge Kunst entdecken. Hamburg hat einige traditionsreiche Häuser zu bieten, die immer wieder spannende Ausstellungen zeigen und renommierten Künstlern genauso wie Newcomern einen Raum geben. Einen guten Ein- und Überblick gibt der Kunstverein in Hamburg, der sich der Vermittlung von zeitgenössischer Kunst widmet und eine schöne Ausstellungshalle Nähe Hauptbahnhof und Markthalle Hamburg hat.
Adresse: Klosterwall 23, 20095 Hamburg, 🌐 www.kunstverein.de

▸ Landesverband der Hamburger Galerien e. V.
Der ebenso in der Altstadt ansässige Verband informiert über Galerien, Auszeichnungen und Ausstellungen und veranstaltet jährlich eine Kunstausstellung mit den Mitgliedsgalerien. Der Galeristen-Verband produziert halbjährlich ein Sommer- und ein Winterheft mit einer Übersicht der Mitgliedsgalerien und Ausstellungen, das in Kulturstätten ausliegt oder auch direkt vom Verband bezogen werden kann.
Adresse: Hopfensack 19, 20457 Hamburg, 🌐 www.galerien-in-hamburg.de

▸ Mikiko Sato Galerie
Nur wenige Meter vom Kunstverein Hamburg entfernt ist die 50 Quadratmeter große Mikiko Sato Galerie, 2002 von der Japanerin Miko Sato eröffnet. Die Künstler finden sie durch Hörensagen, über andere Künstler und Kontakte, oder die Galeristin findet die Künstler über das Internet.
Adresse: Klosterwall 13, 20095 Hamburg, 🌐 www.mikikosatogallery.com/de

▸ Galerie Borchardt
Das Gründungsjahr der Galerie Borchardt ist 1997, der Gründungsort war im Stilwerk am Hamburger Fischmarkt. Seit 2009 präsentiert sie sich in gemeinsamen Räumen mit BN ARCHITEKTEN in der Altstadt, nahe dem Chile Haus. Der 45 Meter lange Ausstellungsraum in der „Hopfenburg", einem historischen Kontorhaus, bietet den Künstlern der Galerie optimale Ausstellungsmöglichkeiten. Die Galerie arbeitet projektorientiert, wobei der thematische Fokus auf der Vermittlung von „Kunst und Architektur" liegt.
Adresse: Hopfensack 19, 20457 Hamburg, 🌐 www.galerie-borchardt.de

▸ Galerie Flo Peters
Fotografie als Kunstform hat einen hohen Stellenwert in Hamburg. Davon zeugen u. a. die Triennale der Fotografie sowie bedeutende Galerien für Fotokunst à la Galerie Flo Peters. Die Galerie, 2005 von der ehemaligen Sammlerin Flo Peters gegründet, ist spezialisiert auf Schwarz-Weiß-Fotografie des 20. Jahrhunderts, zeigt aber auch zeitgenössische Positionen. Darüber hinaus bietet sie jungen Talenten eine Bühne zur Präsentation ihrer Arbeiten.
Adresse: Burchardstraße 13, 20095 Hamburg, ✉ info@flopetersgallery.com, 🌐 flopetersgallery.com

▸ Produzentengalerie
Die Produzentengalerie Hamburg wurde 1973 gegründet und repräsentiert weltweit renommierte Künstler und Künstlerinnen.
Adresse: Admiralitätstraße 71, 20459 Hamburg, 🌐 www.produzentengalerie.com/

Galerie Deichstraße
Ein Spaziergang durch die geschichtsträchtige Deichstraße lässt sich gut mit einem Besuch der Galerie Deichstraße verbinden, die auf norddeutsche und maritime Kunst spezialisiert ist und diese über zwei Etagen präsentiert und verkauft. Das Dienstleistungsspektrum umfasst Rahmungen in der hauseigenen Werkstatt und Reinigung und fachgerechte Restaurierung von Bildern.
Adresse: Deichstraße 28, 20459 Hamburg, www.galerie-deichstrasse.de/news

Freelens Galerie
2004 wurde die Freelens Galerie eröffnet, die mittlerweile ein fester Bestandteil des Hamburger Kulturlebens ist und einen abwechslungsreichen Mix aus jungen Talenten und international etablierten Fotografinnen und Fotografen präsentiert. Der Schwerpunkt liegt auf dokumentarischer Fotografie und Positionen im Fotojournalismus.
Adresse: Alter Steinweg 15, 20459 Hamburg, post@freelens.com, www.freelens.com

Thalia Theater
Das Thalia Theater ist neben dem Deutschen Schauspielhaus und der Staatsoper Hamburg eines von drei Staatstheatern. Seit 1843 ist das Theater für sein exzellentes Schauspieler-Ensemble und starke Regiehandschriften bekannt. Mit neun Premieren pro Saison im Großen Haus direkt im Herzen der Hamburger Altstadt und bis zu sechs weiteren Premieren in der zweiten Spielstätte in Altona, dem Thalia in der Gaußstraße, bietet das Thalia Theater ein engagiertes Programm. Im Januar 2010 startete das Große Haus mit den Lessingtagen ins neue Jahr. Das zwei bis drei Wochen dauernde Festival beschäftigt sich in nationalen und internationalen Gastspielen mit einer Frage, die schon Gotthold Ephraim Lessing stellte, nämlich wie die Verständigung von Kulturen und Religionen möglich sein kann – im Kleinen wie im Großen.
Adresse: Alstertor, 20095 Hamburg, www.thalia-theater.de

Ein Garant für Engagement: das Thalia Theater

Keller Theater
Auch kleine Bühnen bringen die Welt aufs Parkett. Das Keller Theater ist ein kultiges Amateurtheater, das 1954 als Tourneetheater namens „Optimisten" gegründet wurde. Den Optimismus hat sich das Ensemble beibehalten. Ebenso eine treue, nachwachsende Fangemeinde. Das Theater sitzt im Brahms Kontor gegenüber von Laeisz-Halle und dem Park Planten un Blomen und hat 90 bis 100 Plätze.
Adresse: Johannes-Brahms-Platz 1, 20355 Hamburg, www.kellertheater.de

Theaterschiff Hamburg
Nur in Hamburg: Das Theaterschiff Hamburg ist das einzige hochseetüchtige Theater Europas. Auf der schwimmenden

Bühne werden den Zuschauern Kabarett, Literatur, Musik und Theater auf höchstem Niveau präsentiert. Selbstverständlich lässt sich das Hamburger Theaterschiff für eine persönliche Veranstaltung mieten. Denn was gibt es Besseres als ein Fest im Herzen Hamburgs, zwischen historischer Deichstraße, Speicherstadt und neuer HafenCity – mit Blick auf die Elbphilharmonie?

Adresse: Nikolaifleet, Holzbrücke 2, 20459 Hamburg, 🌐 www.theaterschiff.de

Theaterschiff Hamburg im Nikolaifleet. Im Hintergrund ist St. Katharinen zu sehen.

▸ Imperial Theater

Das Imperial Theater auf der Reeperbahn Ecke Seilerstraße ist die größte Krimibühne Deutschlands. Hier werden Krimiklassiker u. a. von Agatha Christie und Edgar Wallace aufgeführt. Es gibt was zum Gruseln mit Bram Stokers Dracula. Oder was zum Lachen mit den „Sinderellas" und „Rock'n' Burlesque", „Play-Boy" oder die mit allen Wassern gewaschenen „Matrosinnen". Und nach dem Theaterbesuch geht die Kiez-Tour weiter ...

Adresse: Reeperbahn 5, 20359 Hamburg, 🌐 www.imperial-theater.de

▸ St. Pauli Theater

Das St. Pauli Theater ist nicht nur das älteste Privattheater der Stadt, sondern eines der ältesten Theater Deutschlands überhaupt. Das unter Denkmalschutz stehende Haus und der ebenfalls geschützte Zuschauerraum mit 533 Sitzplätzen zeichnen sich durch ihre besonders intime Atmosphäre aus. Das St. Pauli Theater versteht sich heute als ein modernes Volkstheater, das mit Eigen- und Co-Produktionen sowie ausgesuchten Gastspielen versucht, immer wieder auszuloten, wie intelligent Unterhaltung sein kann auf einer Meile mit Eventgastronomie und Rotlichtviertel. Übrigens: Neben dem Theater sitzt die berühmteste Polizeiwache der Welt: das Hamburger Polizeikommissariat 15, berühmt unter dem Namen „Davidwache".

Adresse: Spielbudenplatz 29–30, 20359 Hamburg, 🌐 www.st-pauli-theater.de

▸ Panoptikum

Was haben Klima-Aktivistin Greta Thunberg, Panikrocker Udo Lindenberg, Entertainerin Barbara Schöneberger, Travestie-Künstlerin Olivia Jones, Modezar Karl Lagerfeld, Musiker Robbie Williams, die Beatles oder Queen Elizabeth II gemeinsam? Sie alle geben sich im ältesten und größten Wachsfigurenkabinett Deutschlands, dem Panoptikum auf dem Spielbudenplatz, ein Stelldichein.

Adresse: Spielbudenplatz 3, 20359 Hamburg, 🌐 www.panoptikum.de/de

▸ Broadway in Hamburg

Hamburg ist zwar nicht New York City, dennoch kann sich die Stadt damit brüsten, zu den drei wichtigsten Musical-Städten der Welt zu gehören. Ein Evergreen des Hamburger Musicaltheaters ist

Disneys „König der Löwen", das seit dem 2. Dezember 2001 im „Theater am Hafen" aufgeführt wird. Das Theater am Hafen ist ein 1994 eröffnetes Musical-Theater der Stage Entertainment Group. Es befindet sich auf der Hamburger Elbinsel Steinwerder gegenüber den Landungsbrücken und neben dem 2014 eröffneten „Theater an der Elbe". Während des Spielbetriebs fahren Shuttle-Schiffe von den Landungsbrücken/Brücke 1 auf die andere Elbseite (und wieder zurück) und machen die Bei-Wind-und-Wetter-Überfahrt zu einem maritimen Mini-Abenteuer. Neben den zwei Musical-Theatern auf Steinwerder betreibt die Stage Entertainment GmbH weitere Spielstädten: das „Stage Operettenhaus" auf St. Pauli und die „Neue Flora" in Altona-Altstadt.
Adresse: Der König der Löwen, Theater am Hafen, Norderelbstraße 6, 20457 Hamburg, 🌐 www2.stage-entertainment.de/musicals-shows/disneys-der-koenig-der-loewen-hamburg

▸ FC St. Pauli Museum

Nicht nur Fußball-Bundesliga-Dino HSV hat sein eigenes Museum, auch der Bundesligist FC St. Pauli hat eines. Die Ausstellungsräume befinden sich im Erdgeschoss der östlich gelegenen Tribüne (Gegengerade) des Millerntorstadions. Trägerverein ist der „1910 – Museum für den FC St. Pauli e. V.", der 2012 gegründet wurde. Das Museum hat den Anspruch, mehr ein Lebens- denn ein Fußballmuseum zu sein. Die erste große Veranstaltung des Betreibervereins war das „Fußball und Liebe"-Festival am Millerntor im September 2013. Das Motto 2022 hieß: „20 Jahre Ultrà Sankt Pauli – Geschichte wird gemacht". In Ergänzung zu den Ausstellungen finden auch wiederkehrende Veranstaltungen statt. Das Museum ist Bestandteil des seit 2011 jährlich im Millerntorstadion stattfindenden Kunst-, Musik- und Kultur-Festivals „Millerntor Gallery". Seit Mai 2017 findet jährlich das „Weinfest gegen Rassismus" unter dem Motto „Kein Wein den Faschisten" statt. Das FC St. Pauli Museum beteiligt sich jährlich an der Langen Nacht der Museen.
Adresse: Heiligengeistfeld 1, 20359 Hamburg, 🌐 www.instagram.com/fcstpaulimuseum

▸ Cotton Club

Der 1963 von „Vati's Jazz Tube" in „Cotton Club" umbenannte Jazz-Club befindet sich in einem Keller. Im traditionsreichen Club gastierten schon zahlreiche international bekannte Bands des eher konservativen Jazz. Am Sonntag lädt der Betreiber zum Jazzfrühschoppen. Der Cotton Club am Großneumarkt ist der einzig verblieben (Live-)Club von einer Reihe ehemals namhafter Clubs, die es in der Neustadt gab. Blues, Swing, Olddtime-, Hot- & Happy-Jazz stehen sind ebenso im Musikprogramm.
Adresse: Alter Steinweg 10, 20459 Hamburg, 🌐 www.cotton-club.de

▸ Clubkultur & Reeperbahn Festival

Zu Wasser, in einem ehemaligen Bunker oder mitten im Rotlicht: Die Hamburger Club-Szene ist berühmt, berüchtigt, lässig, kreativ und überhaupt nicht heterogen und deswegen so einzigartig. Obgleich es in vielen Hamburger Stadtteilen ausgezeichnete Clubs gibt, konzentriert sich die Hamburger Clubkultur auf den Stadtteil St. Pauli und hier vor allem auf die Reeperbahn und die umliegenden Straßen. Niemand hat das besser erkannt als Festivalveranstalter Alexander Schulz, der 2006 mit seiner Agentur Inferno Events und der Karsten Jahnke Konzertdirektion das „Reeperbahn Festival“ ins Leben gerufen hat. Im Gründungsjahr kamen 9000 Festivalbesucher in die Clubs, 2019 waren es 50 000 und 2022 waren es rund 40 000. Damit ist das Reeperbahn innerhalb weniger Jahre zu Europas größtem Clubfestival geworden, das neben der Musik auch ein Fachbesucherprogramm der Musik- und Digitalwirtschaft anbietet. Wer somit in die urban-lokale wie auch internationale Musikszene eintauchen will, tut das am besten jährlich im September zum viertägigen Reeperbahn Festival.

Infos: www.reeperbahnfestival.com/de

Das Reeperbahn Festival hat die Clubkultur wieder groß gemacht.

Knust

Das Knust ist ein kleiner, beliebter Nachtclub mit Livemusik von Rock und Indie-Bands und ist im Karolinenviertel im ehemaligen Schlachthof beheimatet. Alteingesessene Hamburgerinnen und Hamburger kennen den Club noch aus der Altstadt. In den 1990er-Jahren waren, neben Disco und kleinen Livekonzerten, Engtanzfeten im Programm. Die musikalische Historie vom Knust ist aber damit nicht beendet. Gegründet wurde das heutige Knust 1966 als Jazzhouse. Dort soll Udo Lindenberg von Jazz-Legende und Filmmusiker Klaus Doldinger („Das Boot“) entdeckt worden sein.

Adresse: Neuer Kamp 30, 20357 Hamburg, www.knusthamburg.de

Das Knust ist einer der wenigen Hamburger Clubs, die die Jahrzehnte überstanden haben.

Uebel & Gefährlich

Das Uebel & Gefährlich ist eine feste Größe in der Hamburger Musikszene: Hier sind unvergessene Konzerte und lange durchtanzte Nächte Programm. Im 4. Stock des Feldstraßenbunkers, einem alten Luftschutzbunker auf dem Heiligengeistfeld, hat das Uebel & Gefährlich seine Stätte gefunden. Hinter dicken Mauern bietet der Tanz- und Nachtclub Konzerte, Partys, Events und eine atemberaubende Aussicht weit über St. Pauli hinaus. Unterteilt in drei Locations, den Ballsaal, das Turmzimmer und die Dachterrasse, reichen die präsen-

tierten Musikstile von Techno bis zu 20er-Jahre-Jazz. Der Club bietet Platz für circa 1000 Gäste. Das Knust ist in unmittelbarer Nachbarschaft vom Uebel & Gefährlich, die U-Bahnhaltestelle für beide Clubs heißt Feldstraße.
Adresse: Feldstraße 66, 20359 Hamburg, 🌐 www.instagram.com/uebel_und_gefaehrlich

▸ Mojo Club

Der Mojo Club, erstmals 1989 eröffnet und nach einer Schließung von zehn Jahren 2013 zu neuem Kiez-Leben erweckt, ist legendär. Hier mixten ab 1989 DJs treibenden Acid-Jazz für tanzwütige Szenegänger. Heute gibt es kleine, niveauvolle Livekonzerte und großartigen Dancefloor-Jazz im Mojo. Der Mojo Club wurde von Hamburgs Star Architekt Hadi Teherani entworfen. Dessen Architekturbüro BRT – Bothe, Richter, Teherani – hat auch die weithin sichtbaren „Tanzenden Türme“ auf der Reeperbahn geplant, in deren Gebäudeensemble sich der Mojo Club befindet.
Adresse: Reeperbahn 1, 20359 Hamburg, 🌐 www.mojo.de

▸ Mojo Jazz Café

Der Mojo Club hat eine Schwester, dass Mojo Jazz Café. Von Donnerstag bis Samstag lädt das Mojo Jazz Café ab 18 Uhr zu wechselnden DJ- und Livesets ein.
Adresse: Reeperbahn 1, 20359 Hamburg, 🌐 www.mojo.de/mojo-jazz-cafe

▸ Kaiserkeller/Große Freiheit 36

Hier sind die Beatles aufgetreten. Daran können sich auch noch Ü-70-Einheimische erinnern, wenn sie mit leuchtenden Augen von ihren jugendlichen Kieztouren in den 1960er-Jahren erzählen. Der Kaiserkeller befindet sich auf der Großen Freiheit und ist bereits seit den 1950er-Jahren in Betrieb. Hier lernten die Beatles ihren Drummer Ringo Starr kennen, mit dem sie nur einige Zeit später Weltruhm erlangen sollten. Der Club hat noch immer eine rockige Szene und ist als Teil des Komplexes Große Freiheit 36 ein Hotspot für Livemusik. Mit dem „Docks“ verfügen beide über die größten Bühnen auf dem Kiez. Seit 2022 haben Große Freiheit 36/Kaiserkeller und das „Docks“ mit der „Prinzenbar“ auch die gleichen Betreiber.
Adresse: Große Freiheit 36, 22767 Hamburg, 🌐 reeperbahn.de/grosse-freiheit-36

▸ Gruenspan

Das Gruenspan ist seit 1968 fester Bestandteil der Hamburger Musik- und Clubszene. Bekannt wurde es vor allem durch Konzerte und Progressive-Rock-Partys. Das Gebäude fasst 950 Zuschauer und hat eine von den Hamburger Künstlern Dieter Glasmacher und Werner Nöfer gestaltete Außenfassade. Die Geschichte des Gebäudes ist ebenso bewegt wie die des Gruenspan selbst. Sie reicht bis ans Ende des 19. Jahrhunderts, als das Gebäude als „Tanzsalon“ erbaut wurde und später unter dem Namen „Palmengarten“ bekannt wurde. In den folgenden Dekaden wurde das jetzige Gruenspan mehrmals umfunktioniert u. a. zu einem Hippodrom und zu einem Lichtspielhaus, bis es 1968 dann seine Pforten unter seinem legendären Namen als Musikclub öffnete.
Adresse: Große Freiheit 58, 22767 Hamburg, 🌐 www.gruenspan.de

▸ Beatles Platz

Yeah! Yeah! Yeah! Seit 2008 haben die Fab Four aus Liverpool eine eigene Gedenkstätte in der Stadt, in der ihre Weltkarriere in den 1960ern begann: den Beatles Platz.

Der Platz liegt auf der Reeperbahn an der Abzweigung zur großen Freiheit in direkter Nähe der S-Bahn Haltestelle Reeperbahn, somit unweit des „Indra Clubs“, des „Star Clubs“ und des „Kaiserkellers“, wo die Karriere der Beatles ihren Lauf nahm.
Adresse: Reeperbahn 174, 20359 Hamburg

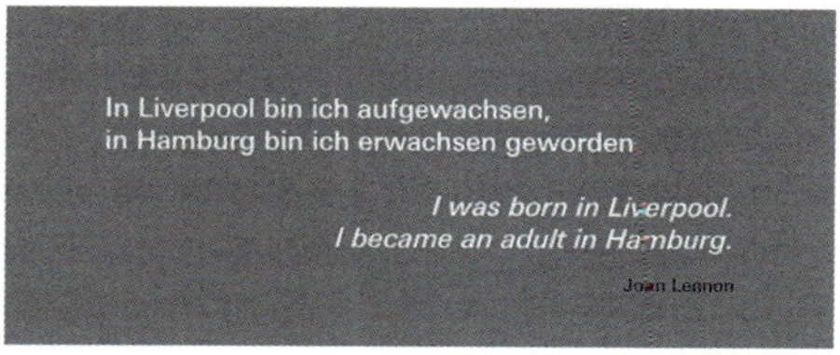

Mit diesem John-Lennon-Zitat werden Reisende am Flughafen Hamburg begrüßt oder verabschiedet.

▸ Metropolis Kino

Direkt neben der Staatsoper liegt hinter einem modernen Gebäudekomplex, zwei Stockwerke in die Tiefe gelegt, ein denkmalgeschütztes Kino aus den 1950ern: Metropolis. Das kommunal geförderte Programmkino zeigt vor allem Filme in Originalfassung mit deutschen Untertiteln oder eingesprochenen Übersetzungen und Avantgardefilme. Daneben ist das Metropolis Spielort für Premieren kleinerer Filmverleihe und nahezu aller Hamburger Filmfestivals wie dem „Fantasy Filmfest“, „Japan-Filmfest“, oder den „Lesbisch Schwulen Filmtagen“, die hier 1989 ihren Anfang nahmen.
Adresse: Kleine Theaterstraße 10, 20354 Hamburg, 🌐 www.metropoliskino.de

▸ Passage Kino

Das Passage Kino in der Nähe des Hamburger Rathauses ist das älteste Kino Hamburgs und eines der ältesten durchgehend betriebenen Lichtspieltheater in Deutschland. 1912 wurden die „Passage Lichtspiele“ an der Mönckebergstraße erbaut. 95 Jahre später rettet Heinz Lochmann, filmbegeisterter schwäbischer Geschäftsmann und Betreiber von sechs Kinos in Baden-Württemberg, das Kino vor der Nutzung als Schuhladen und lässt hier durch aufwendige Renovierungsarbeiten die große Zeit des Art déco wieder aufleben. Das Programm bietet eine besondere Mischung aus ambitionierter Filmunterhaltung: Von kleinen Arthouse-Filmperlen bis zum Kassenschlager werden hier Filme mit Anspruch gespielt.
Adresse: Mönckebergstraße 17, 20095 Hamburg, 🌐 www.das-passage.de

▸ Studio Kino

Das Studio Kino liegt an der Grenze der Stadtteile St. Pauli und Altona-Altstadt, auch die Schanze ist nicht weit. Inmitten einer Wohnstraße mit kleinen Gründerzeithäusern, 70er-Jahre-Bauten, Werkstätten und Hinterhöfen wird ambitioniertes Kino in zwei Vorführsälen betrieben. Programmschwerpunkte sind Filme abseits des Mainstreams, aber auch Blockbuster in Originalsprache mit Untertiteln. Ferner treffen sich die Freundinnen und Freunde des afrikanischen Films jährlich zu einem afrikanischen Filmfestival, welches das Studio Kino seit 2011 jährlich im November ausrichtet.
Adresse: Bernstorffstraße 93–95, 22767 Hamburg, 🌐 www.studio-kino.de

Bildungs- & Kreativangebote

▸ Altstadt-Tour, gratis

Führungen durch die historische Altstadt bieten sich vor allem für Hamburger Neuankömmlinge sowie Touristen an. Die Touren geben einen Einblick in die 1200 Jahre alte Stadtgeschichte und greifen dabei die schönsten Gassen und Ecken auf – unter

anderem die Deichstraße, die imposante Elbphilharmonie oder auch den Aussichtspunkt St. Michaelis. Pluspunkt für Touristen: Die Führungen werden sowohl auf Deutsch als auch auf Englisch angeboten. Anbieter: Hamburg Free Walking Tours; Termine: täglich 11 Uhr, auch an Sonn- und Feiertagen
Treffpunkt: Haupteingang des Hamburger Rathauses,
✉ info@robinandthetourguides.de,
🌐 www.robinandthetourguides.de/de/touren/historische-altstadt

▸ St. Pauli Archiv – Geschichtswerkstatt
Seit 1987 setzt sich das „St. Pauli-Archiv" mit der Geschichte und Gegenwart dieses einmaligen Hamburger Stadtteils auseinander und zeigt anhand von Rundgängen, Ausstellungen, Veranstaltungen und Publikationen die Vielfältigkeit St. Paulis mit seinen spezifischen Eigenarten, Möglichkeiten und Perspektiven. Das Archiv verfügt über eine umfangreiche Bibliothek, über ein großes Foto- und Postkartenarchiv sowie Presseausschnitte. Themenschwerpunkte bilden dabei neben der allgemeinen Stadtteilgeschichte auch übergreifende Aspekte wie z. B. die Geschichte Hamburgs und des Nationalsozialismus, Kolonialgeschichte, Stadtplanung und Gentrifizierung. Der Buchbestand ist teilweise entleihbar. Mo: 17–19 Uhr und nach Vereinbarung.
Adresse: Paul-Roosen-Str. 30, 22767 Hamburg, ☏ 040/3194772,
✉ info@st-pauli-archiv.de,
🌐 www.st-pauli-archiv.de/rundgaenge

▸ Die Kiez-Kapitän-Reeperbahn-Tour
Von Freitag bis Sonntag führt Kiez-Kapitän Jens als Tourguide in kleinen, persönlichen Gruppen über die Reeperbahn. Zu erfahren gibt es alles rund um die Geschichte des Hamburger Bergs, die Herbertstraße und Prostitution auf St. Pauli, Dänen in Altona, die Kult-Kneipe „Zur Ritze" und die Bandenkriege in den 1980er-Jahren, Hans Albers, die Beatles in der Großen Freiheit, Freddy Quinn und das „Großstadtrevier" der Davidwache. Der Treffpunkt ist vor der Davidwache.
Infos: 🌐 www.hamburg.de/tickets/e/14767092/die-kiez-kapitaen-reeperbahn-kieztour/#vk-more-appointments

▸ Hafenrundfahrten Landungsbrücken
Alle Anbieter haben ihren Sitz an oder rund um die Landungsbrücken, alle haben eigene Verkäufer, die die jeweiligen Fahrten an den Landungsbrücken anpreisen, bevor man sich auf die Brücke oder auch an einen weiteren Abfahrtsort in Fußnähe begibt.

- Rainer Abicht Elbreederei

Adresse: Abfahrtsort: Landungsbrücken, Brücke 1, 🌐 www.abicht.de

- Kapitän Prüsse

Adresse: Abfahrtsort: Landungsbrücken, Brücke 3A, 🌐 www.hafenrundfahrt.com

- Hamburg City Tours

Adresse (Abfahrtsort Barkassen): Landungsbrücken, Brücke 1
Adresse (Abfahrtsort große Fahrgastschiffe): Landungsbrücken, Brücke 4,
🌐 www.hamburg-citytours.de/de/rundfahrten/hafenrundfahrt

- Barkassen Meyer

Adresse: Abfahrtsort: Landungsbrücken, Brücke 6, 🌐 www.barkassen-meyer.de

- Maritime Circle Line (Hop on hop off)

Adresse: Abfahrtsort: Landungsbrücken, Brücke 10, 🌐 www.maritime-circle-line.de

- Barkassenbetrieb Bülow

Adresse: Abfahrtsort: Binnenhafen (Hohe Brücke 2),

🌐 www.barkassenvermietung-hamburg.com/
- Barkassen-Centrale Ehlers

Adresse: Abfahrtsort: Anleger Vorsetzen beim roten Feuerschiff, 🌐 barkassen-centrale.de/de

▸ U-Boot Museum

Am Elbufer in Höhe des St. Pauli Fischmarkts kann das noch funktionsfähige russische Unterseeboot U-434 besichtigt werden. Um das U-Boot und dessen technischen Details kennenzulernen, empfiehlt sich eine Führung. Öffnungszeiten: 9–20 Uhr.
Adresse: St. Pauli Fischmarkt 10, 20359 Hamburg, 🌐 www.u-434.de/de/u-boot_museum.html

Treffs & Begegnungsstätten

▸ Mahnmal St. Nikolai

Das Mahnmal St. Nikolai mit Museum und Aussichtsturm widmet sich den Ursachen und Folgen des Luftkrieges im Zweiten Weltkrieg. Während der Bombenangriffe der „Operation Gomorrha" im Sommer 1943 verloren mehr als 34 000 Menschen das Leben, ganze Stadtteile im Osten Hamburgs wurden zerstört. Heute ist die Kirchenruine ein Ort des Erinnerns an die Opfer des Zweiten Weltkriegs. Das Mahnmal St. Nikolai organisiert ein vielseitiges Veranstaltungsprogramm mit Vorträgen, Sonderausstellungen, Lesungen, Konzerten und Filmen. Im Fokus stehen die Beschäftigung mit den historischen Ereignissen des Nationalsozialismus und des Zweiten Weltkriegs sowie der Blick auf heutige Konflikte und Brennpunkte des gesellschaftlichen Miteinanders. Zu wichtigen Gedenktagen wie dem 27. Januar und dem 9. November veranstaltet das Mahnmal Gedenkveranstaltungen.
Adresse: Willy-Brandt-Straße 60, 20457 Hamburg, 🌐 www.mahnmal-st-nikolai.de

▸ Carillon – Turmglockenspiel

In den Turm der Ruine vom Mahnmal St. Nikolai wurde 1993 ein Turmglockenspiel (Carillon) mit 51 chromatisch gestimmten Glocken eingebaut. Zu festen Uhrzeiten spielt es täglich kleine Melodien per Automatik zu besonderen Anlässen (Weihnachten, Neujahr, Ostern). Einmal wöchentlich wird es live gespielt. Das Carillon ist auf dem Platz des früheren Kirchschiffes zu hören. Werner Lamm, Kantor und Organist der Harburger Kantorei und des Harburger Kammerchors sowie der Bramfelder Kantorei spielt live wöchentlich am Donnerstag das Carillon um 12 Uhr.
Adresse: Willy-Brandt-Straße 60, 20457 Hamburg, 🌐 www.facebook.com/werner.lamm.3

Kantor Werner Lamm spielt das Glockenspiel jeden Donnerstag live.

▸ Kleiner Michel

Der Kleine Michel ist seit 1811 die katholische Kirche in der Hamburger Innenstadt. Unter dem einen Dach der einst evangelischen Kirche haben die Pfarrei St. Ansgar und St. Bernhard, die Mission Francophone und die Philippinische Gemeinde ihr Zuhause – Menschen in vielen Gruppen und auch als Einzelne finden hier Heimat. In direkter Nachbarschaft des lutherischen Großen Michel und anderer christlicher Kirchen wie der Englischen Kirche, Church of St Thomas Becket, 1838 eingeweiht, oder auch der Freikirche Haven, wird im Kleinen Michel zu einem Ort des Gebetes und der christlichen Gemeinschaft eingeladen, aber auch dazu, ein Stück multikulturelles Hamburg für sich zu entdecken. **Adresse**: Michaelisstraße 5, 20459 Hamburg, 🌐 www.kleiner-michel.de

‣ Katholische Akademie

Die Katholische Akademie Hamburg ist ein Bildungs- und Begegnungsort zwischen Michel und Rathaus, Jungfernstieg und Hafen, getragen vom Erzbistum Hamburg. Als Forum für gesellschaftliche und kirchliche Themen steht sie allen Menschen offen – unabhängig von Herkunft und Konfession. Die Themenbereiche umfassen u. a. Theologie, Glaube und Spiritualität, Gesundheit und Ethik und die Junge Akademie, die sich an Jugendliche und junge Erwachsene bis 25 Jahre richtet. Es gib sowohl ein Tagungshaus wie auch Seminarräume unterschiedlicher Größe, die auf Anfrage vermietet werden. **Adresse**: Herrengraben 4, 20459 Hamburg, 🌐 www.kahh.de

‣ Große Freiheit St. Joseph

Die katholische Kirche St. Joseph mit Adresse Große Freiheit ist eines der wenigen Gebäude, die vom alten dänischen Altona zeugen. In den Jahren 1611/12 wurde ein besonderer Bezirk namens Freiheit eingerichtet, der damals zu Altona gehörte. Zwei bereits existierende Straßen wurden in Große und Kleine Freiheit umbenannt. Handwerker konnten gegen eine jährliche Abgabe – unabhängig von der Zugehörigkeit zu den Zünften – ihren Gewerben nachgehen. Die Straßen wurden somit zu einer besonderen Wirtschaftszone. Religiöse Minderheiten wie Katholiken, Mennoniten und Juden wurden hier ebenfalls nicht behelligt. Ab 1660 wurde die katholische Kirche St. Joseph, die als Mutterkirche der Katholiken Nordeuropas gilt, am nördlichen Ende der Straße gebaut. Die Privilegien der Großen Freiheit galten auch für die benachbarte Kleine Freiheit, die heute die Grenze zwischen Altona und St. Pauli bildet. Erst seit dem Groß-Hamburg-Gesetz in 1937/38 gehören die Große und Kleine Freiheit zu Hamburg.

Eine der vielen Bühnen des Reeperbahn Festivals ist die Katholische Kirche St. Joseph im Herzen von St. Pauli.

‣ Jugendherberge – Auf dem Stintfang

Es ist die beliebteste Jugendherberge in Hamburg und damit ein gesuchter Treffpunkt: die Jugendherberge Auf dem Stintfang Nahe den Landungsbrücken, nur 500 Meter von der Reeperbahn entfernt. Und, da die Herberge auf einer Anhöhe

liegt, mit einem fantastischen Panoramablick über den Hamburger Hafen.
Adresse: Bei den St. Pauli-Landungsbrücken 3, 20359 Hamburg,
🌐 www.jugendherberge.de/jugendherbergen/hamburg-stintfang-523/portraet/

▸ Feldstraßenbunker

Szene-Clubs wie das „Uebel & Gefährlich", „Terrace Hill" und „ensemble resonanz" wie auch der Radiosender „Byte FM" befinden sich im Bunker auf St. Pauli, Hamburgs größtem und einem der wenigen noch erhaltenen Hochbunker. In Zukunft wird er zum landschaftsarchitektonischen Pionierprojekt: Geplant sind u. a. ein öffentlicher Dachgarten mit beeindruckendem Panoramablick sowie ein üppig bepflanzter Bergpfad, der sich am Bunker entlang nach oben schlängelt. Bereits im Sommer 2019 hat die Aufstockung um fünf weitere Geschosse begonnen. 2022 wurden die ersten Bäume mithilfe eines Krans in 50 Metern gepflanzt. Insgesamt sollen 4700 Pflanzen den Stadtgarten hoch über den Dächern Hamburgs schmücken. Neben einer Halle für Sport- und Kulturveranstaltungen und Ausstellungsflächen soll der Zweite-Weltkriegs-Hochbunker verstärkt als Denk- und Mahnmal fungieren. Dazu gehört die historische Aufarbeitung des Gebäudes und die Förderung des Geschichtsbewusstseins: Der Flakbunker wurde von 1000 Zwangsarbeiterinnen und Zwangsarbeitern von der Organisation Todt in 300 Tagen gebaut.
Adresse: Feldstraße 66, 20359 Hamburg

▸ RockCity

RockCity Hamburg e. V. besteht seit 1987 als Zentralorgan Hamburger Musikschaffender und ist heute Zentrum für Popularmusik. Als gemeinnütziger Verein setzt sich dieser auf allen Ebenen für Hamburgs Musikschaffende ein, ist Sprachrohr, Wegbereiter und Community. Die Mitglieder sind Teil eines pulsierenden Musiknetzwerks und erhalten u. a. Zugang zu etlichen Veranstaltungen. Gemeinsam mit der Haspa Musikstiftung vergibt RockCity jährlich den Hamburg Music Award Krach & Getöse an Nachwuchsbands und Musiker wie Musikerinnen. Weitere Projekte sind u. a. Music Hamburg Women und der RockCity MusicXport, bei dem Hamburger Bands auf Live-Bühnen in ganz Europa geschickt werden.
Adresse: RockCity, Sternstraße 4, 20357 Hamburg, 🌐 www.rockcity.de/rockcity

▸ Flohmarkt Flohschanze

Die Flohschanze an der Alten Rinderschlachthalle war ursprünglich ein Flohmarkt der Anwohnerinnen und Anwohner bzw. für das kleine Quartier Karolinenviertel. Über die Jahre entwickelte er sich zu einem besonderen Anlaufpunkt für private und professionelle Flohmarkthändler.
Ein Grund des Erfolgs ist nicht allein der Standort, sondern auch die Regelmäßigkeit: Jeden Samstag bis auf Feiertage ist Flohschanzentag. Öffnungszeit: 8–16 Uhr.
Adresse: Neuer Kamp 30, 20357 Hamburg,
✉ office@marktkultur-hamburg.de,
🌐 www.marktkultur-hamburg.de

▸ Zardoz Schallplatten

In der Marktstraße 55, wenige Schritte von RockCity, dem Knust, dem Feldstraßenbunker oder auch der Flohschanze entfernt, befindet sich der Second-Hand-Plattenladen „Zardoz", das Kult-Pendant im Karolinenviertel zur „Plattenrille" in Rotherbaum/Grindel.
Adresse: Marktstraße 55, 20357 Hamburg,
🌐 www.zardoz-schallplatten.de

▸ Kölibri Stadtteilzentrum
Das Kölibri auf St. Pauli ist ein Stadtteilzentrum mit Café und Veranstaltungsraum; im Souterrain befindet sich der Kinderclub. Fast täglich finden unterschiedliche Veranstaltungen, Treffen und private Nutzungen statt. Es gibt kulturelle und politische Projekte und Veranstaltungsreihen mit Künstlern und Initiativen. Das Kölibri ist wie das Wohnzimmer der Nachbarschaft, man kann es auch mieten. Regelmäßig: Stadtteilfrühstück gegen kleine Spende, Familiencafé, Comicgruppe für Kinder (8–14 Jahre).
Adresse: Hein-Köllisch-Platz 12, 20359 Hamburg, 🌐 www.gwa-stpauli.de/orte/koelibri

▸ GWA – Gemeinwesenarbeit auf St. Pauli
Der Verein ist in der Offenen Kinder- und Jugendarbeit, Familienunterstützung, den Frühen Hilfen und der Stadtteilkultur aktiv. Sechsmal im Jahr wird zum Flohmarkt eingeladen: Dreimal zu einem Indoor-Flohmarkt im Kölibri, weitere drei Male zu einem Open-Air-Flohmarkt auf dem Hein-Köllisch-Platz.
Adresse: Hein-Köllisch-Platz 11–12, 20359 Hamburg, ✆ 040/410988739, ✉ info@gwa-stpauli.de, 🌐 www.gwa-stpauli.de

▸ GWA-Theater
Die GWA inszeniert regelmäßig Stadtteiltheaterprojekte im öffentlichen Raum. Die Spielstätte ist auf der Straße. Das Publikum wird an ausgewählte, vielleicht sogar unbekannte Plätze des Stadtteils geführt und erlebt Geschichten einer besonderen Art über Menschen und Orte St. Paulis. Jeder kann mitmachen und sich unter professioneller Anleitung mit künstlerischen Denkweisen auseinandersetzen.
Infos: Rike Salow, ✆ 040/410988739 ✉ rike.salow@gwa-stpauli.de, 🌐 www.gwa-stpauli.de/beratung-unterstuetzung/theater

Abenteuer, Freizeit & Natur

▸ Heiligengeistfeld
Das Heiligengeistfeld ist heute das Veranstaltungsgelände Hamburgs. Es liegt im Stadtteil St. Pauli und ist rund 20 Hektar groß. Dreimal jährlich findet hier der „Hamburger Dom" statt. Großveranstaltungen, Zirkusgastspiele, Public Viewing oder Fanfeste nutzen den Hamburger Festplatz. Bei gutem Wind und Wetter sieht man auch Wind- bzw. Landsurfer über das Gelände gleiten. Weit sichtbar ist der Hochbunker Feldstraße, der am Rand des Heiligengeistfeld steht und ein mahnendes Relikt vom Zweiten Weltkrieg ist. Ebenso am Rande des Veranstaltungsgeländes ist das 1960 erbaute Millerntorstadion vom Bundesligisten FC St. Pauli. Ehemals lag das Heiligengeistfeld vor den Befestigungsanlagen Hamburgs. Seinen Namen erhielt das Heiligengeistfeld von

Landsurfer nutzen das Heiligegeistfeld zum Skaten, die Clubszene macht mit einem kleinen Truck auf sich aufmerksam.

dem historischen Klosterkrankenhaus Hospital zum Heiligengeist, dass das Gebiet vor dem alten Millerntor im Jahr 1393 erworben hatte.
Info: 🌐 www.hamburg.de/heiligengeistfeld/

▸ Tiefbunker Steintorwall

Hamburgs Unterwelt beginnt am Hauptbahnhof, am Steintorwall. Vor den Blicken der Öffentlichkeit verborgen befindet sich dort der größte Tiefbunker der Hansestadt. Dieser dient auch heute noch dem Zivilschutz im Katastrophenfall. Erbaut wurde die Anlage, die sich auf drei Stockwerke und bis in knapp 13 Meter Tiefe ausdehnt, während es Zweiten Weltkriegs. Bis zu 3,75 Meter dicke Wände schützten die Menschen vor den Bomben, ein eigener Tiefbrunnen versorgte sie mit Wasser aus 160 Metern Tiefe. Nachdem die Anlage nach dem Krieg einige Jahre lang in Vergessenheit geriet, wurde diese 1965 wieder hergerichtet – als Atombunker. Auf speziellen Touren des „Vereins Hamburger Unterwelten" können Besucher den Bunker besichtigen. Neben den Touren durch den Tiefbunker am Steintorwall bietet der Verein weitere Führungen durch unterirdische Denkmäler der Hansestadt an, darunter etwa durch den Schellfischtunnel, einen stillgelegten unterirdischen 900 Meter langen Eisenbahntunnel zwischen dem Bahnhof Altona und dem Hafen.
Adresse: Burchardstraße 22, 20095 Hamburg, ✉ info@hamburgerunterwelten.de, 🌐 www.hamburgerunterwelten.de/Bunker-Hamburg-Hauptbahnhof.html

▸ Fahrradstadt Hamburg

Hamburg bahnt sich seinen Weg zur Fahrradstadt. In dem Zuge wurden mehrere Fahrradstraßen, die sogenannten „Velorouten", errichtet, insgesamt 14 Routen, die allesamt ihren Startpunkt am Rathaus Hamburg, damit Altstadt/City, haben. Die Velorouten führen Radfahrerinnen und Radfahrer sicher durch Hamburg und Umgebung. Bereits jetzt hat das Fahrradstreckennetz die wichtigsten Knotenpunkte Hamburgs erschlossen. So führt „Veloroute 1" von City über Altona-Altstadt – Othmarschen – Blankenese nach Rissen, „Veloroute 2" von City über Eimsbüttel – Stellingen nach Eidelstedt, „Veloroute 3" von City via Rotherbaum/Universität Hamburg nach Niendorf und „Veloroute 12" startet in der City am Rathaus und führt über die St. Pauli Landungsbrücken und Fischmarkt zum Bahnhof Altona in Ottensen. Genauso gut geht es von den Endpunkten zurück in die City.
Infos: 🌐 www.hamburg.de/velorouten/ und beim Allgemeinen Deutschen Fahrradclub, ADFC, unter 🌐 hamburg.adfc.de/artikel/fast-ein-radschnellweg-neuer-abschnitt-der-veloroute-5-beim-pergolenviertel

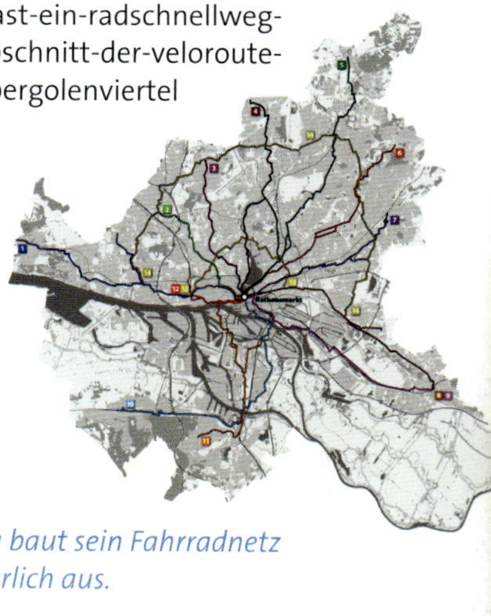

Hamburg baut sein Fahrradnetz kontinuierlich aus.

▸ Spaziergang durch die Neustadt

Bei einem Spaziergang durch die Neustadt lässt sich gut auf den Spuren von Hamburgs Musik-Helden Johannes Brahms und

Georg Philipp Telemann wandeln. Die Neustadt hat aber noch viel mehr zu bieten. In den Kohlhöfen 29 wohnte 1805/1806 der Kaufmann Heinrich Floris Schopenhauer mit seiner Familie. Sein Sohn war damals 17 Jahre alt. Sein Name: Arthur Schopenhauer, einer der bedeutendsten deutschen Philosophen. Eine Plakette am Haus erinnert an die prominente Familie. Wenige Meter entfernt, in der Poolstraße 12, kann man die Reste der 1934 abgerissenen Synagoge „Neuer Tempel" besichtigen.
Infos: www.hamburg.de/spaziergaenge/3202/spaziergang-neustadt/

▸ Planten un Blomen
Der innerstädtische Park zählt zu den Lieblingsparks der Einheimischen. Planten un Blomen ist auf einem Teilgebiet der ehemaligen Hamburger Wallanlagen entstanden und ein Muss. Als eine der grünsten Attraktionen der Hansestadt lädt die Parkanlage nicht nur zum Sonnenbaden und Entspannen in der Mittagspause ein, sondern auch diverse Attraktionen wollen entdeckt werden.

Ein schöner Park mit vielen Freizeitangeboten ist Planten un Blomen.

Hier gibts Schachgärten, man kann Trampolin springen, es gibt eine Minigolfbahn und eine Rollschuhbahn, die im Winter zur größten Open Air Eislaufbahn Deutschlands wird. Der Besuch der Wasserlichtspiele mit wahlweiser klassischer oder moderner Musik gehört zum sommerlichen Pflichtprogramm und der alte Botanische Garten mit Tropengewächshaus vermittelt im Winter den Eindruck, in südlichen Gefilden zu sein. Ein weiteres Muss: In Planten un Blomen befindet sich der größte – und für viele der schönste – Spielplatz der Stadt.

▸ Kinderspielplatz Planten un Blomen
An der Ecke Petersburger Straße/Marseiller Straße liegt der Eingang zu einem Kinderparadies: dem größten Spielplatz Hamburgs, mit Bullerbergen, Wasserspritz- und Matschanlage, Klettergerüsten, langen Rutschen, einer Seilbahn und einem großen Wasserpark.
Adresse: St. Petersburger Straße, 20355 Hamburg, prinz.de/hamburg/locations/28185-planten-un-blomen/

▸ Wasserlichtkonzerte am Abend
Kostenlos und traumschön: die Wasserlichtkonzerte in Planten und Blomen. Die aufwendig arrangierten Kunstwerke aus Musik, Licht und Wasser werden von Mai bis August um 22 Uhr inszeniert. Im September beginnt das 30-minütige Licht-, Wasser- und Klangspektakel um 21 Uhr.
Standort: Parksee Planten un Blomen.
plantenunblomen.hamburg.de/wasserlichtkonzerte/

▸ Wasserspiele tagsüber
Weitere Wasserspiele finden tagsüber ohne Licht und Musik täglich um 14, 16 und 18 Uhr statt. An Sonn- und Feiertagen

werden die Wasserspiele um 14 Uhr mit Musik untermalt. Einen Parkplan gibt es hier: plantenunblomen.hamburg.de/parkplan

Tropengewächshaus

Die Schaugewächshäuser der Universität Hamburg befinden sich am alten Standort des Botanischen Gartens, heute Planten un Blomen. Sie wurden in den Jahren 1962/63 errichtet und zur Internationalen Gartenbauausstellung, IGA, 1963 eröffnet. Die Gewächshäuser beherbergen auf rund 2800 Quadratmetern Pflanzen aus den verschiedenen Klimazonen der Erde – vom tropischen Dschungel bis zur Wüste. Bemerkenswert ist auch die Konstruktion der Schaugewächshäuser: Die Verglasung ist an außen liegenden Profilen aufgehängt und der Innenraum dadurch frei von tragenden Elementen. Sowohl die Gewächshäuser als auch die benachbarten Mittelmeerterrassen stehen unter Denkmalschutz.
Adresse: Jungiusstraße, 20355 Hamburg, plantenunblomen.hamburg.de/schaugewaechshaeuser

Japanisches Teehaus

Den Mittelpunkt des Japanischen Gartens, der sich ganz in der Nähe des Rosengartens und des alten Botanischen Garten befindet, bildet ein See. An dessen Ufer steht ein original japanisches Teehaus. Hier finden im Sommer verschiedene Veranstaltungen statt, bei denen man den japanischen Lebensstil in allen Facetten kennenlernen kann. Das Angebot im größten japanischen Garten Deutschlands reicht von traditionellen Teezeremonien über japanische Trommelkunst, das Brettspiel Go bis hin zu Schnupperkursen in Kalligrafie.
Adresse: Park-Eingang: Marseiller Straße, 20355 Hamburg, www.hamburg.de/tickets/l/2544/planten-un-blomen-teehaus-im-japanischen-garten.html

Rollschuh- oder Schlittschuhlaufen

Die Rollschuhbahn inmitten der Parkanlagen Planten un Blomen bietet im Sommer auf einer Fläche von 4300 Quadratmetern eine ideale Möglichkeit zum Inline-Skaten, Rollschuhlaufen oder Skateboardfahren. Im Winter heißt es: Bahn frei fürs Eisvergnügen, und Schlittschuhe an! Oder viel Spaß beim Curlen.
Adresse: Holstenwall 30, 20355 Hamburg, www.24hamburg.de/hamburg/eislaufbahn-planten-un-blomen-eisarena-eislaufen-hamburg-eisstockschiessen-saison-2022-91887830.html

Landungsbrücken Linie 62

Die HADAG Linie 62 der Hamburger Hafenfähren ist nicht nur ein wichtiger Teil des HVV, sondern für Kenner auch eine günstige Alternative zur klassischen Hafenrundfahrt. Die malerische Route führt von Brücke 10 der Landungsbrücken elbaufwärts entlang vieler Sehenswürdigkeiten nach Finkenwerder. Vorbei an Altona (Fischmarkt) und Neumühlen/Övelgönne. Wer jedoch mehr vom Hafen wissen und mit Barkassen auch an Orte kommen möchte, wo keine Hafenfähre des Hamburger Verkehr Verbands (HVV) fährt, kommt nicht um eine echte Hafenfahrt mit Kapitän Prüsse, Barkassen-Meyer oder einem der vielen weiteren Anbieter von Fahrten durch den Hamburger Hafen herum.
Fahrplan: www.hadag.de/de/linien/62

Museumsschiff Cap San Diego

Die Cap San Diego ist die letzte Überlebende einer Serie von sechs schnellen Stück-

gutfrachtern, die 1961/62 für die Reederei Hamburg Süd gebaut wurden. Seit 1986 ist die Cap San Diego ein fahrtüchtiges Museumsschiff, maritimes Denkmal und Hamburger Wahrzeichen an der Überseebrücke. Hier kann man das Museum besuchen, Fahrten buchen, im Schiff übernachten, Feiern, Escape Games (Abenteuerspiele) spielen – oder klettern.
Adresse: Überseebrücke 1, 20459 Hamburg, 🌐 www.capsandiego.de

▸ Klettern auf der Cap San Diego
Der Teamseilgarten Cap San Diego ist der erste und auch einzig schwimmende Hochseilgarten in ganz Deutschland. Dieser Klettergarten befindet sich an Bord der Cap San Diego. In bis zu 18 Metern Höhe und somit auch gleichzeitig 30 Metern über dem Wasserspiegel können Jugendgruppen, Seminar- und Tagungsgruppen und Schulklassen Teamgeist beweisen. Das Highlight des Schiff-Seilgartens ist die Lotsenleiter an Deck.
Infos: 🌐 www.schattenspringer.de/.cms/hochseilgarten_hamburger_hafen_cap_san_diego/491

▸ Muesumsschiff Rickmer Rickmers
Die Rickmer Rickmers ist das schwimmende Wahrzeichen Hamburgs. Der Dreimaster mit dem auffällig grünen Bug ist an den Landungsbrücken nicht zu übersehen und gehört fest zur Hamburger Hafenkulisse. Auf dem Museumsschiff können die Besucher unter anderem die ehemalige Dampfmaschine und den benutzten Dieselmotor im Maschinenraum begutachten.
Adresse: Bei den St. Pauli Landungsbrücken 1, 20359 Hamburg,
✉ museum@rickmer-rickmers.de
🌐 www.rickmer-rickmers.de

Der 1896 gebaute Frachtsegler hat nichts von seiner Eleganz verloren.

Sport & Kontemplation

▸ FC St.-Pauli
Der FC St.-Pauli von 1910 ist weit über die Grenzen Hamburgs hinaus als Kultverein bekannt. Allein in Deutschland gibt es elf Millionen St.-Pauli-Sympathisanten. Ein Erfolg des Fußball-Bundesligisten beruht darauf, dass sich der Club als Stadtteilverein versteht und entsprechend positioniert. „Hieraus zieht er seine Identifikation und hat eine soziale sowie politische Verantwortung gegenüber dem Stadtteil und den hier lebenden Menschen“, besagt eine der Leitlinien des Clubs. Im Dezember

Millerntorstadion Hamburg, Fassade der Südkurve von der Budapester Straße aus

2022 sorgte die Mitgliederversammlung für ein Novum im deutschen Fußball: Vier Frauen und drei Männer bilden ab sofort den Aufsichtsrat des FC St. Pauli. Eine derartige Frauenquote von 57,1 Prozent gibt es (noch) bei keinem anderen Club der Ersten oder Zweiten Liga.
Adresse: Millerntorstadion, Harald-Stender-Platz 1, 20359 Hamburg,
🌐 www.fcstpauli.com

▸ Blindenfußball FC St. Pauli
Seit Mai 2006 hat der FC St. Pauli ein eigenes Blindenfußball-Bundesliga-Team, in dem zwölf aktive Spieler und diverse Trainer, Guides und Betreuer unter Beweis stellen, dass Blindenfußball ein sehr rasanter und spannender Sport für blinde und sehbehinderte Menschen ist. 2022 wurden die Männer Deutscher Meister im Blindenfußball. Seit Sommer 2022 gibt es eine FCSP-Frauenmannschaft. Die Männer wie auch die Frauen können Verstärkung gebrauchen.
Adresse, Training: Sporthalle oder Sportplatz der Blinden- und Sehbehindertenschule Hamburg. Borgweg 17a, 22303 Hamburg (Winterhude, Bezirk Hamburg-Nord),
✉ Blindenfussball@fcstpauli.com,
🌐 http://fcstpauli-blindenfussball.de

▸ Haspa Marathon
Der Haspa Marathon Hamburg ist der größte Frühjahrsmarathon Deutschlands und zieht jährlich fast 15 000 Läufer und Läuferinnen an. Auf einer Strecke von 42,195 Kilometern geht es kreuz und quer durch die Stadtschönheit Hamburg und vorbei an zahlreichen Sehenswürdigkeiten. Los geht es an der Karolinenstraße im Karolinenviertel vor dem Eingang zur Messe. Reeperbahn, Landungsbrücken, Elbchausse, HafenCity Binnen- und Außenalster, City Nord, Stadtpark, Ohlsdorf etc. ist der Streckenverlauf. Das Ziel ist wiederum vor der Messe Hamburg, zu Füßen des Fernsehturms.
Infos: 🌐 www.haspa-marathon-hamburg.de

▸ Hamburg Triathlon
Der Hamburg Wasser World Triathlon gehört zum exklusiven Kreis von sechs namhaften Triathlon-Veranstaltungen rund um den Globus. Beim Hamburg Wasser World Triathlon – The World's Biggest Tri – stehen neben den weltbesten Kurzdistanz-Triathleteten auch die Hobbysportler im Mittelpunkt.
Infos: 🌐 www.hamburg.triathlon.org

Märkte & Feste

▸ ☺ laut und luise: Musik für Kinder
Einmal im Jahr verwandelt sich die Wiese rund um den Musikpavillon in Planten un Blomen in eine große Bühne für Musik- und Klanginstallationen. Bei dem Musikfest „laut und luise" können Kinder musizieren, basteln und tanzen. Der Eintritt und die Aktionen sind kostenlos. Insgesamt gibt es drei Bühnen, auf denen jede Menge Musik erklingt – von Rock über Klassik bis hin zu Opern-Arien.
Infos: 🌐 www.hamburg.de/kinder/2358916/laut-und-luise/

▸ ☺ Kinder Kinder e. V. – Weltkinderfest
Jedes Jahr im September wird der Weltkindertag gefeiert, im Zuge dessen findet auch immer das Weltkinderfest in Planten un Blomen statt. Im Mittelpunkt: Charta der Kinderrechte und die Vielfalt der Kulturen der Welt.
Adresse: Jungiusstraße 1, 20355 Hamburg,
🌐 www.kinderkinder.de

▸ DOM
Der Riesenjahrmarkt „Hamburger DOM" ist das größte Volksfest, das dreimal im Jahr auf dem Heiligengeistfeld stattfindet und ein Millionenpublikum jeden Alters anzieht. Die Achterbahn steht neben Wurst- oder Maiskolbenbude, seit Jahrzehnten verirren sich die Besucherinnen und Besucher im Irrgarten, kleben an einer Wand, fahren Geisterbahn, Autoscooter und natürlich Riesenrad mit einem grandiosen Blick über Hamburg, und die Lütten freuen sich im Kinderkettenkarussell zu sitzen oder einmal Lokomotivführerin sein zu dürfen. Die Auswahl ist riesig, die Stimmung ausgelassen, traditionell ist mittwochs Spar-Tag und das heißt: Familientag.
Infos: 🌐 www.hamburg-tourism.de/sehen-erleben/veranstaltungen/hamburger-dom/

Das halb aufgebaute Riesenrad kündigt den DOM an, und damit Freude pur.

▸ Hafengeburtstag
Hamburg kann feiern, und das besonders gut zum Hafengeburtstag. Das weltweit größte Volksfest zu einer Hafenfeier findet alljährlich seit 1977 im Mai statt und erinnert an die Gründung des Hamburger Hafens im Mai 1189. Zu den Klassikern zählen die Einlaufparade, das Schlepperballett und die Auslaufparade. Daneben wird rund um den Hafengeburtstag weiteres maritimes Flair angeboten. Unter anderem gibt es auch auf den Hafengeburtstag abgestimmte Barkassen- und Hafenrundfahrten, die aufgrund der starken Nachfrage rechtzeitig gebucht werden wollen. Gleiches gilt für Hotelangebote zum Hafengeburtstag. Der Rekord an Besucherzahlen liegt bei rund 1,5 Millionen.
Infos: 🌐 www.hamburg-tourism.de/sehen-erleben/veranstaltungen/hafengeburtstag-hamburg

▸ Hossa! Schlagermove
Der Hamburger Schlagermove ist die Antwort auf den Karneval in Köln. Immer mehr Menschen aus der gesamten Republik wie auch angrenzenden Nachbarländern fühlen sich von der 70er-Jahre Musik samt überbordender Fröhlichkeit, bunten Riesensonnenbrillen, Perücken, Plateausohlen und schrillen Kostümen angezogen und kommen nach St. Pauli. Fast eine halbe Million Menschen ziehen jährlich als Schlagerkarawane hinter mehreren Musik-Trucks durch Hamburg. Gestartet wird am Heiligengeistfeld, der Weg führt über den Millerntorplatz, die St. Pauli Hafenstraße und die Reeperbahn zurück zum Heiligengeistfeld.
Infos: 🌐 de-de.facebook.com/SchlagermoveOnTour/

▸ Hamburg Pride: CSD
Trotz Reeperbahn, Travestie-Clubs, Theaterlandschaft und einer vibrierenden Medien- und Werbeindustrie war Hamburg in Sachen Pride spät dran. Erst 1981 fand

der erste öffentlichkeitswirksame Pride Tag statt. Die Städte Münster, München, Westberlin und Bremen waren deutlich schneller, für die Rechte von Schwulen und Lesben in Deutschland auf die Straße zu gehen. Heute ist der Hamburger Christopher Street Day längst zur Institution geworden. Schwule und nicht schwule Politiker nehmen medienwirksam an den Aktionen teil. Der Christopher Street Day ist ein Bekenntnis und Ausdruck zu Vielfalt und Toleranz für LSBTIQ geworden.
Infos: 🌐 www.hamburg-pride.de/

▸ Nachtmarkt St. Pauli
Im Oktober geht er in die Winterpause, im März kommt er wieder raus: der Nachtmarkt St. Pauli auf dem Spielbudenplatz. Er öffnet jeden Mittwoch um 16 Uhr und schließt am späten Abend zwischen 22 und 23 Uhr. Neben Obst- und Gemüsehändlern gibt es Marktstände mit Fisch, Käse-, Wurst- und Fleischspezialitäten sowie Backwaren. Beliebt ist der Nachtmarkt auch als After-Work-Treff. Es gibt Livemusik und einen Biergarten auf dem Nachtmarkt.
Adresse: Spielbudenplatz, 20359 Hamburg

▸ Weihnachtsmärkte
Die Einheimischen lieben ihre Weihnachtsmärkte und die Hamburger City ist voll davon: In der Spitalerstraße (mit Blick auf den Weihnachtsbaum in der Binnenalster), auf dem Jungfernstieg und vor dem Hamburger Rathaus sind große Weihnachtsmärkte. Kleinere gibt es am Gerhard-Hauptmann-Platz, am Gänsemarkt und bei der St.-Petri-Kirche. Treffsicher heißt der Weihnachtsmarkt auf St. Pauli Santa Pauli. Gefeiert wird auf dem Spielbudenplatz. Ein Publikumsmagnet ist der Historische Weihnachtsmarkt vor dem Hamburger Rathaus mit allerlei Kunsthandwerk und Händlern aus ganz Deutschland sowie Angeboten aus Österreich/Tirol.
Infos: 🌐 www.hamburg.de/weihnachtsmarkt

▸ God Jul – Skandinavische Weihnachtsmärkte
Die skandinavischen Weihnachtsmärkte der Seemannskirchen im Portugiesenviertel/Neustadt sind in Hamburg seit vielen Jahren Tradition. An zwei Wochenenden im November können BesucherInnen in typisch nordischer Weihnachtsatmosphäre traditionelle Köstlichkeiten und regionale Spezialitäten aus Dänemark, Finnland, Norwegen und Schweden genießen. Eine weitere skandinavische Tradition ist das Luciakonzert, das jährlich im Dezember in der Hauptkirche St. Petri erklingt.
Adresse: Ditmar-Koel-Straße 6, 20459 Hamburg, 🌐 www.hamburg-tourism.de/sehen-erleben/veranstaltungen/god-jul-nordische-weihnachten-am-hafen/

Spezielles

▸ Lange Nacht der Museen
Einmal im Jahr findet in Hamburg die Lange Nacht der Museen statt. Dann laden über 50 Museen zu später Stunde in ihre Hallen ein und stellen ein riesiges Sonderprogramm mit Ausstellungen, Rundgängen und Veranstaltungen auf die Beine.
Infos: 🌐 de-de.facebook.com/LNDMHH/

▸ Reformationstag: Kostenlos ins Museum
Kunsthalle, Museum für Hamburgische Geschichte, Altonaer Museum, Archäologisches Museum, MARKK, HSV-Museum, Museum der Arbeit etc.: Am 31. Oktober ist Reformationstag und damit Feiertag in Hamburg. In der schönsten Stadt der

Welt bedeutet dies auch: einen Tag lang kostenlos Kultur genießen. Unter dem Motto #seeforfree bekommt man einen ganzen Tag lang freien Eintritt in viele Hamburger Museen. Mit dabei sind alle staatlichen Museen sowie einige private kleinere und größere Museen mit Ausstellungen und Veranstaltungen zu aktuellen Themen.
Infos: 🌐 www.seeforfree.de

▸ Nacht der Kirchen
Jedes Jahr im September laden Kirchen und Gemeinden zur ökumenischen und gemeinsamen Nacht der Kirchen mit Lesungen, Gospel- oder klassischer Musik und (Entdeckungs-)Touren durch die Stadt ein. Die Programme liegen in den Gemeinden. Für eine gute Übersicht sorgt die App „Kirchennacht“.
Infos: 🌐 www.ndkh.de

▸ Lange Nacht der Theater
Einmal jährlich, zumeist im September, laden Hamburgs Theater zur Theaternacht ein. Rund 40 Bühnen zeigen die Vielfalt von Theater: Avantgardistisches, Gesprochenes und Gesungenes wie auch Tragisches, Komödiantisches, Getanztes und Improvisiertes.
Infos: 🌐 www.theaternacht-hamburg.org

▸ Hamburg International Queer Film Festival
Hier war Hamburg Vorreiter: Das International Queer Film Festival ist das älteste in Deutschland und ist aus den Lesbisch Schwulen Filmtagen hervorgegangen, die 2022 ihren Namen geändert haben. Das Film Festival findet zumeist in den Kinos Metropolis, Passage, 3001 und auf Kampnagel statt.
Infos: 🌐 www.lsf-hamburg.de/

HafenCity & Speicherstadt

(Bezirk Hamburg-Mitte)

Sehenswertes

▸ Elbphilharmonie
Die Hamburgerinnen und Hamburger sind verliebt in ihr neues Wahrzeichen. Das ist keine Selbstverständlichkeit, der Ärger über verzögerte Bauzeiten und explodierenden Kosten war hoch. Statt 2010 ging das erste Konzert im Januar 2017 über die Bühne. Statt 77 Millionen Euro verschlang die „Elphi“ 789 Millionen Euro. Seit Eröffnung ist die Elphi zu Wasser, zu Land und aus der Luft eines der beliebtesten Fotomotive in Hamburg. Das Konzertprogramm ist nicht allein an Klassik orientiert, sondern das Konzerthaus – und mit ihm das zugehörige, traditionsreiche Konzerthaus Laeiszhalle in der Neustadt – will ein

Egal von welcher Seite aufgenommen: Alle sind verliebt in die Elphi.

Konzerthaus für alle sein. Eines der vielen Highlights ist das „Internationale Musikfest Hamburg", das zusammen mit der Laeiszhalle ausgerichtet wird.
Adresse: Platz der Deutschen Einheit 4, 20457 Hamburg,
www.elbphilharmonie.de

‣ Plaza Elbphilharmonie
Schöne Aussichten – und kostenlos! Die Plaza ist die öffentliche Aussichtsplattform der Elphi und Publikumsmagnet sondergleichen. Bis zu 17 000 Gäste strömen täglich auf die Plaza, um 24 Stunden täglich in 37 Metern Höhe den Ausblick auf die Stadt und den Hafen zu genießen.
Adresse: Besucherzentrum, Am Kaiserkai 62
Infos: www.elbphilharmonie.de/de/plaza

‣ Öffentliche Konzerthausführung Elbphilharmonie
Besucherinnen und Besucher haben die Wahl zwischen einer Allgemeinen Führung

Ob oben auf der Plaza oder im Großen Saal: Die Innenarchitektur der Elphi ist genauso grandios wie alles andere auch.

und Angeboten mit einem speziellen Fokus auf Musik oder Architektur. Personen mit eingeschränkter Mobilität wird die barrierefreie Führung empfohlen. Alle 90-minütigen Touren führen durch den ehemaligen Kaispeicher A, auf dem die Elbphilharmonie erbaut wurde. Es geht weiter über die Plaza und durch die Foyers bis zum Herzstück der Elbphilharmonie – dem Großen Saal. Die Buchungen erfolgen online. Personen mit eingeschränkter Mobilität wird die barrierefreie Führung empfohlen.
Infos: www.elbphilharmonie.de/de/fuehrungen

‣ Führungen durch die HafenCity
Die HafenCity hat nicht nur eine eigene Zeitung gleichen Namens, sondern bietet auch kostenlose, etwa zweistündige thematische Führungen an. Eine Auswahl: Die „Historische Spurensuche" wird von der KZ-Gedenkstätte Neuengamme veranstaltet. Der nicht mehr existierende Hannoversche Bahnhof, der sich auf dem Großen Grasbrook, somit heutigem HafenCity-Stadtteilgebiet befand, war unter NS-Herrschaft der zentrale Deportationsbahnhof Hamburgs von 1940–1945. „Grüner Landgang": Eine Führung mit dem Thema „Nachhaltigkeit" in der HafenCity. Die Führung „NachtSicht" startet um 21 Uhr und zeigt die HafenCity in der Abendperspektive. Mit einer „Radtour" lässt sich die HafenCity perfekt erkunden, und After-Work-Touren wie der „Feierabend-Landgang" geben Einheimischen die Möglichkeit, nicht nur auf Wochenendführungen angewiesen zu sein.
Anmeldung und Information der unterschiedlichen Treffpunkte unter:
Infos: www.hafencity.com/infocenter/fuehrungen

▸ Miniatur Wunderland
Sie ist laut „Guinnessbuch der Rekorde" die größte Modelleisenbahn der Welt: das Miniatur Wunderland in der Speicherstadt. Der Publikumsmagnet begeistert Kinder wie Erwachsene gleichermaßen. Im Dezember 2021 startete ein neues Kapitel im Hamburger Wunderland: Mit Rio de Janeiro wurde das erste Teilstück der geplanten Südamerika-Miniatur eröffnet. Das 46 Quadratmeter große Modell der Zuckerhutstadt bringt die Herzen von nah und fern zum Schmelzen: Nichts mit Nieselgrau und Wolken. Rio liegt in Hamburg. Wer die Wartezeit umgehen möchte, bucht das Ticket im Vorfeld online. Das Miniatur Wunderland hat 365 Tage im Jahr geöffnet.
Adresse: Kehrwieder 2/Block D, 20457 Hamburg,
🌐 www.miniatur-wunderland.de/

Kunst, Kultur & Clubs

▸ elbsommer in der City
In den Sommermonaten Juni, Juli und August finden im Rahmen des „elbsommers" in den Stadtteilen HafenCity und Rothenburgsort Lesungen, Sportveranstaltungen, Poetry-Slams, Comedy und mehr kostenfrei am Wochenende statt. Angeboten wird z. B. Yoga im Baakenpark oder Lohsepark sowie Jumping Fitness beim Outdoortrampolin. Ebenso gibt es Kinder- und Familienprogramme.
Infos: 🌐 www.elbsommer.com/veranstaltungen

▸ MS Stubnitz Kultur Raumschiff
Eine lässige und außergewöhnliche Location ist die MS Stubnitz im Baakenhafen/HafenCity. Das ehemalige Kühl- und Transportschiff der DDR-Hochsee-Fisch-

Die Zwillinge Frederik und Gerrit Braun, Gründer des Miniatur Wunderlands, stellen Rio vor.

fangflotte ist heute ein Ort der schwimmenden Subkultur mit hervorragenden Livekonzerten, Clubbing, Multimedia sowie einem Radioprogramm und ein begehbares Industriedenkmal. Die große Fangemeinde weiß das zu schätzen: Nach 2013, 2017 und 2018 gewann die MS Stubnitz zum 4. Mal die Auszeichnung der Programmplanung unabhängiger Spielstätten – kurz: APPLAUS. Diesmal für die Kategorie „Bestes Livemusikprogramm" im Jahr 2021. Einziger Wermutstropfen: Das Schiff ist nicht barrierefrei.
Adresse: Kirchenpauerkai 29, 20457 Hamburg, 🌐 de-de.facebook.com/msstubnitz

▸ Nissis Kunstkantine

Nisvican Roloff-Ok, von allen Nissi genannt, ist Herz und Seele von „Nissis Kunstkantine" und „Nissis Art Gallery". 2013 eröffnete die Kunstexpertin und -sammlerin die Galerie Nissis Kunstkantine in der Nähe der Elbphilharmonie und erfüllte sich damit den lang gehegten Lebenstraum, eine Kunstgalerie mit Restaurant zu vereinen. Seitdem wurden mehr als 80 Ausstellungen von Künstlerinnen und Künstlern gezeigt. Jährlich, zumeist im September, zeigt Nissis Kunstkantine inklusive Kunst. Viele der Künstlerinnen und Künstler sind anwesend, denn es geht auch darum, die Künstler sichtbar zu machen. Zu Nissis Kunstkantine und Nissis Art Galerie gehört überdies das eigenständige Projekt „Nissis Kunst auf Rädern", ein Oldtimer- und Kunst-Event – und die WBL, Women's Business Lounge.
Adresse: Am Dalmannkai 6, 20457 Hamburg, 🌐 de-de.facebook.com/NissisKunstkantine/

Immer ein Spektakel in der HafenCity: Nissis Kunst auf Rädern

▸ Hamburg Dungeon Gruselkabinett

Geschichte mal anders erleben: In den Katakomben der Speicherstadt lassen professionelle Schauspieler die düstersten Ereignisse der Stadt wieder lebendig werden. Vor schaurigen Kulissen und mithilfe filmreifer Effekte erleben Besucher 90 Minuten lang in dreizehn verschiedenen Showbereichen gruselige Begebenheiten aus 600 Jahren Hamburger Geschichte.
Adresse: Kehrwieder 2, 20457 Hamburg, 🌐 www.thedungeons.com/hamburg

▸ Harrys Hafenbasar & Museum

Afrikanische Holzmasken, Schrumpfköpfe, Jagdtrophäen und Tierpräparate – in Harrys Hamburger Hafenbasar, verkürzt auf Harrys Hafenbasar, können 350 000 Kuriositäten aus aller Welt bestaunt werden. Den Grundstein von Harrys Hafenbasar legte der Ex-Seemann Harry Rosenberg in den 1950er-Jahren. Auf St. Pauli betrieb er einen Briefmarken- und Münzhandel, den er mit Mitbringseln aus der eigenen Seemannszeit dekorierte. Seine Kunden interessierten sich oft mehr für die Ausstellungsstücke, denn die Briefmarken oder Münzen. Daher kaufte er ab 1954 anderen

Seeleuten ihre Schätze aus fernen Ländern ab, um ihre Heuer aufzubessern. Mittlerweile wird Harrys Hafenbasar von der Stiftung „Hafenbasar e. V." geführt und ist in der HafenCity im Traditionsschiffhafen untergebracht.
Adresse: Am Sandtorkai 60–62, 20457 Hamburg, 🌐 www.hafenbasar.de

▸ Chilli & Co
Auf circa 350 Quadratmetern zeigt das privat geführte „Spicy's Gewürzmuseum" in einem 128 Jahren alten Speicher weit über 900 Exponate aus den letzten fünf Jahrhunderten. Es ist alles großzügig aufgebaut und die hier gezeigten Original-Gewürze können alle angefasst, gerochen und probiert werden. Vom Anbau bis zum Fertigprodukt kann man den gesamten Bearbeitungsprozess verfolgen.
Adresse: Am Sandtorkai 34, 20457 Hamburg, 🌐 www.spicys.de

▸ Speicherstadtmuseum
Hamburgs Weltkulturerbe Speicherstadt ist ein MUSS. Das Speicherstadtmuseum informiert kompetent und gibt tiefe Einblicke rund um Griepen, Kaffeesäcke, Ballen, Fässer und Zuckerklatschen. Zentrales Thema des Speicherstadtmuseums ist die Speicherarbeit. Im authentischen Rahmen eines Speicherblocks von 1888 wird anschaulich, wie die Quartiersleute (Lagerhalter) früher hochwertige Importgüter in den Speichern gelagert, begutachtet und veredelt haben.
Regelmäßig finden öffentliche Führungen, Tee- und Kaffeeverkostungen und Krimilesungen statt. In den Schulferien gibt es außerdem die beliebten „Entdeckertouren" durch die Speicherstadt und das Museum, die sich gezielt an Kinder von 6 bis 12 Jahren richten.
Adresse: Am Sandtorkai 36, 20457 Hamburg, 🌐 speicherstadtmuseum.de/speicherstadtmuseum/ausstellung.html

▸ Deutsches Hafenmuseum
Das Hafenmuseum präsentiert eine einmalige Sammlung zum Güterumschlag im Hamburger Hafen, zum Hamburger Schiffbau sowie zur Schifffahrt auf der Elbe und im Hafen. Wer sich für die Geschichte und Entwicklung des Hamburger Hafens interessiert oder pure Hafenromantik sucht, ist hier richtig. Ein zweiter Museumsstandort ist im Stadtteil Grasbrook in Planung.
Adresse: Australiastraße 50A, 20457 Hamburg, 🌐 www.shmh.de/de/deutsches-hafenmuseum

▸ Deutsches Zollmuseum
Spannende Zollgeschichte findet sich im alten Zollamt Kornhausbrücke: Markenfälschungen, Schmuggelverstecke, historische Uniformen … über 1000 Ausstellungsstücke vermitteln anschaulich die Arbeit des Zolls in Vergangenheit und Gegenwart. In dieser Ausstellung lernt man einiges über das Zollwesen, das man bisher vielleicht noch gar nicht wusste.
Adresse: Alter Wandrahm 16, 20457 Hamburg, 🌐 www.zoll.de/DE/Der-Zoll/Zollmuseum/zollmuseum_node.html

▸ Internationales Maritimes Museum
Das Internationale Maritime Museum Hamburg verfügt mit der Sammlung Peter Tamm über die größte maritime Privatsammlung der Welt. Tausende Modelle zeigen Schiffe aller Epochen, maritime Gemälde aus fünf Jahrhunderten machen Kunstgeschichte erlebbar. Dazu gibt es Uniformen, Dokumente, Waffen, Technik und einzigartiges Kunsthandwerk zu bestaunen. Das Museum im „Kaispeicher B"

spannt den Bogen von den Anfängen der Seeschifffahrt bis zur Meeres- und Tiefseeforschung unserer Zeit.
Adresse: Koreastraße 1, 20457 Hamburg,
🌐 www.imm-hamburg.de

▸ Kaffee Museum Burg
Mit Kaffee verbinden viele einen guten Start in den Tag und die kleine Pause am Nachmittag. Doch wo sind die beliebtesten Anbaugebiete und welche Kaffeesorten gibt es? Antworten auf diese und andere Fragen gibt dieses Museum.
Adresse: St. Annenufer 2, 20457 Hamburg,
🌐 www.kaffeemuseum-burg.de/museum

▸ Discovery Dock
Das Dock ist die weltweit erste Mixed-Reality-Erlebniswelt, die einen Hafen spielerisch und interaktiv erlebbar macht. Als digitale Version des Hamburger Hafens versorgt das Discovery Dock die BesucherInnen nicht nur mit Hintergrundinfos über die Abläufe im Hafen, es bietet auch echte Erlebnisse. Vom virtuellen Aquarium, in dem sich Stinte und Schweinswale tummeln, bis hin zum Trockendock von Blohm + Voss gibt es viel zu bestaunen. Das Discovery Dock gleicht einem virtuellen Abenteuerspielplatz.
Adresse: Am Kaiserkai 60, 20457 Hamburg,
🌐 www.discovery-dock.de/besuch

▸ Kino in der HafenCity
Es ist das neue Kino-Highlight der Stadt: Die Astor Film Lounge bringt als erstes Kino in der HafenCity den alten Glamour des Filmpalastes zurück. Mit Liegesitzen, Begrüßungscocktail und Bedienservice am Platz können sich Besucher auf ein luxuriöses Kinoerlebnis freuen. Das Kino hat zwei Säle und einen Clubsaal und kann für Events gemietet werden.
Adresse: Sandtorkai 46a, 20457 Hamburg,
🌐 www.hamburg.premiumkino.de/unser-haus/saele

Bildungs- & Kreativangebote

▸ Popchor HafenCity
Den munteren HafenCity-Popchor der VHS gibt es bereits seit Frühjahr 2013. Hier wird Pop, Soul und Rock gesungen. Kursleitung: Liudmila Menebrekker.
Adresse: Katharinenschule in der HafenCity, Am Dalmannkai 1, 20457 Hamburg,
🌐 www.vhs-hamburg.de/kurs/popchor-in-der-hafencity/345113

▸ GetYourGuide
Der international tätige Reise- und Aktivitätenvermittler GetYourGuide vermittelt auch in Hamburg kompetente Locals, die durch die Sehenswürdigkeiten der Stadt führen. Außerordentlich beliebt sind die unterschiedlichen Stadtführungen mit Hafenbezug.
🌐 www.getyourguide.de/hafencity-l3147/stadtfuhrungen-rundgange-tc3

Treffs & Begegnungsstätten

▸ Ökumenisches Forum HafenCity
21 Kirchen aus der Arbeitsgemeinschaft Christlicher Kirchen haben sich in Hamburg zum ökonomischen Forum HafenCity zusammengeschlossen. Veranstaltungen sind der Webseite zu entnehmen.
Adresse: Shanghaiallee 12, 20457 Hamburg,
🌐 www.oefh.de/alle-veranstaltungen

Sport & Kontemplation

▸ Störtebeker SV
Fußball, Basketball, Gymnastik 60 plus und Yogalates bietet der Störtebeker SV

Elbjazz in der Elphi – und Standing Ovations

HafenCity, Alt- und Neustadt Sport e. V. für Erwachsene an. Für Kinder gibt es Kinderturnen, Karate, Floorball, Fußball für Kinder und Jugend.
Adresse: Stockmeyerstraße 4, 20457 Hamburg, www.stoertebekersv.com/

Spezielles

▸ Elbjazz
Beim Elbjazz dient der Hamburger Hafen als Kulisse für ein einmaliges Musikereignis: Tausende von Einheimischen und anreisenden Jazz-Fans treffen sich beim größten europäischen Jazzfestival mit maritimem Flair. Bekannte Stars und Newcomer, rund 50 Konzerte und diverse Bühnen, verteilt auf die zwei Festivalzentren: Die Elbphilharmonie und das außergewöhnliche Werftgelände, dazu gewaltige Kräne und große Docks sind ein großartiges Ambiente.
Infos: www.elbjazz.de/de/home

Billstedt, Billbrook & Horn

(Bezirk Hamburg-Mitte)

Sehenswertes

▸ Öjendorfer Park
Er ist denkmalgeschützt und der drittgrößte Park in Hamburg mit dem Öjendorfer See am westlichen Rande der Grünanlage. Der See ist gut zweimal so groß wie die Binnenalster. In diesem Park trifft man sich insbesondere im Sommer zum Baden oder um mit der Familie am Wochenende zu picknicken. Besonders seine ausgeschilderten Rundwege locken die Menschen aus gesamt Hamburg an. Den Kindern bietet der Park große Wiesen zum Toben, Spielplätze mit einem Indianerfort,

Der See im Öjendorfer Park

Minigolf, Reitmöglichkeiten mit Ponys und das Wasser des Schleemer Baches und des Öjendorfer Sees zum Baden und zur naturkundlichen Eroberung ihrer Welt. Im Norden beherbergt der Öjendorfer See eine Vogelschutzzone, in der nicht geschwommen werden darf – am südlichen Ende ist ein Nichtschwimmerbereich abgegrenzt.
Adresse: Barsbütteler Weg 49, 22117 Hamburg, 🌐 www.hamburg-tourism.de/sehen-erleben/gruenes-hamburg/parks-gruenanlagen/oejendorfer-park/

Kunst, Kultur & Clubs

▸ Theater das Zimmer
In Horn findet man Hamburgs kleinste Theaterbühne. Hier gibt es großes, direktes Theater in einem Zimmer mit 40 Plätzen. In einem ehemaligen Ladenlokal werden bekannte Klassiker, modernes Zimmertheater, mitreißende Musicals und schräge Komödien gespielt. Mit dem inszenierten Stadtteilspaziergang HORN TO GO, der bereits dreimal für den Hamburger Stadtteilkulturpreis nominiert wurde, eröffnet das Off-Theater im Sommer jeweils die Spielzeit. 2022 blieb es nicht bei einer Nominierung, die Theatercrew erhielt den Barbara Kissler Theaterpreis. Auch Kindertheater und Theaterprojekte für Kinder im Stadtteil haben in Horn ihren Platz.
Adresse: Washingtonallee 42, 22111 Hamburg, ✆ 040/65991168,
🌐 www.theater-das-zimmer.de

▸ das kleine Hoftheater
Seit 30 Jahren ist die Bühne ein beliebter Anlaufpunkt für Theaterbegeisterte im Hamburger Osten, wo Sprechtheater und Comedy große Erfolge feiern. Für die Inszenierung von „Die Maria und der Mohamed“ erhielt Theaterleiterin Claudia Isban von „das kleine hoftheater“ in 2022 den Theaterpreis Hamburg Rolf Mares.
Adresse: Bei der Martinskirche 2, 22111 Hamburg, ✆ 040/681572,
🌐 www.hoftheater.de

▸ ☺ Kulturpalast Hamburg
Über 10 Projekte, insgesamt 3500 geförderte Kinder und Jugendliche, 130 verschiedene Nationen unter einem Dach und seit fast 40 Jahren die gleichen Ziele: Seit seiner Gründung im Jahr 1980 steht der Kulturpalast für Integrationskraft, Vielfalt und Mitgestaltung der kulturellen Landschaft in Hamburg. Der Schwerpunkt im Angebot liegt auf Musik – weil Musik verbindet, Musik über Sprachbarrieren hinweg hilft. Es gibt Konzerte, eine Hip-Hop Academy, Puppentheater, musikalische Förderung für Kinder u. v. a. m.
Adresse: Öjendorfer Weg 30a, 22119 Hamburg, 🌐 www.kph-hamburg.de

Bildungs- & Kreativangebote

▸ Geschichtswerkstatt Billstedt
Viele Einheimische verbinden mit Billstedt allein die bekannte Großbausiedlung Mümmelmannsberg. Doch Billstedt hat mehr zu bieten, nämlich viele schöne

Ecken und eine spannende Geschichte – wozu auch die Entstehungsgeschichte der Großbausiedlung zählt wie auch deren Lebensqualität. Nicht umsonst heißt ein angebotener Stadtteilrundgang: „Billstedt jenseits der Klischees – ein Fahrradrundgang".
Adresse: Gothaer Weg 12, 22119 Hamburg, 040/64617238,
www.geschichtswerkstatt-billstedt.de

▸ Geschichtswerkstatt Horn
Neben einem offenen Archiv und Rundgängen und Vorträgen zur Stadtteilgeschichte gibt es jährlich eine Ausstellung, die auf dem Horner Stadtteilfest präsentiert wird. Seit 1997 gibt es jährlich einen Horn-Jahreskalender, der von den Ehrenamtlichen der Geschichtswerkstatt konzipiert und verkauft wird.
Adresse: Am Gojenboom 46, 22111 Hamburg,
www.geschichtswerkstatt-horn.de

Treffs & Begegnungsstätten

▸ Buddhistische Pagode Bao Quang
Die Pagode Bao Quang in Billbrook betreut die vietnamesischen Buddhisten in Hamburg und Umland. Sie wurde 1984 durch die Nonne Thich Nu Dieu Tam gegründet. An ihrem heutigen Standort an der Bille befindet sie sich seit 2008 und ist eines der größten buddhistischen Nonnenklöster Deutschlands. Die Pagode gehört der vietnamesischen Lam-Te-Richtung an, die ihrerseits vom chinesischen Linji-Buddhismus abstammt. In ihr werden Rezitation, Meditation und Reine Land-Praxis verbunden. Neben der Vermittlung der buddhistischen Lehre nimmt die vietnamesisch-buddhistische Gemeinde auch soziale und integrative Funktionen wahr.
Adresse: Billbrookdeich 307, 22113 Hamburg, hallo@brghamburg.de,
brghamburg.de/pagode-bao-quang

▸ Bürgerverein Billstedt
Im Bürgerverein Billstedt treffen sich Einheimische aus den Quartieren Schiffbek, Kirschsteinbek, Mümmelmannsberg und Öjendorf. „Das harmonische Zusammenwachsen der Bevölkerung unseres großen Stadtteils mit mehr als 100 000 Einwohnern, das Schaffen eines großen Vereins, dem Billstedter aller Gesellschaftsschichten angehören, ist unser Ziel", heißt es vom Verein.
Adresse: Geschäftsstelle Renate Babiel-Friedrich, Merkatorweg 16B, 22119 Hamburg, www.buergerverein-billstedt.de

▸ Stadtteilverein Horn
Der Stadtteilverein Horn e. V. ist ein Zusammenschluss von Horner Bürgern, sozialen Institutionen, Gewerbetreibenden und Horn-Liebhabern. Der Verein engagiert sich für u. a. Förderung von nachbarschaftlichem Engagement, Förderung von Kunst und Kultur, Förderung von interkultureller Begegnung und Förderung des Natur- und Umweltschutzes.
Adresse: Am Gojenboom 46, 22111 Hamburg, www.stadtteilverein-horn.de

▸ BUND Billstedt
In Billstedt gibt es viele Gewässer, viele grüne Ecken und engagierte Einheimische, die sich in der Billstedter Stadtteilgruppe vom BUND für die Natur einsetzen. Ein Fokus ist das Engagement für den Flächenschutz. Die Gruppe betreut ehrenamtlich die Streuobstwiese am Schleemer und entwickelt des Weiteren einen Schmetterlingserlebnispfad im Schleemer.
Infos: Nora Kolter, 040/60038714

Abenteuer, Freizeit & Natur

▸ Veloroute 8
Radfahren in Hamburger Osten ist einfach und schön. Von Mümmelmannsberg führt die Veloroute 8 über Einkaufsstraßen und weitläufige Grünbereiche in die Innenstadt bis zum Hamburger Rathaus.

▸ Deadline Escape Games Billstedt
Lust auf ein spannendes Abenteuer mit Freunden, Kolleginnen oder der Familie im Hamburger Osten? Dann könnten die Deadline Escape Games in Billstedt der richtige Ort sein. Dort warten in unterschiedlichen Escape Rooms Rätsel darauf, gelöst zu werden.
Adresse: Moorfleeter Str. 15, 22113 Hamburg, 🌐 www.deadline-escape.de/

▸ Oase Horner Rennbahn
Dass die Horner Rennbahn für Pferdesport – Galopprennen – berühmt ist, wissen viele. Nicht aber, dass die Anlage ein Freizeitparadies ist. Der Freizeitpark steht allen kostenlos zur Verfügung und ist außerhalb der Derby-Zeiten ein beliebter Treffpunkt für Familien, Paare und Hundehalter. Die schön angelegte Parkanlage ist ideal für Sportbegeisterte. Joggen, Yoga und Work-out sind hier ebenso entspannt möglich wie Radfahren und Inlineskaten. Ebenso gibt es kostenlose Fitnessgeräte fürs Outdoor-Trainingsvergnügen.
Adresse: Rennbahnstr. 96, 22111 Hamburg

Sport & Kontemplation

▸ Derby Horner Rennbahn
Seit 1869 wird das Derby in Hamburg gelaufen. Wer die Horner Rennbahn bislang nur als grüne Freizeitfläche für Sport, Grillen und Spaziergänge mit dem Hund kennt, sollte mal beim traditionsreichen Deutschen Dearby vorbeischauen. Das geht auch als Familienausflug mit Kindern. Für die Kleinen gibt es Hüpfburgen oder Bobby-Car-Wettrennen.
Adresse: Rennbahnstraße 96, 22111 Hamburg, 🌐 www.galopp-hamburg.de

▸ Bäderland Billstedt
Ob drinnen oder draußen – das Hallen- und Freibad in Billstedt bietet ein Komplettpaket für alle Wetterlagen. Mit Mehrzweckbecken, 1- und 3-Meter-Sprungtürmen, Nichtschwimmerbecken und Wasserrutschen.
Adresse: Archenholzstraße 50A, 22117 Hamburg, 🌐 www.baederland.de/baeder/standorte/billstedt/

▸ Sportpark Hamburg Öjendorf
Hier können Sportfreunde Tennis, Squash, Badminton und Indoorsoccer spielen. Das Sportangebot wird ergänzt durch einen Saunabereich mit finnischer Sauna, Dampfbad und Ruheraum. Betrieben wird der Sportpark von den Vereinen Hamburger Turnerschaft v. 1816 und dem T.V. Gut Heil Billstedt v. 1898.
Adresse: Koolbargenredder 31–33, 22117 Hamburg, ☎ 040/7148687,
🌐 www.sportpark-oejendorf.de/

▸ T.V. Gut Heil Billstedt v. 1898
Kindertanz, Kinderballett, aber auch Basketball, Schwimmen, Handball und Skigymnastik hat der traditionsreiche Billsteder Sportverein im Programm. Dazu gesellen sich Yoga & Relax-Angebote sowie das Angebot im Sportpark Hamburg Öjendorf.
Adresse: Schöfferstieg 5, 22117 Hamburg,
✉ info@ghb-hamburg.de,
🌐 www.ghb-hamburg.de

▸ **Mümmelmannsberger Sportverein**
Der MSV ist ein junger Verein, der 1974 gegründet wurde. Das interessante Sportangebot umfasst Fußball, Judo, Schach, Turnen, Schiedsrichtertraining, Behindertensport, Seniorengymnastik – und Hallenfliegen. Man kann zuschauen oder mit dem eigenen Modellhubschrauber in der Halle fliegen.
Adresse: Kandinskyallee 27, 22115 Hamburg, 🌐 www.msv-hamburg.de

Märkte & Feste

▸ **Wochenmarkt Möllner Landstraße**
Dienstags kurz, freitags lang – zweimal in der Woche stehen die Marktstände mit Obst und Gemüse, Fleisch, Käse und vielem mehr aus der Region an der Möllner Landstraße. Freitags hat der Markt länger geöffnet, sodass sich auch Berufstätige, die nicht im Homeoffice arbeiten, mit einem frischen Wocheneinkauf eindecken können.
Adresse: Möllner Landstraße, 22111 Hamburg

▸ **Wochenmarkt Mümmelmannsberg**
Jeden Samstag öffnet der Wochenmarkt an der Kandinskyallee seine Pforten. Praktisch gelegen nahe der U-Bahnstation Mümmelmannsberg lädt der Markt auf dem Skulpturenhof nicht nur direkte Anwohner, sondern auch andere Billstedter zum Einkaufen und Klönen ein. Bei Wind und Wetter bieten Händler Obst, Käse, Fleischwaren und Co. feil.
Adresse: Kandinskyallee, 22115 Hamburg

▸ **Wochenmarkt Horn**
An der U-Bahn Horner Rennbahn können Marktfans donnerstags frische Lebensmittel direkt aus der Region kaufen. Auf dem kleinen, aber feinen Wochenmarkt findet man außerdem auch ein paar Stände mit Textilwaren.
Adresse: Meurerweg, 22111 Hamburg

St. Georg, Borgfelde, Hammerbrook & Hamm

(Bezirk Hamburg-Mitte)

Sehenswertes

▸ **Edler Ritter Georg**
St. Georg zählt gemeinsam mit Sternschanze und Ottensen vor allen bei jungen Einheimischen seit der Jahrtausendwende zu den angesagtesten Stadtteilen Hamburgs. Hier tobt das Leben mit Bars, Restaurants, individuellen Shops und Pride-Flaggen, die aus den Fenstern hängen. Ansässig ist das „Deutsche Schauspielhaus“, das „Museum für Kunst und Gewerbe“, das Varieté „Hansa Theater“, die Alster ist um die Ecke und die Reeperbahn auch nicht weit. Vergessen scheinen die Zeiten, als noch in den 1990er-Jahren drogensüchtige jungen Frauen an der Straße Lange Reihe samt Nebenstraßen, junge Männer rund um den Hansaplatz auf Freier warteten. Vergessen, dass um 1200 ein Hospital für Leprakranke existierte und dass um 1550 herum Hamburgs Galgen hier stand. Deswegen hat St. Georg sein eigenes Stadtteil-Logo mit dem edlen Ritter Georg, seinem Pferd Hotte und dem frechen Drachen Dragomir, der hier in Frie-

den leben soll. Auch deswegen lohnt sich ein Besuch der „Geschichtswerkstatt St. Georg“, ein tiefer Blick ins Archiv, der Besuch einer Arbeitsgruppe, des hauseigenen Vorstadttheaters oder der angebotenen Stadtteiltouren.
Adresse: Geschichtswerkstatt St. Georg, Hansaplatz 9, 20099 Hamburg,
✉ info@gw-stgeorg.de,
🌐 www.gw-stgeorg.de

▸ Hansa Theater

Schon die legendäre Josephine Baker ist hier aufgetreten. Das Varieté Hansa Theater war bereits in den ansonsten verklärten 1920er-Jahren Kult. Seit seiner Eröffnung am 5. März 1894 haben über 37 Millionen Zuschauer Hamburgs ältestes Varieté besucht. Mehr als ein Jahrhundert lang galt das legendäre Hansa Theater in Hamburg als Inbegriff des deutschen Varietés, bis es im Jahr 1943 im Krieg zerstört wurde. Seit dem Jahr 1964, in dem Siegfried und Roy erstmals hier auftraten, erstrahlt das Theater in neuem Glanz und bietet seither wieder künstlerisch niveauvolles Varietétheater, das nationalen und internationalen Künstlern eine Bühne bietet.
Adresse: Steindamm 17, 20099 Hamburg,
🌐 www.hansa-theater.com

Blick vom Saal auf die Bühne

▸ Für Nachtschwärmer und Frühaufsteher

Wer schon immer mal wissen wollte, was nachts in der Großmarkthalle in Hammerbrook vor sich geht, kann das auf geführten Touren erkunden und dabei erfahren, welche Rolle der Großmarkt für Hamburg und sein Umland spielt und welche Geschichte sich hinter der denkmalgeschützten Halle an der Elbe verbirgt. Die Führungen starten um 6 Uhr.
Adresse: Banksstraße 28, 20097 Hamburg,
✉ info@grossmarkt.de,
🌐 www.grossmarkt-hamburg.de/erleben/fuehrung

▸ Spaziergang durch das Münzviertel

Das Münzviertel hinter der Zentralbibliothek Hamburger Öffentliche Bücherhallen ist ein Kleinod, das erst in den letzten Jahren durch den Bau von Wohnraum für Studenten samt Spaziergängen in Covid-19-Pandemie-Zeiten mehr in die Öffentlichkeit gerückt ist. Unter Kunstkennern ist das Münzviertel seit jeher bekannt, denn hier ist die Galerie Renate Kammer seit Jahrzehnten ansässig. Obgleich das Münzviertel eingezwängt zwischen den Gleisanlagen und Viadukten des Hamburger Hauptbahnhofs liegt, hat es einen sehr eigenen urbanen Charme. Im Gegensatz zum später bürgerlichen St. Georg war und blieb das Quartier ein „rotes Arbeiterviertel“ in Hammerbrook.

▸ Deutsches Schauspielhaus

Das Deutsche Schauspielhaus zählt nicht nur zu den schönsten Theatergebäuden im deutschsprachigen Raum, es ist mit seinen 1200 Sitzplätzen auch eines der größten Sprechtheater. Direkt hinter dem Hauptbahnhof in der Kirchenallee gelegen, blickt das Deutsche Schauspielhaus auf eine über 100-jährige bewegte Geschichte

zurück. 1900 durch eine private Initiative von Hamburger Bürgern gegründet, gehört es heute zu den führenden Theatern in Deutschland. Namhafte Intendanten und Regisseure wie Gustaf Gründgens, Peter Zadek oder Frank Baumbauer haben das Theater geprägt und weit über die Grenzen Hamburgs bekannt gemacht. Das „Junge Schauspielhaus" ist die junge Sparte des Deutschen Schauspielhauses Hamburg.
Adresse: Kirchenallee 39, 20099 Hamburg, 🌐 www.schauspielhaus.de

Gleich gegenüber vom Hauptbahnhof erstrahlt das Deutsche Schauspielhaus.

▸ Mariendom

St. Marien ist die neuromanische Kathedralkirche des Erzbistums Hamburg. Seit einer umfassenden Renovierung in 2007/8 überrascht der Sitz des Erzbischofs die Besucherinnen und Besucher mit fast schon protestantischer Schlichtheit. Der heutige St.-Marien-Dom wurde Ende des 19. Jahrhunderts als St.-Marien-Kirche gebaut und geweiht. Seit der Reformation war es der erste katholische Neubau einer Kirche in Hamburg. Ihr Name spielt an auf die erste Kirche Hamburgs aus dem 9. Jahrhundert, die in 1806 abgerissen wurde. Führungen durch den St.-Marien-Dom finden in aller Regel auf Anfrage statt. Der Domchor ist ein gemischter Chor und freut sich über neue Sängerinnen und Sänger. Ebenso gibt es einen Kinder- und Jugendchor wie auch verschiedene Gesangsensembles.
Adresse: Am Mariendom 1, 20099 Hamburg, 🌐 www.mariendomhamburg.de

Kunst, Kultur & Clubs

▸ Sprechwerk

Das Hamburger Sprechwerk in Borgfelde ist ein beliebter Treffpunkt der Freien Theaterszene Hamburgs. Die Spannweite der Produktionen reicht dabei von der Performance über modernen Tanz bis zu Kindertheater, Komödien, klassischem Drama, Musik-Kabarett, Uraufführungen, Konzerten und Abschlussarbeiten der Hamburger Tanz- und Schauspielschulen. Die Bühne gehört zu den größten und schönsten Off-Theater-Spielräumen Hamburgs.
Adresse: Klaus-Groth-Straße 23, 20535 Hamburg, 🌐 www.sprechwerk.hamburg

▸ Malersaal

Der Malersaal ist eine Spielstätte des Deutschen Schauspielhauses und fungiert als Probe- und Experimentierbühne. Das heißt, dass hier oft gerade die ungewöhnlicheren und mutigeren Stücke und Performances zu sehen sind, die vielleicht das große Haus nicht füllen können, dafür aber häufig ein umso spannenderes Kunsterlebnis versprechen.
Adresse: Kirchenallee 39, 20099 Hamburg

▸ Ohnsorg Theater

Seit über 100 Jahren gehört es als feste Institution zu Hamburg: das Ohnsorg-Theater. Nicht zuletzt Stars wie Heidi Kabel oder Henry Vahl machten das Haus über die Grenzen Deutschlands hinaus bekannt. Das aktuelle Ensemble und Gaststars sor-

gen, ebenso wie die regelmäßigen hochdeutschen Fernsehausstrahlungen des Norddeutschen Rundfunks, weiter dafür, dass die Popularität nicht abreißt. Nach einem Umzug aus den Hohen Bleichen ist die neue Spielstätte noch zentraler: Im denkmalgeschützten Biberhaus. 2019 zog zudem der renommierte Rowohlt Verlag von vor den Toren Hamburgs ins Biberhaus.
Adresse: Heidi-Kabel-Platz 1, 20099 Hamburg, 🌐 www.ohnsorg.de

▸ Centralkomitee
2022 verabschiedete sich das Politbüro nach vielen begeisternden und erfolgreichen Jahren in puncto Comedy und machte Platz für Neues: das Centralkomitee. Es darf somit weiterhin gelacht, Politik und Gesellschaft auf die Schippe genommen werden. Neben Comedy mit Kabarett, Musik, Lesungen und Theater.
Adresse: Steindamm 45, 20099 Hamburg, 🌐 www.centralkomitee.de

▸ Museum für Kunst und Gewerbe
Das MK&G, 1877 eröffnet, widmet sich der Kunst- und Kulturgeschichte, dem Kunsthandwerk, Design und der Fotografie. Spektakuläre Sonderausstellungen und die hochkarätigen Sammlungen von der Antike bis zur Gegenwart machen das Museum für Kunst und Gewerbe zu einem der beliebtesten Museen Hamburgs. Auch seine digitale Sammlung von über 15 000 Werken und Objekten kann sich sehen lassen.
Adresse: Steintorplatz, 20099 Hamburg, 🌐 www.sammlungonline.mkg-hamburg.de

Luftbild vom MK&G. Im Vordergrund das ehemalige Bahnpostamt, die heutige Zentralbibliothek

▸ Kulturladen St. Georg
Aus der Langen Reihe, wo der Kulturladen St. Georg seinen ersten Standort hatte, musste dieser weichen. Die neue Dependance in St. Georg Süd hat dem beliebten Treffpunkt nicht geschadet, im Gegenteil: Die Räumlichkeiten sind größer, damit auch die Ausstellungen, Veranstaltungen, Konzerte, Filmabende. Auch Sprachkurse gibt es: Arabisch, Deutsch-Intensivkurs, Französisch, Gebärdensprache und Spanisch. Freie Gruppen wie „Fotogruppe Kopfknipser“, „Esperanto“ und „Polnische Aktive“ nutzen die Räumlichkeiten für ihre Treffen.
Adresse: Alexanderstraße 16, 20099 Hamburg, 🌐 www.kulturladen.com

▸ Galerie Renate Kammer
Die Galerie Renate Kammer hat 1966 mit zeitgenössischer Kunst und den Schwerpunkten Pop-Art und Fluxus in Hamburg begonnen und damit Zeichen gesetzt. Prominente Vertreter wie Dieter Roth, Joseph Beuys, David Hockney, Stephan von Huene, Andy Warhol, Robert Rauschenberg und Allen Jones wurden frühzeitig und mehrfach gezeigt. Seit Mitte der 1990er-Jahre hat sich die Galerie auch mit einem anspruchsvollen Architekturprogramm profiliert.
Adresse: Münzplatz 11, 20097 Hamburg, 🌐 www.galerierenatekammer.de

▸ Savoy Filmtheater
Das Savoy am Steindamm ist ein Premiumkino und zeigt Originalfassungen großer Kinohits, English Theater und Filmklassiker. Es gibt auch eine schöne Bar, in der man den Abend ausklingen lassen kann.
Adresse: Steindamm 54, 20099 Hamburg, www.savoy.premiumkino.de

▸ Koppel 66
Das Haus für Kunst & Handwerk, kurz Koppel 66, ist der Zusammenschluss von 12 Verkaufsateliers und Werkstätten für Kunsthandwerk und Design unter dem Glasdach einer ehemaligen historischen Maschinenfabrik in St. Georg nahe Hauptbahnhof. Vertreten sind diverse Gewerke, z. B. Schmuckateliers, Schneider- und Strick-Ateliers, Schuhmacherei, Holzdesign, Buchbinderei, Fotostudio und vier Ateliers für Freie Kunst/Malerei, Holzschnitt, Objekte.
Adresse: Koppel 66, 20099 Hamburg, www.koppel66.de/atelier-craft/kunstforum-der-gedok/

▸ nachtspeicher 23
Die Offspace-Galerie nachtspeicher23 e. V. wurde 2008 in St. Georg-Süd gegründet. Der Fokus liegt auf zeitgenössischer Kunst und das Ausstellungsspektrum reicht von Malerei und Skulptur, über Installation bis hin zu Fotografie und Video. Ehrenamtliche Mitstreiter werden immer gesucht.
Adresse: Lindenstraße 23, 20099 Hamburg, www.nachtspeicher23.hamburg/

Bildungs- & Kreativangebote

▸ Zentralbibliothek
Die Bibliothek befindet sich in einem Gebäude des ehemaligen Hamburger Hauptpostamtes, hat einen Gesamtbestand von 500 000 Medien, jährlich eine Million Besucher – und sieben Tage die Woche geöffnet (am Sonntag von 13–18 Uhr). Generell verstehen sich die Bücherhallen Hamburg als „barrierefreie Kultur- und Bildungsinstitution“ in einer durch kulturelle Vielfalt geprägten Gesellschaft. Im Rahmen ihrer Kernaufgaben leistet die Zentralbibliothek einen wesentlichen Beitrag dazu. Sie ist ein Lernort, der über der Bereitstellung von Medien hinaus aktiv Dienstleistungen und Schulungen für die Bereiche Bildung und Weiterbildung sowie Einzelarbeitsplätze und Gruppenräume anbietet. Die Kinderbibliothek Hamburg „Kibi“ ist als integraler Bestandteil der Zentralbibliothek größtes Schaufenster für Kindermedien und bedeutender außerschulischer Bildungspartner in Hamburg.
Adresse: Hühnerposten 1, 20097 Hamburg, www.buecherhallen.de/zentralbibliothek.html

Modern und einladend: Die Zentralbibliothek, Hamburg Öffentliche Bücherhalle am Hühnerposten

▸ Bunkermuseum Hamm
Fünf Meter unter der Erde wird im Hamburger Stadtteil Hamm ein bedrückendes Stück Hamburger Geschichte erlebbar.

Im Tiefbunker am Wichernsweg befindet sich Hamburgs einziges Bunkermuseum. Es ist der Ort, an dem im Zweiten Weltkrieg Hunderte Menschen Schutz vor den Bomben suchten. Special Tour: Bunker im Dunkeln findet abends und im Dunkeln statt. Taschenlampen sind erforderlich.
Adresse: Wichernsweg 16, 20537 Hamburg, ✉ stadtteilarchiv@hh-hamm.de, 🌐 www.hh-hamm.de/home/bunkermuseum

▸ ☺ Fundus Kindertheater und Forschungstheater
Seit 1980 entführt das Theater in Hamm sein Publikum in ein Paradies der Zeichen, dorthin, wo Bild und Sprache, Geste und Material, Tanzfigur und Geräusch gleichberechtigt nebeneinanderstehen. 2003 ist aus dieser Tradition das Forschungstheater als szenisches Labor entstanden, das ganz der Forschung zwischen Kindheit, Kunst und Wissenschaft gewidmet ist.
Adresse: Sievekingdamm 3, 20535 Hamburg, 🌐 www.fundus-theater.de

Treffs & Begegnungsstätten

▸ Der lachende Drache
So heißt die Stadtteilzeitung des Einwohnervereins St. Georg von 1987 e. V. Der Verein setzt sich vor allem lokalpolitisch ein und kämpft gegen die starke Verdrängung, die durch die immense Gentrifizierung seit gut zwanzig Jahren stattfindet. Ältere Ausgaben des lachenden Drachens gibt es im Webarchiv und sie zeigen nicht allein, was den Verein, sondern die Einheimischen St. Georgs bewegt.
Adresse: Einwohnerverein St. Georg c/o Stadtteilbüro St. Georg, Hansaplatz 9, 20099 Hamburg,
🌐 www.ev-stgeorg.de/

▸ Bürgerverein St. Georg von 1880 e. V.
Der bald 150 Jahre alte Verein hat den Stadtteil mitgeprägt wie kein zweiter. Auch dieser gibt monatlich eine Zeitung heraus, die „Blätter aus St. Georg" in einer Auflage von 3000 Stück. Alle Ausgaben seit Januar 2018 sind digital abrufbar.
Adresse: Hansaplatz 7, 20099 Hamburg, 🌐 www.buergerverein-stgeorg.de

▸ St.-Georgs-Kirche
Die Heilige-Dreieinigkeits-Kirche, oft auch St.-Georgs-Kirche genannt, ist eine beliebte Konzertkirche, die nach ihrer Zerstörung im Zweiten Weltkrieg 1957 wiederaufgebaut wurde. Vor der Dreieinigkeitskirche steht seit 1959 eine Reiterstatue des Heiligen Georg als Drachentöter. Der Bildhauer Gerhard Marcks gestaltete damit ein Wahrzeichen für den Stadtteil. Die St.-Georgs-Kirche war die erste Kirche Hamburgs, die sich AIDS-Kranker annahm und AIDS- sowie HIV-positiv-Seelsorge leistet. Das seit nunmehr über 25 Jahren.
Adresse: St. Georgs Kirchhof 3, 20099 Hamburg, 🌐 www.stgeorg-borgfelde.de

▸ Marie-Schlei-Verein
Der Marie-Schlei-Verein mit Sitz in Hamburg-Hamm fördert Frauen in Entwicklungsländern und setzt ihr Recht auf Bildung durch. Er informiert über seine Regionalgruppen in Seminaren, Konferenzen oder auch Informationsständen über die Lage der Frauen in Afrika, Asien und Lateinamerika mit dem Ziel der Völkerverständigung und Förderung der Solidarität. Dabei geht es um ökonomische und ökologische Zusammenhänge, globale Herausforderungen, die aktive Teilhabe von Frauen an den Programmen der staatlichen Entwicklungsförderung und die

Chancen für Frauen, die Globalisierung für sich zu nutzen.
Adresse: Grootsruhe 4, 20537 Hamburg, www.marie-schlei-verein.de

Abenteuer, Freizeit & Natur

Hammer Park
Der Park in Hamm erstreckt sich über 16 Hektar und ist eine der größeren Parkanlagen Hamburgs. Das Gelände grenzt an den Hammer Hof im Süden, daher auch der Name der Parkanlage. Der Park verfügt neben der Outdoor-Fitness-Anlage auch über Sportplätze, Kinderspielplätze, einen Kräutergarten, Liegewiesen, eine Gartenschachanlage sowie Tischtennisplatten. Ebenfalls auf dem Gelände gibt es ein Stadion, in dem man Fußball und American Football spielen oder sich in leichtathletischen Disziplinen üben kann.
Adresse: Hammer Park, 20535 Hamburg

Alsterschwäne gucken
Neben der Alster lieben die Einheimischen die Alsterschwäne. Jedes Jahr ab März drehen die Alsterschwäne unter Bewunderung von Einheimischen und Touristinnen stolz ihre Runden auf der Alster. Im November beziehen die Alsterschwäne ihr Winterquartier im Eppendorfer Mühlenteich. Eingesammelt werden sie von Olaf Nieß, Hamburgs Schwanenvater. Nieß und sein Team sind auch sonst vor Ort, wenn Schwäne Hilfe brauchen.

Eine Schwanfahrt, die ist lustig ...

Sport & Kontemplation

HT von 1816
Die Hamburger Turnerschaft v. 1816 ist der älteste Turnverein der Welt. Im Angebot sind Wettkampf-, Kinder-, Fitness -, Gesundheits- oder Rehabilitationssport. Mit über 30 Sportarten und über 100 Gesundheits- und Fitness-Kursen bringt die HT16 das alles im vereinseigenen Sportzentrum auf 3000 Quadratmetern generationsübergreifend unter ein Dach. Neu hinzugekommen ist eine Sportart, die sich in Hamburg einer großen Beliebtheit erfreut: Klettern.
Adresse: Sievekingdamm 1, 20535 Hamburg, www.ht16.de

Tennis Club Blau-Gelb
Der TC Blau-Gelb ist ein charmanter Tennisclub mit 260 Mitgliedern in Hammerbrook, der auf einer ehemaligen Betriebssportanlage trainiert.
Adresse: Wendenstraße 120, 20537 Hamburg, www.tc-blau-gelb-hamburg.de

Märkte & Feste

Wochenmarkt St. Georg
Zweimal in der Woche wird der Carl-von-Ossietzky-Platz an der Langen Reihe zum Wochenmarkt.

Wochenmarkt bei der Vogelstange
Wer frische und hochwertige Lebensmittel sucht, ist hier zweimal in der Woche richtig.
Adresse: Bei der Vogelstange, 20537 Hamburg

▸ Stadtfest St. Georg
Wenn St. Georg in der Langen Reihe feiert, kommt halb Hamburg zur Party. Stadtteilkultur, kulinarische Highlights, Spielspaß für die kleinen Gäste sowie ein buntes Bühnenprogramm stehen auf dem Programm. Stadtteilchöre und Nachwuchsbands sorgen für den musikalischen Flow. Viele auch hamburgweite Vereine Initiativen und Vereine sind mit Informationsständen auf dem Fest vertreten.
Infos: 🌐 www.hamburg.de/stadtfest-st-georg

▸ Party im Münzviertel
Auch das kleine Münzviertel kennt seinen jährlichen Höhepunkt: das Straßenfest in einem Viertel, in dem noch bis 1982 Groschen geprägt wurden.
Infos: 🌐 www.muenzviertel.de/strassenfest

Spezielles

▸ Stadtrundgang Obdachlosigkeit
Die schönste Stadt der Welt hat zugleich Seiten, die sie nicht so gerne zeigt. Dazu gehören Menschen, die durchs gesellschaftliche Raster gefallen und wohnungslos geworden sind. Das Straßenmagazin Hinz und Kunzt, in St. Georg ansässig, bietet deswegen den Stadtrundgang „Hamburger Nebenschauplätze" an, der eine andere Seite Hamburgs zeigt, die genauso wichtig ist gesehen zu werden – denn jeden Monat sterben wohnungslose Menschen auf der Straße.
Infos: ✆ 040/32108311,
🌐 www.hinzundkunzt.de/stadtrundgang

▸ Auf Tour mit der historischen S-Bahn
In Hamburg werden regelmäßig historische S-Bahn-Fahrten im Museumszug angeboten. Ob die große Stadtrundfahrt, Grünkohlfahrt, Tag-des-offenen-Denkmalstour oder eine Tour mit dem Weihnachtsmannzug – die Tickets sind begehrt. Wer Interesse hat, sich im Verein Historische S-Bahn Hamburg e. V. einzubringen, ist jederzeit willkommen.
Adresse: Historische S-Bahn Hamburg e. V., c/o S-Bahn Hamburg GmbH, Hammerbrookstraße 44, 20097 Hamburg,
✉ info@historische-s-bahn.hamburg,
🌐 www.historische-s-bahn.hamburg/aktuelles

Wilhelmsburg, Veddel & Rothenburgsort

(Bezirk Hamburg-Mitte)

Sehenswertes

▸ Europas größte Flussinsel
Wilhelmsburg liegt eingebettet zwischen Norder- und Süderelbe und ist als größte Flussinsel Europas bekannt. Mit über 53 500 Einwohnerinnen und Einwohnern und über 35 Quadratkilometern ist Wilhelmsburg gleichzeitig Hamburgs größter Stadtteil. Wilhelmsburg hat zwar ein Rathaus, das 1903 mit dem Ziel gebaut wurde, eine neue Stadtteil-Mitte mit einem entsprechenden Wohnviertel drumherum zu gründen. Aber daraus ist nichts geworden. Insofern fehlt Wilhelmsburg ein Zentrum. Was nicht fehlt, ist Wasser und die großartige Möglichkeit, Wilhelmsburg von der Wasserseite mit Tretbooten, Kanus oder Stand-up-Paddle-Boards zu entde-

cken. Mieten kann man diese beispielsweise beim Wilhelmsburger Kanuverleih und Biergarten „Zum Anleger“.
Adresse: Vogelhüttendeich 123, 21107 Hamburg, 040/86687781, www.zum-anleger.de/kanus

▸ Per Fähre nach Wilhelmsburg

Werktags fährt die Schiffslinie 73 von Brücke 10, Landungsbrücken, in 12 Minuten zur Ernst-August-Schleuse nach Wilhelmsburg. Während der Passage wähnt man sich in einer Filmkulisse, es geht vorbei an in die Jahre gekommenen Hafen- und Werftgebäuden aus dunkelrotem Backstein.
Infos: www.hadag.de/de/linien

▸ Durch den Alten Elbtunnel

Eine empfehlenswerte Strecke für Fahrradfahrerinnen und Wanderfreudige ist eine Tour durch den Alten Elbtunnel nach Wilhelmsburg. Der Alte Elbtunnel verbindet die Landungsbrücken mit dem Hafengebiet in Steinwerder. Radtouristen und Fußgänger durchqueren den fast 500 Meter langen Tunnel rund um die Uhr kostenlos. Wenn man aus dem Tunnel rauskommt, geht es noch zwei Kilometer durchs Industriegebiet. Über die Argentinienbrücke erreicht man Wilhelmsburg.

Zentraler Blick durch den Alten Elbtunnel

▸ Energiebunker Wilhelmsburg

In keiner deutschen Stadt gab es so viel Bunker wie in Hamburg, nämlich mehr als 1200. 600 davon gibt es noch, dazu gehört auch der ehemalige Luftschutzbunker in Wilhelmsburg, ein Pendant zu dem Flakbunker auf St. Pauli. Lange Zeit war der Wilhelmsburger Bunker einfach ein Überbleibsel aus dem Zweiten Weltkrieg. Heute ist daraus der Energiebunker entstanden – ein lokales Kraftwerk, in dem erneuerbare Energien produziert werden und das zugleich einer der besten Aussichtspunkte im Hamburger Süden ist. Führungen werden sowohl von der „Geschichtswerkstatt Wilhelmsburg“ wie auch von dem städtischen Versorger „Hamburg Energie“ angeboten.
Adresse: Neuhöfer Straße 7, 21107 Hamburg, www.vjuim energiebunker.de/energiebunker

▸ Hamburg, das Tor zur Neuen Welt

Für das beeindruckende „Auswanderermuseum BallinStadt“ Hamburg im Stadtteil Veddel mit gleichnamiger S-Bahn-Station sollte man sich Zeit nehmen oder einen zweiten Besuch einplanen. Nicht weil das Museum so groß ist, sondern weil dieses wie kein zweites die Hoffnung von Menschen, die Not, Hunger, Armut, religiöse Intoleranz, Krieg wie auch Vertreibung erlebt haben, wiedergibt. Der Traum, in die Neue Welt, die USA, einzureisen, ein neues Leben zu beginnen, und die Alte Welt, Deutschland, Europa hinter sich zu lassen. BallinStadt ist großartig, um die Dinge der Welt zu verstehen, auch heute. Für fünf Millionen europäische Auswanderer war Hamburg zwischen 1850 und 1939 das Tor zur Welt. Der Zivilisationsbruch der Nationalsozialisten samt Zusammenbruch desjenigen führte zu einer neuen Auswanderungswelle nach Kriegsende bis in die

1950er-Jahre. Im Familienforschungszentrum der „BallinStadt" kann man vor Ort auf „Ancestry", die weltweit größte Online-Plattform für Ahnenforschung, zugreifen und auf die Suche nach ausgewanderten Vorfahren gehen. Oder erkunden, welchen weiten Weg deutsch- oder europäischstämmige Freunde gegangen sind, die in der Nachkriegsgeschichte eine schwierige, entbehrungsreiche Passage in Hamburg (bzw. auch via Cuxhaven und Bremerhaven) angetreten sind, nur getrieben von der Hoffnung.
Adresse: Veddeler Bogen 2, 20539 Hamburg, www.ballinstadt.de

Moderne Ahnenforschung: eigene Recherche an den Computerterminals der BallinStadt

Kunst, Kultur & Clubs

Eveyln Drewes Galerie

Ein wenig ab vom „normalen" Galeriebetrieb in teurer Innenstadt-, Harvestehude- oder Hippsterlage à la Ottensen hat sich die Ewelyn Drewes Galerie in einer ehemaligen Wollfabrik in Rothenburgsort niedergelassen. Der künstlerische Fokus der Galerie liegt auf Malerei junger, vielversprechender Künstler unterschiedlicher Nationalitäten, die an einer deutschen Kunstakademie studiert haben. Ihre Arbeiten werden in wechselnden Einzel- und Gruppenausstellungen gezeigt. Im Rahmen des Ausstellungsformates „Lab" holt Evelyn Drewes etablierte zeitgenössische Positionen, die im Galerieprogramm nicht ständig vertreten sind, nach Hamburg.
Adresse: Brandshofer Deich 52, 20539 Hamburg, info@evelyndrewes.de, www.evelyndrewes.de/home

Galerie Oel-Früh

Die Galerie Oel-Früh hat ihre Räume im November 2005 unter dem Dach eines Baustoffhandels direkt an den Elbbrücken, ebenso in Rothenburgsort liegend, bezogen. Neben Ausstellungen werden dort Salonabende, kleine Bühnenprojekte und Kurzstipendien für auswärtige Künstler angeboten. Dabei geht es um Kooperationen von ortsansässigen Künstlern und internationalen Protagonisten, vor allem – mit drei Ausstellungen im Jahr – solchen aus Osteuropa. Im Ergebnis werden die Arbeitsweisen und Ausrichtungen lokaler junger Künstler denen aus dem Ausland gegenübergestellt.
Adresse: Marckmannstraße 32 (im Hinterhof), 20539 Hamburg, www.oelfrueh.org

48h Wilhelmsburg

Das Festival „48h Wilhelmsburg" zeichnet ein musikalisches Bild der Stadtteile Wilhelmsburg und Veddel. Welche Bands auftreten dürfen, entscheidet nicht deren internationale Bekanntheit, sondern ihr Bezug zu den Elbinseln. Die Künstler sind in den Stadtteilen aufgewachsen, leben oder arbeiten hier. Zwei Tage lang verwandeln sie die Ateliers, Balkone, Wohnzimmer und andere alltägliche Räume der Stadt zur Festival-Bühne.
Infos: www.48h.mvde.de

‣ Mitten im Hafen: Dockville
Wilhelmsburg is calling! An kaum einem anderen Ort in Hamburg fügen sich Stahl, Beton und grüne Baumwipfel so harmonisch zusammen wie beim „MS Dockville". Das Festival für Indie- und Elektrofans in Wilhelmsburg lockt seit 2007 mit feinster Industrieromantik Fans aus ganz Deutschland an.
Adresse: Reiherstieg Hauptdeich / Alte Schleuse, 21107 Hamburg,
🌐 www.msdockville.de

Elektromusik trifft auf Industrieromantik im Hafen.

‣ MS Artiville l'art pour l'art
Das „MS Artville" findet auf dem Gelände des MS Dockville statt. Beim MS Artville hängt die Kunst nicht an den Wänden, sondern findet unter freiem Himmel statt. Nationale und internationale Künstlerinnen beschäftigen sich vielfältig mit dem jeweiligen Jahresmotto. Auf dem MS Artville-Gelände tummeln sich verschiedene Werke von Street Art hin zu Installationen und Performances.
Infos: 🌐 www.msartville.de

Bildungs- & Kreativangebote

‣ KZ-Gedenkstätte Bullenhuser Damm
Im Keller der ehemaligen Schule am Bullenhuser Damm im Stadtteil Rothenburgsort wurden in der Nacht des 20. April 1945 jüdische Kinder, deren Pfleger und sowjetische Häftlinge von SS-Männern ermordet. An den Kindern waren zuvor medizinische Experimente im Konzentrationslager Neuengamme verübt worden. Seit 1980 erinnert die Gedenkstätte Bullenhuser Damm am historischen Ort an die Ermordungen im April 1945. Nach einer Renovierung und Überarbeitung der Dauerausstellung informiert diese seit 2011 über den Ort als Schule und als Außenlager des Konzentrationslagers Neuengamme, über die medizinischen Experimente, die Opfer, die Morde, die Täter sowie den Umgang mit den Verbrechen nach 1945.
Adresse: Bullenhuser Damm 92, 20539 Hamburg, 🌐 www.bullenhuser-damm.gedenkstaetten-hamburg.de/de

‣ Elbinsel & Wasserkunst Kaltehofe
Über 100 Jahre lang versorgte die Elbinsel Kaltehofe die Hamburger mit sauberem Trinkwasser. Noch immer sind die Becken der alten Sandfilteranlage in Rothenburgsort zu sehen, das Gelände des Industriedenkmals dient nun allerdings der Kunst und der Erholung. In der Villa Kaltehofe sind ein Café und ein Museum untergebracht, der Naturerlebnispfad vermittelt Wissen über die Tier- und Pflanzenwelt. Am besten integriert man einen Abstecher auf die Insel in eine Radtour, etwa durch das nahe Naturschutzgebiet Boberger Niederung oder von der Innenstadt (Altstadt/Neustadt) aus unter den Nordelbebrücken durch bis nach Entenwerder. Erreichbar ist

das Eiland über einen Weg auf dem Hauptdeich von Moorfleet aus.
Adresse: Wasserkunst Kaltehofe, Kaltheofe-Hauptdeich 6–7, 20539 Hamburg,
🌐 www.wasserkunst-hamburg.de

▸ Mein Freund der Baum: ein Wälderhaus
Die zentrale Frage der Ausstellung im „Wälderhaus Science Center Wald" lautet „Was ist Wald?" Erklärt wird die Ökologie des Waldes und dessen große Bedeutung für Wasser und Klima. Viele Exponate, darunter 32 Bäume aus dem Forstrevier Hausbruch in Harburg und 40 präparierte Tiere, bieten überraschende Einblicke – und machen den Wald so fassbar. Der Eintritt ist für einzelne Personen, Kinder, Studierende, Erwachsene kostenfrei. Gruppen zahlen eine Pauschale von 100 Euro.
Adresse: Im Inselpark 19, 21109 Hamburg,
🌐 www.waelderhaus.de/science-center-wald/besucherinfos/

Treffs & Begegnungsstätten

▸ Honigfabrik
Das 1906 erbaute Gebäude wurde ursprünglich als Margarinefabrik genutzt und erhielt seinen heutigen Namen von einer angrenzenden Honigfirma. Der Stadtteil wäre in den letzten 20 Jahren kulturell um einiges ärmer gewesen, wenn es nicht die Honigfabrik gegeben hätte. Die Bandbreite des dortigen Angebots lässt sich hier kaum zusammenfassen: DJ-Abende, Livekonzerte, Theateraufführungen, Ausstellungen, Flohmärkte, Kinderprogramme, Kulturfestivals etc. Außerdem gibt es hier eine KFZ-Selbsthilfe, ein Café, mietbare Tagungsräume, eine Geschichtswerkstatt. Und den Rockabend, den Big Band Monday, den Tanz für die moderne Jugend und Segeln für Kinder.
Adresse: Industriestraße 125–131, 21107 Hamburg, 🌐 www.jim.honigfabrik.de

▸ Geschichtswerkstatt Wilhelmsburg & Hafen
Die Geschichtswerkstatt Wilhelmsburg & Hafen sitzt in der Honigfabrik. Eine gute Vernetzung mit den richtigen Synergien. Im Angebot: Stadtteilrundgänge, Lesungen im Hafen, Geschichtshörstadt (Podcast). Neu in der Geschichtswerkstatt: eine Tauschbörse. Zum Tauschen, Sammeln und Entdecken.
Adresse: Honigfabrik, Industriestraße 125–131, 21107 Hamburg,
🌐 www.geschichtswerkstatt-wilhelmsburg.de

Abenteuer, Freizeit & Natur

▸ Veddel-Tour
Drei Inseln, 47 Hektar Wohnviertel und viel Industrie – das ist die Veddel, einer der faszinierendsten und gleichzeitig kleinsten Stadtteile Hamburgs, dem man mitunter einen rauen Charme attestiert. Die Veddel liegt direkt hinter den Elbbrücken und setzt sich aus der Kleinen Veddel und der Peute zusammen. Zudem gehört ein nördlicher Streifen der Elbinsel Wilhelmsburg dazu. Die Flächennutzung ist dabei strikt getrennt: Auf der Kleinen Veddel wird gewohnt, die Peute gehört der Industrie. Wer in Hamburg in den 1980er-Jahren kreativ und zugleich mutig war, hatte sein Studio in der Peute: Fotografen, Bildende Künstlerinnen, Musiker ... Auch wenn diese Zeiten vorbei sind, lohnt es sich, die Veddel samt Peute zum Beispiel mit einer Fahrradtour zu erkunden. Hier zeigt Hamburg noch die echten Ecken und Kanten, die auf dem Fischmarkt, auf St. Pauli und in St. Georg zum großen Teil abgeschliffen sind.

Hamburg Guides bieten eine 1,5–2-stündige Veddel-Tour an.
Infos: www.hamburgguides.de/tour/veddel

▸ Wilhelmsburger Inselpark
Der Inselpark ist das Erbe der „Internationalen Gartenschau“ (IGS), die 2013 stattfand. Innerhalb einer zehnjährigen Planungs- und Bauphase wurde der Park komplett neu gestaltet und hat sich mittlerweile zu einer grünen Oase entwickelt, die Einheimische ebenso wie Besucher anzieht. Der Inselpark wurde unter zwei großen Themenwelten angelegt – „Natur und Garten“ und „Sport und Bewegung“. So befindet sich auf dem 85 Hektar großen Gelände, neben den gebührenpflichtigen Angeboten (Hochseilgarten HanseRock, Schwimmhalle Inselpark) beispielsweise auch ein kostenfreier Skatepark in der Anlage.
Adresse: Am Inselpark, 21109 Hamburg, www.hamburg.de/parkanlagen/4292238/inselpark

Sport & Kontemplation

▸ FTSV Lorbeer-Rothenburgsort von 1896 e. V.
Die Freie Turn- und Sportvereinigung Lorbeer-Rothenburgsort, die ihren Ursprung im Jahr 1896 mit der Gründung der Freien Turnerschaft Hammerbrook-Rothenburgsort hat, kann auf eine lange Sportgeschichte zurückschauen. Den heutigen Namen trägt der Verein seit dem 24.8.1946, durch den Zusammenschluss der beiden Vereine SC Lorbeer 06 und Rothenburgsort 96. Es gibt Herren- und Frauenfußball.
Adresse: Marckmannstraße 125, 20539 Hamburg, verwaltung@ftsvlorbeer.de, www.ftsvlorbeer.de

▸ SV Wilhelmsburg von 1888
Die erste Fußballmannschaft der Frauen spielt in der Bezirksliga und nahm zweimal am DFB-Pokal teil. Die erste Fußballmannschaft der Herren erreichte nach der Fusion der Vereine Wilhelmsburg 09, TSV Vorwärts Hamburg-Wilhelmsburg und Box-Club Wilhelmsburg im Jahr 1972 die sechstklassige Landesliga Hansa als bislang höchste Liga und spielt jetzt in der Bezirksliga. Neben Fußball werden auch die Sportarten Ballett, Beachsport, Speed-Badminton, Boxen, Faustball, Fitness, Handball, Jazzdance, Judo, Karate, Leichtathletik, Schwimmen, Tennis, Tischtennis, Turnen und Volleyball angeboten. Zudem gibt es den Spielmannszug Music Lions Wilhelmsburg.
Adresse: Am Turnplatz 1, 21109 Hamburg, www.svwilhelmsburg.de

Märkte & Feste

▸ Wochenmarkt
Der Wochenmarkt auf dem Berta-Kröger-Platz findet zweimal in der Woche statt. Hier finden sich neben vielen regionalen Produkten auch Stände mit schicken Klamotten.

▸ Stadtteilfest Rothenburgsort
Das Quartier Billebogen im Stadtteil Rothenburgsort feiert seine Feste unregelmäßig im Sommer. Informationen rund um das Quartier samt Festivitäten gibt es hier:
Infos: www.billebogen.de/rothenburgsort-feiert

Spezielles

▸ Per Bus über die Hamburger Golden-Gate-Brücke
Die Köhlbrandbrücke, 1974 erbaut, ist die wichtigste Verbindung in den Hamburger

Hafen und eines der Wahrzeichen der Stadt. Etwa 30 000 Autos brausen täglich über die 3,6 Kilometer lange und 53 Meter hohe Brücke. Dabei gibt es nur eine Buslinie, die über die „Golden-Gate-Brücke" Hamburgs fährt: die HVV-Linie 151 mit Start Bahnhof Wilhelmsburg über Inselbark, Rathaus Wilhelmsburg, Reiherstieg Hauptdeich (Entenwerder) nach Altenwerder. Umstieg am Waltershof möglich, dann Weiterfahrt ins Alte Land oder nach Altona. Mit Fensterplatz im Bus und klarer Sicht sieht man den Hafen, Schiffscontainer, Güterwagen, Schiffe und die Elphi in Miniatur unter sich. Die Fahrt lohnt sich allemal, denn es wird überlegt, die in die Jahre gekommene Brücke abzureißen, damit die riesigen Containerschiffe heutiger Bauart durch den Hafen kommen. Statt einer neuen Brücke träumt die Hamburger Politik aber auch von einem neuen Tunnel. Bis dahin fließt noch eine Weile Wasser die Elbe entlang.

Infos: www.mmbus.de/fahrplanbuch/plaene/151R-1.htm

Finkenwerder, Waltershof, Steinwerder & Kleiner Grasbrook

(Bezirk Hamburg-Mitte)

Sehenswertes

▸ Das kleine Finkenwerder Trachten- und Heimatmuseum

Das kleine Finkenwerder Trachten- und Heimatmuseum gibt es seit 1994. Die Gründer, Jutta und Helmut Vick, haben das wohl kleinste Museum Hamburgs auf ihrem Familiengrundstück am Brack 30 in einem Nebengebäude eröffnet und betreuen dieses ehrenamtlich. Auf 50 Quadratmetern Ausstellungsfläche befinden sich

Die „Golden-Gate-Brücke Hamburgs: die Köhlbrandbrücke

mehr als 1000 Exponate. Zu sehen gibt es unter anderem Trachtenkleidung, Mützen und eine komplette Aussteuer-Truhe.
Adresse: Brack 30, 21129 Hamburg

Kunst, Kultur & Clubs

▸ Erfolgsmusicals auf Steinwerder

Steinwerder ist nicht nur pure Hafenromantik, sondern gleichwohl Musicalstandort: Im Norden des Stadtteils, auf dem Gelände der ehemaligen Stülcken-Werft, steht das Musicaltheater, in dem bereits seit 2001 das Erfolgsmusical „Disneys König der Löwen“ gespielt wird. Das 1994 erbaute „Stage Theater im Hafen“, in dem zunächst „Buddy Holly“ gezeigt wurde, gehört mittlerweile zu den klassischen Ausflugszielen eines Hamburg-Wochenendes. Direkt daneben befindet sich das „Stage Theater an der Elbe“, in dem u. a. „Das Wunder von Bern“, „Pretty Woman“ und „Die Eiskönigin“ gespielt wurden.
Adresse: Stage Theater im Hafen: Norderelbstraße 6, 20457 Hamburg,
🌐 www.stage-entertainment.de/musicals-shows/disneys-der-koenig-der-loewen-hamburg
Adresse: Stage Theater an der Elbe: Norderelbstraße 8, 20457 Hamburg,
🌐 www.stage-entertainment.de/?view=2

▸ Der Kunstbagger

Nur selten werden historische Arbeitsgeräte erhalten: Eine Ausnahme ist der Kunstbagger. Er dient als Galerie und historisches Exponat ebenso wie als Katalysator für Kunst und Kulturaktionen. Seit 2011 hält die Objektkünstlerin Sabine Eisbrenner ihn zugänglich und den Bagger sogar funktionstüchtig.
Infos: Sabine Eisbrenner, ☏ 0162/4802552,
🌐 www.kunstbagger.de

Der Bagger als Kunstort

Bildungs- & Kreativangebote

▸ Singen mit Frohsinn

Der Frauenchor Frohsinn wurde am 1. Februar 1950 in Winter’s Gasthaus in Finkenwerder von Ernst Buhk und 20 Sängerinnen gegründet. Heute besteht der Chor aus 25 aktiven Sängerinnen und elf fördernden Mitgliedern. Die Chorleitung liegt in den Händen von Kazuo Kanemaki. Frohsinn freut sich über neue Mitglieder. Es gibt kein Vorsingen, Chorprobe ist mittwochs zwischen 18.30 und 20.30 Uhr.
Infos: Simone Pribbenow, ✉ Simone@pribbenow.de, ☏ 01775058157,
🌐 www.frohsinn-finkenwerder.de

▸ Kantorei St. Nikolai

Neue Sängerinnen und Sänger sind auch in der Kantorei St. Nikolaikirche auf Finkenwerder willkommen. Der klassisch ausgerichtete Chor probt montags von 20 bis 22 Uhr im Gemeindesaal. Weitere Auskünfte gibt Kantor David Suchanek.
Adresse: Landscheideweg 157, 21129 Hamburg,
✉ kirchenmusik@kirche-finkenwerder.de,
🌐 www.kirchesuederelbe.de/finkenwerder/musik/kantorei

Treffs & Begegnungsstätten

▸ Kulturkreis Finkenwerder e. V.
Der Kulturkreis steht den kulturell tätigen Vereinen auf Finkenwerder zur Seite und hilft im Hintergrund, dass kulturelle Veranstaltungen und Aktivitäten stattfinden können. Dies geschieht durch Koordination und/oder durch finanzielle Beiträge, wenn nicht genügend eigene Mittel vorhanden sind. Der Kulturkreis wird auch selbst als Veranstalter tätig: z. B. für humorvolles Platt, innige Gospels und fetzigen Jazz. Die Preisvergabe des „Kunstpreises Finkenwerder", gesponsert von Airbus, wird ebenso vom Kulturkreis organisiert. Generell hat Finkenwerder eine große und lebendige Vereinslandschaft, und alle relevanten Vereine sind im Kulturkreis Finkenwerder e. V. Mitglied, beispielsweise: Airbus Sportgemeinschaft Hamburg e. V., Das Kleine Finkenwerder Trachten- und Heimatmuseum, Förderkreis der Liedertafel Harmonie von 1865, Haus der Jugend Finkenwerder, Lions Club Finkenwerder, Segel-Verein Finkenwerder Hamburg von 1965 e. V., Schachclub Finkenwerder von 1938 e. V. und Naturschutzverein „Schlickfall" e. V. – Verein für Natur und Wildnis.
Infos: 🌐 www.kulturkreis-finkenwerder.de/kulturkreis/

Abenteuer, Freizeit & Natur

▸ Romantik pur am Spreehafen
Wer an der stark befahrenen Harburger Chaussee nahe der S-Bahn-Station Veddel auf den Deich geht, taucht ein in eine andere Welt. Am weidenumsäumten Ufer des Spreehafens – Stadtteil Kleiner Grasbrook – liegen bunte Boote, Möwen sitzen bei Ebbe auf dem Schlick und der Blick kann in die Ferne schweifen. Der Spreehafen selbst ist ein elf Hektar großes, dreieckiges Hafenbecken, das 1907 fertiggestellt wurde. Es diente vor allem als Auffangbecken für die Binnenschiffe, die im wachsenden Hafenbetrieb keinen Platz mehr fanden. Diese zu Lager- oder Verwaltungszwecken umgenutzten Wasserfahrzeuge sind bis heute typisch für den Spreehafen. Aus Holz gebaut mit flachem Schrägdach, gelb, blau und grün angemalt, zwischen Kränen, Holzpontons und Buschwerk hervorlugend, geben sie dem Spreehafen einen alternativen, verträumten Anstrich.

▸ Linie 62
Finkenwerder kann durch die Schiffslinien der „HADAG Seetouristik und Fährdienst AG", kurz HADAG, erreicht werden: Die Fährlinie 62 führt über das Bubendey-Ufer, Neumühlen, Dockland (Fischereihafen), Altona (Fischmarkt) zu den Landungsbrücken. Mit der Linie 64 besteht eine Verbindung zwischen Finkenwerder und

Fahrräder können auf der Fahrt mit der Fähre mitgenommen werden.

Teufelsbrück – inbegriffen ist der Halt am Anleger Rüschpark.
Fahrplan: www.hadag.de/de/linien/62

▸ Radtour durchs Alte Land
Als größtes zusammenhängendes Obstanbaugebiet Europas hat das Alte Land mit seinen circa zehn Millionen Obstbäumen, drei Flüssen, vielen Kilometern Deichen und den sehr bodenständigen Einheimischen einiges zu bieten. Am schönsten lässt sich das Alte Land auf dem Fahrrad oder zu Fuß entdecken. Über 100 Kilometer Haupt- und Nebenflussdeiche ziehen sich durch das Alte Land und laden zur Radtour auf dem Deich ein. Das Radwandernetz im gesamten Alten Land umfasst insgesamt wohl rund 1000 Kilometer. Übrigens gehören auch die Orte Cranz, Neuenfelde und Francop zum Alten Land und zeigen, dass man nicht weit fahren muss, um eine Hamburger Erholungs- und Urlaubsregion zu erreichen. „Radtouren Hamburg" bietet etwa fünfstündige Touren durch das Alte Land an.
Infos: www.radtouren-hamburg.de/radtour-altes-land-cranz-jork-buxtehude-16283977

▸ Wandern im Alten Land
Wege entstehen, indem man diese geht: Eine schöne, abwechslungsreiche und informative Wandertour von Finkenwerder bis ins Alte Land bietet „StattReisen" an. Der Treffpunkt ist direkt am Anleger Finkenwerder (Flutschutzmauer), geendet wird an der Bushaltestelle Neuenfelder Kirche (Bus 150). Optional kann noch ein Orgelkonzert besucht werden. Informationen zur dreistündigen Wanderung gibt es unter: www.stattreisen-hamburg.de/stadtfuehrungen-und-hafenrundfahrten/stadtteilfuehrungen/wanderung-von-finkenwerder-ins-alte-land/

▸ Airbus Werksführung
Die meisten Einheimischen verbinden Airbus mit Finkenwerder. Wenn eine Airbus Beluga ankommt oder abhebt, ist das ein beliebtes Schauspiel, das auch von der anderen Elbseite zwischen Othmarschen und Blankenese gebührend bewundert wird. Nicht weniger faszinierend sind die Airbus-Werksführungen. Hier erleben große und kleine Besucher die spannende Welt des Flugzeugbaus und sehen, wie beim größten europäischen Flugzeughersteller die weltberühmten fliegenden Riesen entstehen.
Adresse: Airbus Deutschland GmbH, Kreetslag 10, 21129 Hamburg, 0900/5247287, www.werksfuehrung.de/airbus-werkstouren

Eine Beluga auf Finkenwerder

Sport & Kontemplation

▸ Turn- und Sportverein Finkenwerder von 1893 e. V.
Badminton, Fußball, Kampfkünste wie Judo und Taekwondo, Leichtathletik, Tennis, Tischtennis, Tanzen, Schwimmen, Segeln, Volksläufe und noch viel mehr bietet der TUS Finkenwerder an.

Adresse: Geschäftsstelle: Focksweg 14, 21129 Hamburg, 040/742 58 11, www.tusfinkenwerder.de

Bäderland Finkenwerder
Das Schwimmbad Finkenwerder hat im Außenbereich den traumhaftesten Ausblick aller Hamburger Schwimmbäder, nämlich direkt auf die Elbe. Neben der Gratisfreude Schiffe gucken, gibt es dort ein 50-m-Mehrzweckbecken sowie eine 1-Meter- und eine 3-Meter-Sprunganlage und ein Kinderplanschbecken. Außerhalb des Wassers sorgen Kinderspielplatz, Tischtennisplatten, Fußballwiese, Beachvolleyballfeld und Basketballkorb für Abwechslung.
Adresse: Finksweg 82, 21129 Hamburg, www.baederland.de/baeder/standorte/finkenwerder

Märkte & Feste

Deichpartie Finkenwerder
Ende August lädt die Elbinsel Finkenwerder dazu ein, ihre kulturelle Vielfalt zu entdecken. Mehr als 50 Aussteller aus Bereichen wie Kunst, Handwerk, Musik oder Landwirtschaft öffnen an über 25 Stationen ihre Türen und geben Einblicke in ihr Schaffen. Unterstützt wird die Deichpartie vom Kulturkreis Finkenwerder.
Infos: www.deichpartie.de

Wochenmarkt Finkenwerder
In beschaulicher und ruhiger Atmosphäre in Finkenwerder kann man sich am Finksweg durch die Marktstände mit frischem Obst, Gemüse, Käse, Wurst oder Fleisch bewegen. Vor allem zur Marktzeit am Samstag ergibt sich bei einem Besuch ein schöner Ausflug mit der Hafenfähre hinüber auf die andere Elbseite.
Adresse: Finksweg, 21129 Hamburg

Spezielles

Waltershof
Der Stadtteil besteht fast ausschließlich aus Hafen- und Industrieanlagen und hat deshalb keine Einwohner.

Neuwerk, Nigelhörn & Scharhörn

(Bezirk Hamburg-Mitte)

Sehenswertes

Drei Inseln in der Nordsee
Dieser Stadtteil ist auf keinem Hamburger Stadtplan zu finden: Neuwerk. Das sind drei Inseln und nicht einmal 40 Bewohner. Dafür weiter Horizont, frischer Wind und keine Autos im UNESCO Welterbe „Nationalpark Hamburgisches Wattenmeer“ an der Nordsee, rund 120 Kilometer von Hamburg entfernt und zum Bezirk Hamburg-Mitte gehörend: Neuwerk, Nigelhörn

Bereits bei der Überfahrt mit der MS Flipper kommen gestresste Städter zur Ruhe.

und Scharhörn. Das Inselparadies zieht Ruhesuchende, Vogelkundler, Seehundfans, Naturfans und Forschende gleichermaßen an. Bereits die Anreise auf die Insel ist weltweit in dieser Kombination einmalig: Bei Flut mit dem Schiff MS Flipper, bei Ebbe zu Fuß oder mit dem Wattwagen.

▸ Freiwillgenprogramme zum Schutz des Wattenmeeres

Die Nationalparkverwaltung ist Teil der Behörde für Umwelt, Klima, Energie und Agrarwirtschaft in Hamburg. Sie ist für den Schutz der Natur, die Umweltbeobachtung und Forschung sowie Umweltbildung und Förderung des Naturerlebnisses im Nationalpark zuständig. Ansprechpartnerin für u. a. Forschung, Monitoring und Mitmach-Angebote für Freiwilligenprojekte im Hamburgischen Wattenmeer ist Julia Meyer.

Das UNESCO Welterbe Hamburgisches Wattenmeer im Überblick

Infos: Julia Meyer, ✉ julia.meyer@bukea.hamburg.de,
🌐 www.nationalpark-wattenmeer.de/mediathek/herzlich-willkommen-in-unserem-nationalpark
Berichte aus den Freiwilligenprogrammen von Hamburg, Schleswig-Holstein und Niedersachsen:
🌐 www.nationalpark-wattenmeer.de/mitmachen/ehrensache-natur/

Abenteuer, Freizeit & Natur

▸ Nationalpark-Haus Neuwerk

Mit der Ausstellung bekommen Inselbesucherinnen und -besucher Einblicke in die Inselgeschichte und die Entstehung des Wattenmeers. Es gibt Einführungen zur typischen Tier- und Pflanzenwelt von Neuwerk und den beiden kleinen „Schwester"-Inseln Scharhörn und Nigehörn. Der Schwerpunkt liegt dabei auf der Vogelwelt. Besondere Attraktion ist das große Tidebecken, in dem Ebbe und Flut – der Motor des Lebensraums Wattenmeer – direkt erlebt werden können. Das Nationalpark-Haus bietet zudem Exkursionen, Ausstellungen und mehr an, beispielsweise Wattwandern für Gruppen, Nationalparkführungen, Vogelbeobachtungen. Die Veranstaltungen sind teilweise im Verbund mit Schleswig-Holstein und Niedersachsen.
Adresse: Insel Neuwerk 6, 27499 Hamburg-Insel Neuwerk, 🌐 www.nationalpark-wattenmeer.de/besuchen/infozentren/nationalparkhaus-neuwerk

▸ Schullandheim Neuwerk am Turm

Das Schullandheim Neuwerk am Turm ist für Schulklassen, Vereine, Jugend-, Freizeit- und Seminargruppen bis zu 48 Personen buchbar. Ausstattung: Tischtennisplatten, Bolzplatz, Spieleraum und Fußballkicker.

Die Saison ist von April bis Oktober. Mindestgruppengröße: zehn Personen. Weitergehende Fragen zur Buchung beantwortet Sylvia Thieß vom Verein Schullandheim Neuwerk am Turm e. V.
Adresse: 27499 Insel Neuwerk, 01606611462, belegung@hamburger-schullandheime.de, www.neuwerkamturm.de/unser-haus

Übernachten im Strohlager
Warum nicht mal in einem Strohlager schlafen oder sein Zelt auf Neuwerk aufschlagen? Beide Möglichkeiten bietet Familie Fischer auf Neuwerk an. Ebenso lassen sich hier Wattwagenfahrten zur Insel und zurück zum Festland buchen. Information geben Silke und Thomas Fischer.
Adresse: 27499 Hamburg-Insel Neuwerk, 04721/28770, www.wattwagen-fischer.de/fahrpreise-und-plan-1/strohlager

Zugvögel beobachten
Das Wattenmeer ist ein einzigartiger Lebensraum für Millionen Vögel. Es dient als Brutplatz, Mausergebiet, Überwinterungsdomizil oder Rastplatz. Besonders im Frühjahr und Herbst können Besucherinnen der Insel Neuwerk ein eindrucksvolles Naturerlebnis bestaunen: die riesigen Scharen an Zugvögeln, die im Wattenmeer auf ihren langen Wegen in die Sommer- und Winterquartiere an- und abfliegen. Die zu Riesenwolken gesammelten Vögel und ihre synchronen Flugformationen lassen einen beim Zusehen mit offenem Mund dastehen.

Im Urlaubseinsatz: Freiwillige Feuerwehr Neuwerk
Urlaub machen und Gutes tun geht auch bei der Freiwilligen Feuerwehr Neuwerk. Haupt- und ehrenamtliche Einsatzkräfte aus ganz Deutschland können von Anfang Mai bis Ende Oktober für eine oder zwei Wochen Urlaub auf der idyllischen Hamburger Nordseeinsel Neuwerk machen und ihre Seele baumeln lassen – bis der Einsatzleiter ruft.
Infos: neuwerk.brauchtdich@feuerwehr.hamburg.de, 040/42851-2908

Bezirk Hamburg-Nord

Der Bezirk Hamburg-Nord ist in 13 Stadtteile gegliedert: Alsterdorf, Barmbek-Süd, Barmbek-Nord, Dulsberg, Eppendorf, Fuhlsbüttel, Groß Borstel, Hoheluft-Ost, Hohenfelde, Langenhorn, Ohlsdorf, Uhlenhorst, Winterhude. Im Osten grenzt der Bezirk Hamburg-Nord an den Bezirk Wandsbek, im Süden an Hamburg-Mitte, im Westen an den Bezirk Eimsbüttel und im Norden an Schleswig-Holstein.
Im Bezirk befinden sich zwei beliebte Naturschutzgebiete (Eppendorfer Moor, Rothsteinsmoor), mit dem Hamburger Stadtpark samt Freibad der bekannteste und beliebteste Park, das Planetarium, Deutschlands ältester Flughafen, der nach dem 2018 verstorbenen Hamburger Ehrenbürger und Ex-Bundeskanzler Helmut Schmidt benannt ist, sowie mit dem Ernst Deutsch Theater Deutschlands größte private Sprechbühne. Der Friedhof Ohlsdorf ist der größte Parkfriedhof der Welt; ein Naturidyll, ein Ort der Besinnung und ein einzigartiges Kulturdenkmal. Ebenso im Bezirk ansässig: das Universitätsklinikum Eppendorf (UKE) sowie die Fakultät

Design, Medien und Information mit dem HAW Kunst- und Mediencampus (Hochschule für Bildende Künste/ HfbK, Miami Ad School, Hamburg Media School und TIDE, dem Communitysender und Ausbildungskanal). Die Stadtteile Eppendorf, Uhlenhorst und Winterhude zählen aufgrund ihrer Nähe zur Alster wie auch wegen der vielen Gründerzeithäusern zu den beliebtesten Wohnvierteln Hamburgs. Die Zeiten, als Studentinnen und Studenten in 120 und mehr Quadratmeter großen Eppendorfer Wohnungen in WGs lebten, sind allerdings passé. Der begehrte Wohnraum wurde ab den 1990er-Jahre massiv in Eigentum oder hochpreisige Mietwohnungen umgewandelt. Aktuell ist das ehemalige Arbeiterviertel Barmbek, als Stadtteile in Barmbek-Süd und Barmbek-Nord unterteilt, in einem starken Wandel begriffen. Vor allem die Nähe zur Alster bzw. die Kanallagen (Barmbek-Süd) wie auch zum Stadtpark (Barmbek-Nord) lassen die Stadtteile gerade bei Studierenden wie auch jungen Familien immer beliebter werden. Ein weiterer Pluspunkt: Vor allem in Barmbek-Nord gibt es viele Genossenschaftswohnungen, die Anbindung an die Innenstadt ist mit dem Knotenpunkt-Bahnhof hervorragend. In knapp 20 Minuten ist man mit der S- oder U-Bahn am Hauptbahnhof und in der Nähe der Universität Hamburg. Zum Flughafen dauert es mit der S-Bahn nur etwa 15 Minuten. Mit 60 000 Fahrgästen ist der Bahnhof Hamburg-Barmbek der drittgrößte der Hansestadt.

Bezirksamt Hamburg-Nord
Kümmelstraße 5–7
20249 Hamburg
www.facebook.com/BezirksamtN/

Eppendorf, Hoheluft-Ost, Winterhude

(Bezirk Hamburg-Nord)

Sehenswertes

▸ Isemarkt in der Isestraße

Für viele Einheimische kommt der Isemarkt in der Beliebtheitsskala der Hamburger Wochenmärkte gleich nach dem Hamburger Fischmarkt. In Deutschland zählt er sicherlich zu den großartigsten. Der längste Freiluftmarkt Europas entfaltet jeden Dienstag und Freitag seine Warenpracht. Um die 200 Stände reihen sich dicht an dicht, rund 1,2 Kilometer

Fischhandel Nielsen ist Freitag auf dem Isemarkt, Samstag auf der Großen Bergstraße in Altona und Sonntag auf dem Hamburger Fischmarkt.

unter dem Hochbahn-Viadukt der Ringlinie U3 zwischen der Station Hoheluft und Eppendorfer Baum entlang. Vom Messerschleifer über Schlemmerbuden, Schmuckhändlerinnen, Gewürzverkäufer, französische Delikatessenn bis zum Fischverkäufer und den marktüblichen Gemüsehändlern gibt es dort wirklich alles. Doch nicht nur der Wochenmarkt ist einen Besuch wert. Die Bebauung der Isestraße stammt ganz überwiegend aus der Zeit von 1900 bis 1914 und steht zu großen Teilen unter Denkmalschutz. Hinter stuckverzierten Fassaden in Weiß oder Pastelltönen befinden sich große Etagenwohnungen. Vor dem Zweiten Weltkrieg war die Isestraße ein Mittelpunkt des bürgerlichen jüdischen Lebens in Hamburg. In der Isestraße erinnern knapp 300 Stolpersteine an die hier ansässigen Opfer des Holocaust, fast fünf Prozent aller in Hamburg verlegten Stolpersteine.

▸ Im Sternentheater: Planetarium Hamburg

Der ehemalige Wasserturm Hamburger Stadtpark (Stadtteil Winterhude) beherbergt seit 1930 das Planetarium, das von einem Besucherrekord zum nächsten eilt. Das Planetarium ist nicht nur eines der dienstältesten Sternentheater der Welt, sondern auch das meistbesuchte Sternentheater in Deutschland. Hier gibt es spektakuläre Lightshows mit Rockmusik der 1990er- und 2000er-Jahre, Sterne in 3-D, mit „Die drei???“ Hörspielerlebnisse für Erwachsene und Kinder ab zehn Jahren, kosmische Licht- und Klangräume, Monatsthemen zum aktuellen Sternenstand und vieles andere mehr.

Adresse: Linnering 1 (Stadtpark), 22299 Hamburg, 🌐 www.planetarium-hamburg.de/de/spielplan

Das Planetarium liegt malerisch im Hamburger Stadtpark.

▸ Bullerbü in Hoheluft-Ost

Seitdem die Gebäude der Falkenried-Terrassen Anfang der 1990er-Jahre instandgesetzt und modernisiert wurden, sind die 1890/91 gebauten Wohnungen der Bullerbü-Traum vieler Einheimischer und Besucher. Ursprünglich wurden die Häuser für kinderreiche Arbeiterfamilien gebaut, die in den benachbarten Falkenried Fachwerkstätten arbeiteten. Noch bis weit in die 1980er-Jahre gab es in den kleinen Zwei-Zimmer-Wohnungen Kohleöfen und teilweise waren die WCs auf dem Gang. Zur Zeit der Entstehung wurden die Wohnungen nach neuesten wohnhygienischen Vorstellungen gebaut. Das hieß unter anderem: keine Kellerwohnungen. Nachdem ein Abriss der Gebäude diskutiert worden war, gründeten die Bewohner

1973 eine Mieterinitiative, um den Erhalt der Wohnungen zu sichern. 1988 ging aus der Initiative eine Genossenschaft hervor, die die Wohnungen seitdem verwaltet. Die Falkenried-Terrassen geben Zeugnis darüber, dass Hoheluft-Ost/Eppendorf nicht allein ein gehobener bürgerlicher Stadtteil war, sondern ebenso ein Arbeiterviertel mit Fabrikanlagen.
Infos: 🌐 www.falkenried-terrassen.de/geschichte/Einsichten_Aussichten.pdf

▸ Geschichtswerkstatt Eppendorf
Hinter der Vereinigung steckt die Idee, die Eppendorfer Geschichte vor Ort zu erforschen. Es werden Rundgänge, Ausstellungen und Vorträge angeboten.
Infos: 🌐 geschichtswerkstatt-eppendorf.de

Kunst, Kultur & Clubs

▸ Alma Hoppes Lustspielhaus
„Germany's Next Ex-Model", „Mehr Idiotie wagen – Best of" oder „Ehepaare kommen in den Himmel": Alma Hoppes Lustspielhaus ist die Bühne für politisch-satirisches Kabarett und liegt mitten im Herzen von Eppendorf, in direkter Nachbarschaft zur Komödie Winterhuder Fährhaus und auf der anderen Seite des Alsterlaufs. Das Theater wurde bereits 1927 erbaut und diente seither unterschiedlichen Zwecken: als Bürgerhaus, Kino und Schaubühne.
Adresse: Ludolfstraße 53, 20249 Hamburg, 🌐 www.almahoppe.de/Spielplan

▸ Komödie Winterhuder Fährhaus
Lachen verbindet! Die Komödie Winterhuder Fährhaus bietet prominent besetztes Unterhaltungstheater und klassische Volksstücke.
Adresse: Hudtwalckerstraße 13, 22299 Hamburg, 🌐 www.komoedie-hamburg.de

▸ Internationales Sommerfestival auf Kampnagel
Pop trifft auf Avantgarde beim Internationalen Sommerfestival auf Kampnagel. Kunstschaffende aus aller Welt bringen Theater, Tanz, Performances, Konzerte und Partys auf die Bühnen der ehemaligen Kranfabrik in Winterhude.
Turnus: jährlich drei Wochen im August
Adresse: Jarrestraße 20, 22303 Hamburg, 🌐 www.kampnagel.de/reihen/internationales-sommerfestival-2022/about-sommerfestival

▸ Festival für experimentelle Musik
Sich bewusst auf die Klänge einzulassen ist die Grundvoraussetzung, wenn man als ZuhörerIn das „klub katarakt Festival" auf Kampnagel besucht. Denn die Töne und Klangfarben, die dem Publikum entgegenströmen, sind sehr vielfältig und ungewohnt – und ganz sicher nicht dem musikalischen Mainstream zuzuordnen. Das macht es umso spannender. Das Festival gilt seit über 18 Jahren als feste kulturelle Größe in Hamburg.
Infos: 🌐 www.klubkatarakt.net/2-1-news

▸ Kino auf Kampnagel: Alabama
Auch Kinokunst gibt es auf Kampnagel. Das Alabama ist ein beliebtes, individuelles Programm-Kino. Mo bis Do gibt es eine Ermäßigung für Schülerinnen und Schüler, für Studenten, Rentner, Arbeitslose und Schwerbehinderte.
Infos: 🌐 www.alabama-kino.com

▸ Magazin Filmkunsttheater
Seit 1974 erfreut das Filmkunsttheater in Stadtparknähe die Einheimischen. Anspruchsvolles Filmprogramm, aber auch gehobene Mainstream-Filme, regelmäßige Dokumentarfilme, historische Filme,

Lesungen, Konzerte, Kindergarten-Kino, Schulvorstellungen. Jährlich ausgezeichnet für herausragendes Programm vom Bundeskulturministerium und der Kulturbehörde in Hamburg. Zu Silvester wird traditionell der Film „Ladykillers" (GB 1955) gespielt.
Adresse: Fiefstücken 8A, 22299 Hamburg, 🌐 www.magazinfilmkunst.de

▸ Stadtpark Open Air
Sie alle lieb(t)en Open Air in Hamburg: Patti Smith and her Band, Joss Stone, Gregory Porter und Band, B. B. King und der Hamburger Lokalmatador Lotto King Karl & Die Barmbek Dream Boys. Seit mehr als 40 Jahren ist die Freilichtbühne im Hamburger Stadtpark eine feste Institution in der Konzerthauslandschaft. Die Location besticht mit ihrem lässigen Charme und bietet jedes Jahr von Mai bis September rund 100 000 bis 150 000 Besucherinnen und Besuchern einzigartigen Musikgenuss. Unter freiem Himmel, gesäumt von malerischen Bäumen, können Musikbegeisterte ihren Lieblingskünstlerinnen und -künstlern in entspannter Atmosphäre lauschen. Wer kein Ticket hat, setzt sich einfach mit Decke und Picknickkorb auf eine Wiese in der Nähe der Freilichtbühne. Kostenfrei zuhören geht immer.
Adresse: Saarlandstraße 71, 22303 Hamburg, 🌐 www.stadtparkopenair.de

▸ Kunstklinik – Kulturzentrum Eppendorf
Kunstklinik ist ein soziokulturelles Zentrum, generationenübergreifend, inklusiv und mit dem Schwerpunkt „Kultur selber machen". In der Kunstklinik gibt es ein abwechslungsreiches Veranstaltungs- und Kursprogramm und viele Möglichkeiten, selbst aktiv zu werden. Im Angebot (Auszug): Musikkurse, Hip-Hop und Capoeira für Kinder und Jugendliche. Malerei, Musik und Fotografie für Erwachsene. Es gibt Ausstellungen, Gesangsabende und Filmabende mit Diskussion, z. B. „... Bis die Gestapo kam – Das ‚Chinesenviertel' in St. Pauli".
Adresse: Martinistraße 44a, 20251 Hamburg, 🌐 www.kunstklinik.hamburg

▸ Galerie Vera Munro
Verortete Abstraktion: Die von Vera Munro 1977 gegründete Galerie zählt zu den führenden Kunsthäusern für die Avantgarde-Kunst. Die künstlerische Bandbreite umfasst Malerei, Installation, Fotografie, Video und Zeichnungen. Schon früh hat Vera Munro auf Namen gesetzt, die heute zum unangefochtenen Bestand moderner Kunst zählen, so Joseph Beuys, Mario Merz, Gerhard Richter und Cy Twombly.
Adresse: Heilwigstraße 64, 20249 Hamburg, 🌐 www.veramunro.com

▸ Galerie Shona
Seit über zwei Jahrzehnten ist die Galerie in Winterhude auf afrikanische Kunst spezialisiert, genau genommen auf Steinskulpturen aus Zimbabwe, besser bekannt als „Shona Skulpturen". Die Galerie kann ebenso wie der Skulpturengarten jederzeit nach Vereinbarung besucht werden. Im Angebot der Galerie: Bildhauer-Workshops mit den von ihnen vertretenen Künstlern.
Adresse: Bebelallee 7, 22299 Hamburg, 🌐 www.galerie-shona.org/aktuelle-ausstellung

Bildungs- & Kreativangebote

▸ Polizeimuseum
Im größten Polizeimuseum Deutschlands in Winterhude erleben Besucher hautnah polizeilichen Alltag. Hier können die Methoden der Kriminaltechnik ausprobiert

werden. Tatwaffen, Ton- und Filmaufnahmen demonstrieren, wie Tatverdächtige vorgehen, und dokumentieren, wie Kriminalbeamte ermitteln. Geschichte und Gegenwart der Hamburger Polizei werden ebenso spannend erzählt und präsentiert wie die acht spektakulärsten Kriminalfälle der Hansestadt.
🌐 www.polizeimuseum.hamburg

▸ Bücherhalle Winterhude
Die Winterhuder Bücherhalle hat ihren Sitz in einem kleinen Einkaufszentrum und ist nur wenige Minuten vom Stadtpark entfernt. Auch der Stadtteil Alsterdorf ist fast in Sichtweite.
Adresse: Bücherhalle Winterhude im EKZ Forum Winterhude, Winterhuder Marktplatz 6–7, 22299 Hamburg,
🌐 www.buecherhallen.de/winterhude.html

Treffs & Begegnungsstätten

▸ St. Johannis Eppendorf
Im schönen Eppendorf liegt, umgeben von einem Garten und direkt an der Alster, die nach Johannes dem Täufer benannte St.-Johannis-Kirche, Hamburgs beliebteste Hochzeitskirche. Die Kirche wurde 1267 erstmals urkundlich erwähnt, ist vermutlich aber wesentlich älter. Bereits um 840 soll Ebbo, Erzbischof von Reims, sie gegründet haben. Damit gehört sie zu den ältesten Kirchengemeinden auf nordelbischem Gebiet. Evangelisch wurde die Kirche im Jahr 1530. Den Zweiten Weltkrieg überstand das Gotteshaus unbeschadet. Ihre heutige Form mit dem rechteckigen Fachwerksaal in einer Größe von gut 33 Meter auf 12 Meter hat die Kirche seit 1622.
Adresse: Ludolfstraße 66, 20249 Hamburg,
🌐 www.johannis-eppendorf.de/gemeindeleben/

▸ Eppendorfer Bürgerverein von 1875
In Eigenredaktion produziert der Eppendorfer Bürgerverein die informative, monatlich erscheinende Mitgliederzeitschrift „Der Eppendorfer“ mit kommunalpolitischen Themen, Terminen, Jubiläen und neuen Entwicklungen in Eppendorf und den angrenzenden Stadtteilen Winterhude, Hoheluft-Ost und Harvestehude sowie historischen Rückblicken. Die Auflage beträgt 6000 Stück.
Infos: ✉ ebv1875@t-online.de,
🌐 www.der-eppendorfer.de/Ueber-uns

▸ Gedenkstätte Ernst Thälmann
Ernst Thälmann, Mitglied des Deutschen Reichstags (1925–1933) und Vorsitzender der KPD, wurde gleich im März 1933 in seiner Eppendorfer Wohnung, wo er mit seiner Familie lebte, verhaftet. Nach seiner Verhaftung als politischer Gegner des NS-Regimes war er fast elfeinhalb Jahre inhaftiert, bevor er im August 1944 im KZ Buchenwald auf Befehl von Adolf Hitler ermordet wurde. Die Gedenkstätte in seinem ehemaligen Wohnhaus wurde 1969 von ehemaligen Weggefährten Thälmanns initiiert und befindet sich bis heute in privater Trägerschaft.
Adresse: Tarpenbekstr. 66/Ernst-Thälmann-Platz, 20251 Hamburg,
✆ 040/474184, 🌐 www.thaelmann-gedenkstaette.de/

▸ Haus der Jugend Lattenkamp
Das Haus der Jugend ist eine kommunale Einrichtung für Jugendliche. Das Jugendhaus hat ein weites Spektrum an Angeboten, die von vielen Kindern gerne genutzt werden. Hinzu kommt ein großer Segelbereich, wo im Sommer gesegelt wird und im Winter die Segelboote beim Bootsbau wieder aufgepeppt werden.

Adresse: Bebelallee 22, 22299 Hamburg, ✉ hdj-lattenkamp@hamburg-nord.hamburg.de

▸ Kulturzentrum Goldbekhaus e. V.
Das Goldbekhaus, romantisch am Goldbekkanal gelegen, ist eine Hamburger Institution. Zahlreiche Kurse für Erwachsene und Kinder im Bereich künstlerisch-kreativer Techniken, Theater, Tanz und Bewegung werden angeboten. Die Winterhuder Tanznacht/Ü40-Party ist legendär. Auch Flohmärkte gibt es. Letzteres für Baby- und Kinderkleidung. Ein eigenes Kursheft zeigt die Bandbreite und Vielfalt vom Goldbekhaus.
Adresse: Moorfuhrtweg 9, 22301 Hamburg, 🌐 de-de.facebook.com/Goldbekhaus

▸ Hamburg Greeter e. V.
Der Verein hat es sich zur Aufgabe gemacht, Gästen und Gruppen bis zu sechs Personen Hamburg mit ihren persönlichen Augen und Know-how zu zeigen. Kostenfrei, ohne Trinkgeld oder Spende. Ihr Motto lautet: „Komm als Gast – geh als Freund." Eine Greet-Anfrage wird einfach mit einigen Fragen, die zu beantworten sind, online auf der Webseite gestellt.
Adresse: Lattenkamp 68, 22299 Hamburg, 🌐 www.hamburg-greeter.de/greet-anfragen/

Abenteuer, Freizeit & Natur

▸ Eppendorfer Moor
Eine Idylle im Stadtteil Eppendorf an der Grenze zu Winterude und Groß Borstel ist das Eppendorfer Moor. Es zeichnet sich besonders durch einen vielgestaltigen, reich strukturierten Moorkomplex aus. Hier wechseln sich Schilfröhricht, Schlankseggen-Ried, Glockenheide-Gesellschaft mit Pfeifengras und Weiden-Faulbaum-Gebüsch auf engem Raum ab. Hier wachsen Sumpf- und Königsfarn, Wasserfeder, Sumpf-Blutauge, Glockenheide, Lungenenzian und Gagelstrauch. Das Moor bietet Lebensraum für viele Brutvogelarten. In den letzten Jahren konnten Zwergtaucher, Eisvogel, Grauschnäpper, Grünspecht, Kleiber und Sumpfmeise als Brutvögel nachgewiesen werden: Auch Mäusebussard und Habicht finden sich im Eppendorfer Moor.
Adresse: Borsteler Chaussee, 22453 Hamburg, 🌐 www.hamburg.nabu.de/wir-ueber-uns/stadtteilgruppen/eimsbuettel/betreute-gebiete/17943.html

Fast wie ein Gemälde: ein Tümpel im Eppendorfer Moor

▸ Kinder-Umwelthaus
Seit 1996 gibt es das „Haus der BUNDten Natur" im Kellinghusenpark, Eppendorf. In altersgerechten Projekten gehen die Kinder und Jugendlichenin der Grünanlage auf Entdeckungsreise oder sie erkunden den Stadtteil. Anschließend sprechen sie in der Gruppe über ihre Erkenntnisse und stellen Zusammenhänge zu ihrem Leben her.
Adresse: Loehrsweg 13, 20249 Hamburg, ✆ 040/60038701, 🌐 www.bund-hamburg.de/themen/umweltbildung/haus-der-bundten-natur

Sport & Kontemplation

Hamburger Ruderinnenclub von 1925 e. V.
Der HRC ist Hamburgs einziger Frauen-Ruderverein und bundesweit einer von vier sogenannten selbstständigen Frauen-Rudervereinen. Er hat etwa 270 aktive Mitglieder. Das Bootshaus des Vereins liegt an der Isebek in Eppendorf. Die Clubfarben des Clubs sind Dunkelblau und Weiß. Die Clubzeitung trägt den Namen „Hamburger Deern".
Adresse: Isekai 12, 20249 Hamburg, www.hamburger-ruderinnen.de

Die Hamburger Ruderinnen zeigen Flagge.

Harvestehuder Tennis- und Hockey-Club e. V.
Der HTHC hat zwei Anlagen: eine in Winterhude, Barmbeker Straße 106, eine weitere in Langenhorn, Beckermannweg 30. Als Sportclub für die ganze Familie bietet der HTHC Sportarten wie Hockey, Tennis, Lacrosse und Fitness an. 2014 und 2015 wurden die Herren Deutsche Meister im Feldhockey und in der Halle. 2022 gewann der HTC bei den Deutschen Jugend-Hockey-Meisterschaften vier von sechs Titeln.
Infos: info@hthc.de, www.hthc.de

ESV – Eppendorfer Sportverein
Yoga, Fitness- und Entspannungsübungen, Eltern-Kind-Turnen, Seniorinnengymnastik und Volleyball wird in dem kleinen Nachbarschaftsverein angeboten. Die Kurse und Sportgruppen finden in der Stadtteilschule Eppendorf, Curschmannstraße 39, statt.
Infos: www.eppendorfer-sportverein.hamburg/der-esv.html

Kungfu Hamburg e. V. – Ching Woo Kampfkunstschule
Die Kampfkunstschule hat ihren Sitz in der City Nord. Hier lernen Kinder, Jugendliche und Erwachsene traditionelles Kung Fu und Sanda – Chinesisches Kickboxen.
Adresse: Überseering 23–25, 22297 Hamburg, www.kungfu-hamburg.de

SV Polizei Hamburg
Die Sportvereinigung Polizei Hamburg von 1920 hat etwa 3750 Mitglieder und ein großes Sportportfolio: Fußball, Budo-Sport (Kampfkunst und Selbstverteidigung), Wassersport (Rudern, Kanu, Drachenboot), Tanz- und Schießsport, Leichtathletik sowie diverse Fitnessangebote.
Infos: www.svp-hamburg.de

SC Victoria
Der SC Victoria Hamburg v. 1895 e. V., kurz Vicky, ist ein Traditionsverein aus Hoheluft, Eppendorf und Lokstedt. Derzeit spielt der Verein in der Regionalliga Nord. Der größte Vereinserfolg war der Einzug ins Halbfinale der deutschen Fußballmeisterschaft 1907. Der SC Victoria hat außer seiner Abteilung für Fußball auch Abteilungen für Badminton, Gymnastik, Handball, Hockey, Karate, Leichtathletik, Tennis, Tischtennis und Turnen.
Infos: www.sc-victoria.de/news-und-events-2

Märkte & Feste

▸ Wochenmarkt Goldbekufer
Der Goldbekmarkt zählt zu einer der schönsten in Hamburg. Haupttag ist der Samstag und man findet hier eine Auswahl, die ihresgleichen sucht.
Adresse: Goldbekufer 9, 22303 Hamburg

▸ Stadtfest Winterhude
Einmal jährlich wird im Bereich Mühlenkamp und Gertigstraße das „Stadtfest Winterhude" mit einem breiten Angebot an Kultur, Gastronomie, Unterhaltung gefeiert. Verlängert wird das Fest durch einen großen Flohmarkt in der Schinkel- und Preystraße. Parallel findet das „Schinkelplatzfest" mit einem Angebot für Familien und Kinder statt.
Infos: 🌐 www.stadtfest-winterhude.de

▸ Eppendorfer Landstraßenfest
Das Eppendorfer Landstraßenfest ist ein traditionelles Straßenfest in Hamburg. Seit 1981 findet es in der Regel jährlich im Juni statt. Ein Wochenende lang kommen um die 140 000 Besucherinnen nach Eppendorf, um das vielfältige musikalische und kulinarische Angebot auf zwei Kilometern Länge wahrzunehmen. Neben Livemusik von Hamburger Künstlern, einer Auswahl an Kunsthandwerk und Gastronomie gibt es viele Angebote für Kinder. Die Menschen des Stadtteils gestalten das Fest maßgeblich mit: So gibt es jedes Jahr einen Flohmarkt der Anwohnenden sowie die Vereinsmeile „Eppendorfer Leben", auf der sich Vereine, Sozialeinrichtungen und andere Initiativen aus Eppendorf vorstellen.
Infos: 🌐 www.der-eppendorfer.de/NEU-Veranstaltungen/Feiern/Eppendorfer-Landstrassenfest

Alsterdorf, Fuhlsbüttel, Groß Borstel, Langenhorn, Ohlsdorf

(Bezirk Hamburg-Nord)

Sehenswertes

▸ Gartenstadt
Ein Dorf mitten in der Metropole: Zwischen Hindenburgstraße, Sengelmann- und Alsterdorfer Straße entdeckt man die Gartenstadtsiedlung, die unter Milieuschutz steht. In den Jahren 1935 und 1938 entstanden hier 300 Einfamilienhäuser in Rotklinker mit charakteristischen Spitzdächern und attraktiven Gärten rundherum. Die Wege tragen romantische Namen wie Aurikelstieg, An der Blütenmauer und Birkenhain und laden zu einem verträumten Spaziergang in Alsterdorf ein.

Kunst, Kultur & Clubs

▸ Backstube Fuhlsbüttel e. V.
Anders als der Vereinsname vermuten lässt, werden bei der „Backstube Fuhlsbüttel e. V." keine Brötchen gebacken – sondern es wird Stadtteilkultur gemacht: Der ehrenamtlich tätige Vereinsvorstand organisiert Informations- und Musikveranstaltungen sowie alljährlich ein Weihnachtsmärchen. Unter der Woche bieten unabhängige Kursleiter unter anderem Sprach-, Sport-, Musik- & Hobbykurse an. Am Wochenende kann das Vereinsgebäude

für private Feiern, Workshops oder andere Anlässe angemietet werden – es hat Platz für etwa 50 Personen. In idyllischer Atmosphäre, direkt an der Alster, unterhalb des Alsterwanderweges und neben der Fuhlsbütteler Schleuse kann das Außengelände auch bei gutem Wetter genutzt werden.
Info: 🌐 www.backstube.hamburg

Bildungs- & Kreativangebote

‣ Ein Blick ins Schmidt-Haus
In Langenhorn am Neuberger Weg 80 haben Loki und Helmut Schmidt in einem Bungalow gelebt. Das Innenleben des Hauses erzählt viel von seinen ehemaligen prominenten Besitzern und kann im Rahmen der Loki und Helmut Schmidt-Stiftung besucht werden.
Info: ✉ info@helmut-und-loki-schmidt-stiftung.de, 🌐 www.helmut-und-loki-schmidt-stiftung.de/das-schmidt-haus/blick-ins-haus

‣ Werksführung am Helmut-Schmidt-Flughafen
Nicht nur Airbus auf Finkenwerder bietet Werksführungen an, auch der Helmut-Schmidt-Flughafen Hamburg hat unterschiedliche Angebote im Programm, die

Der Hamburger Flughafen ist der älteste in Deutschland. Er wurde 1911 gegründet.

Auskunft zur faszinierenden Luftfahrtbranche geben.
Infos: 🌐 www.hamburg-airport.de/de/orientieren-erleben/airport-erleben

‣ Bücherhalle Fuhlsbüttel
Die kleine Stadtteil-Bücherhalle hat ein bemerkenswertes Angebot mit ihrem Schwerpunkt „Literatur bis zur 13. Klasse" sowie Krimi und Fantasy. Hier lohnt es sich, in ruhiger Atmosphäre zu stöbern. Schwierig ist die Parkplatzsituation, deswegen: unbedingt das Rad nehmen, das Skateboard verwenden oder zu Fuß kommen.
Adresse: Ratsmühlendamm 23, 22335 Hamburg, 🌐 www.buecherhallen.de/fuhlsbuettel.html

‣ Bücherhalle Langenhorn
Die Bücherhalle Langenhorn, direkt an der U-Bahn-Haltestelle Langenhorn Markt in einem Einkaufszentrum gelegen, bietet besondere Angebote für Schulen und Kindergärten.
Adresse: Langenhorner Markt 9, (im EKZ-Langenhorner Markt), 22415 Hamburg, 🌐 www.buecherhallen.de/langenhorn.html

Treffs & Begegnungsstätten

‣ Ev.-luth. Kirchengemeinde St. Peter zu Hamburg-Groß Borstel
Neben einer Kantorei gibt es einen Kinderchor in St. Peter. Im Verbund mit der Nachbargemeinde St. Martinus Eppendorf engagiert sich die Groß-Borsteler Kirche in einer Partnerschaft mit Indien und dem Kongo. Die Hilfsprojekte umfassen vor allem die Vermittlung von Schulbildung. Für das Hamburger Winternotprogramm besteht bei der Gemeinde eine ehrenamtliche Betreuergruppe.
Infos: 🌐 www.kirche-hamburg.de/

gemeinden/ev-luth-kirchengemeinde-st-peter-zu-hamburg-gross-borstel.html

Kommunalverein Groß-Borstel von 1889
Der Verein bringt eine Mitgliederzeitung „Der Groß-Borsteler Bote", in einer Auflage von 5500 Stück heraus, die auch per E-Mail abonniert werden kann. Des Weiteren wird der Podcast „Der Bote im Ohr" produziert, der etwa einmal im Monat auf der Webseite zum Download bereitsteht und über historische Häuser des Stadtteils ebenso zu berichten weiß wie über die Groß Borsteler Künstlerkolonie, Tempo-30-Zonen oder das Eppendorfer Moor.
Infos: www.grossborstel.de

Abenteuer, Freizeit & Natur

Parkfriedhof Ohlsorf
Zu den schönsten und interessantesten Plätzen, die Hamburg zu bieten hat, gehört der Ohlsdorfer Friedhof. Mit 389 Hektar ist er der größte Parkfriedhof der Welt. Mit seiner gartenkünstlerischen Gestaltung sowie seinem einmaligen Reichtum an Grabmalplastik ist er ein weltweit anerkanntes Gesamtkunstwerk ersten Ranges. Schon im Jahr 1900 auf der Pariser Weltausstellung mit einem Grand Prix ausgezeichnet, ist der Friedhof zugleich ein besonders schönes und Hamburgs größtes Naherholungsgebiet. Im Sommerhalbjahr werden regelmäßig öffentliche Führungen von folgenden Vereinen angeboten: „Förderkreis Ohlsdorfer Friedhof", „Gästeführerinnen des Hamburger Gästeführervereins", „Hamburger Wanderverein", „NABU", „Verein Garten der Frauen". Es gibt zudem literarische Spaziergänge und Ohlsdorfer Märchenspaziergänge.
Infos: www.friedhof-hamburg.de/besucher/service/fuehrungen/

Auch die „Hamburg Greeter" bieten Spaziergänge über den Friedhof Ohlsdorf an. Diese sind kostenlos: www.hamburg-greeter.de/gruenes-hamburg/friedhof-ohlsdorf/

Berührende Grabmalplastik gibt es zuhauf im Parkfriedhof Ohlsdorf zu sehen.

NSG Rothsteinsmoor
Das Naturschutzgebiet Rothsteinsmoor liegt in Langenhorn nicht weit vom Flughafen entfernt. Es handelt sich um ein circa neun Hektar großes Restmoor und ein wertvolles Refugium für seltene und gefährdete Pflanzen- und Tierarten. Weite Teile des Gebiets sind von Laubwald, kleineren Heideflächen und einer Sanddüne bedeckt. Die kleinräumige Vielfalt an schutzwürdigen Biotopen bietet einer großen Anzahl an Pflanzen- und Tierarten geeignete Lebensräume. NABU bietet Biotoppflege im NSG Rothsteinsmoor und NSG Raakmoor (Stadtteil Hummelsbüttel, Bezirk Wandsbek) an.
Infos: www.hamburg.nabu.de/wir-ueber-uns/stadtteilgruppen/langenhorn-fuhlsbuettel/gebiete/18702.html

Veloroute 4
Diese schöne Fahrradtour führt vom Hamburger Rathaus über Harvestehude und Winterhude weiter in den Norden

nach Alsterdorf und Langenhorn, wo der Endpunkt am U-Bahnhof Ochsenzoll erreicht wird. An der Sengelmannstraße gibt es einen Verknüpfungspunkt mit einem Zweig der „Veloroute 5", die von hier über City Nord, Stadtpark und Barmbek-Süd stadteinwärts führt.
Infos: 🌐 www.hamburg.de/fahrradfahren-in-hamburg/418942/veloroute-4

▸ **Entlang der Alster**
Zum Ausspannen geht man hier einfach an die Alster, die mitten durch den Stadtteil fließt. Manchmal besteht das Alsterufer nur aus einem baumbestandenen Weg, dann erweitert es sich zur großzügigen Grünanlage, an deren gemauertem Flussufer man die vorbeigleitenden Kanuten und Ruderer beobachten kann. Familien grillen, andere relaxen oder führen den Hund spazieren – das Alsterufer ist immer gut besucht. Der „Alsterwanderweg" ist ein Teil des „Norddeutschen Jakobswegs", auch ein „Fahrradalsterweg" ist vorhanden.

Sport & Kontemplation

▸ **Buddhabalance Yoga, Tai Chi und Qigong**
Das Kontemplationsangebot gibt es im Kulturzentrum Backstube Fuhlsbüttel e. V. von unterschiedlichen Kursleiterinnen mehrmals wöchentlich.
Infos: 🌐 www.backstube.hamburg/wochenplan

▸ **Sportclub Alsterdorf-Langenhorn**
Mehr als 30 verschiedene Sportangebote gibt es im Sportclub Alsterdorf-Langenhorn. Neben Klassikern wie Basketball, Handball, Fußball, Hockey und Schwimmsport auch Akrobatik Cheerleading, Einradfahren und Lichtschwerttraining. Der Sportverein hat auch inklusive Angebote wie Tennis & Inklusion.
Adresse: Lüttkoppel 1, 22335 Hamburg, 🌐 www.scala-sportclub.de

▸ **Tennis-Club Groß Borstel e. V.**
Der Club wurde 1948 gegründet und zählt heute mehr als 500 aktive Mitglieder, davon circa 200 Jugendliche und Kinder. Im Winter stehen dem Verein zwei Hardcourt-Hallenplätze, im Sommer sechs Außenplätze zur Verfügung.
Adresse: Paeplowweg 6, 22453 Hamburg, 🌐 www.tcgb.de

Märkte & Feste

▸ **Wochenmarkt Borsteler Chaussee**
Der Wochenmarkt in der Borsteler Chaussee bietet einmal in der Woche die Möglichkeit für einen frischen Einkauf.

Barmbek-Nord, Barmbek-Süd, Dulsberg, Hohenfelde, Uhlenhorst

(Bezirk Hamburg-Nord)

Sehenswertes

▸ **Literaturhaus Hamburg**
Seit 1989 ist die weiße Villa am Schwanenwik Heimat für Nobelpreisträger und Nachwuchsautoren, für Künstler und Theaterleute, für Philosophinnen und

Diskutierfreudige. Nicht nur Autoren und Autorinnen der ganzen Welt, sondern auch das Publikum liebt die gastfreundliche Atmosphäre, das anregende Klima und das anspruchsvolle literarische Programm im wunderbar restaurierten spätklassizistischen Haus an der Außenalster im Stadtteil Uhlenhorst. Das ganze Jahr über lädt das Literaturhaus zu Lesungen, Podiumsdiskussionen, Gesprächsrunden, oder literarischen Abenden ein. Etwa 150 Veranstaltungen organisiert das Team des Literaturhauses pro Jahr. Neben dem Monatsprogramm gibt es mehrtägige Festivals wie die „Nordischen Literaturtage“, „Hamburger Graphic Novel Tage“ oder „HIGH VOLTAGE – Frühjahrslesetage

Ein schöner Ort für Literatur: das Literaturhaus in Uhlenhorst

Hamburg“. Jährlich wird der Mara-Cassens-Preis im Literaturhaus verliehen. Seit Jahr und Tag ist auch die wunderbare „Buchhandlung Samtleben“ von Stephan Samtleben im Literaturhaus ansässig.
Adresse: Schwanenwik 38, 22087 Hamburg, 🌐 www.literaturhaus-hamburg.de
Buchhandlung Samtleben:
🌐 www.buchhandlung-samtleben.buchkatalog.de

▸ Museum der Arbeit
Industrie-, Technik- und Sozialgeschichte: Auf dem ehemaligen Fabrikgelände der „New York-Hamburger Gummi-Waaren Compagnie“ in Barmbek-Nord ist das „Museum der Arbeit“ zu Hause. Wo früher aus Kautschuk Hartgummikämme gefertigt wurden, stehen heute Mitmach- und Hands-On-Aktionen im Vordergrund. Das Museum der Arbeit zeigt die Veränderungen von Leben und Arbeiten in Hamburg seit dem 19. Jahrhundert bis heute und stellt dabei typische Hamburger Branchen vor. Die Sonderausstellung „Out of Office“ (2018–2019) war derartig erfolgreich, dass diese in einer digitalen Aufarbeitung vom Museum zur Verfügung gestellt wird. Neben dem Haupthaus in Barmbek verfügt das Museum der Arbeit über zwei weitere Standorte im Hamburger Hafen: das Speicherstadtmuseum und das Hafenmuseum Hamburg in den Kaischuppen an der 50er-Strecke.
Adresse: Wiesendamm 3, 22305 Hamburg,
🌐 www.shmh.de/de/museum-der-arbeit
Out of Office: 🌐 www.outofoffice.hamburg

Kunst, Kultur & Clubs

▸ Ernst Deutsch Theater (EDT)
Das Ernst Deutsch Theater ist Deutschlands größtes Privattheater. Es wurde

1951 von Friedrich Schütter und Wolfgang Borchert als „Das Junge Theater" gegründet und 1973 zu Ehren von Ernst Deutsch in „Ernst Deutsch Theater" umbenannt. Seit 1995 ist Isabella Vértes-Schütter Intendantin des Hauses. Sie hat das in Barmbek-Süd gelegene Theater, das auf gesellschaftskritische Gegenwartsstücke abonniert ist, geöffnet und die Programmvielfalt kontinuierlich weiterentwickelt, so auch mit der Jugendsparte plattform und einer zusätzlichen Spielstätte, der plattform-Bühne.
Adresse: Friedrich-Schütter-Platz 1, 22087 Hamburg, 🌐 www.ernst-deutsch-theater.de/programm

In Barmbek-Süd ist das EDT zu Hause.

▸ Hamburger Privattheatertage

Das Ernst Deutsch Theater ist eines von vielen Privattheatern Hamburgs, die einmal jährlich mit den Hamburger Privattheatertagen einen Blick in die Leistungen von nicht staatlichen Theatern ermöglichen, indem sie herausragende Stücke aus ganz Deutschland präsentieren. Weitere Spielorte der Privattheatertage sind: Altonaer Theater, Allee Theater, Hamburger Kammerspiele, Ohnsorg Theater, Hamburger Sprechwerk, Harburger Theater, Lichtwark Bergedorf Theater Haus im Park.
Infos: 🌐 www.privattheatertage.de

▸ The English Theatre of Hamburg

Es ist klein, gemütlich, fast familiär und bietet Theaterkunst mit erstklassigen Schauspielern in englischer Sprache.
The English Theatre of Hamburg ist eine privat geführte Spielstätte, die 1976 von zwei Amerikanern gegründet wurde und das älteste englischsprachige Theater in Deutschland ist. Die Spielstätte ist bei der U-Bahn Mundsburg, fast in Sichtweite des Ernst Deutsch Theaters.
Adresse: Lerchenfeld 14, 22081 Hamburg, 🌐 www.eth-hamburg.de

▸ Amateure spielen groß auf

Das Theater an der Marschnerstraße ist Hamburgs größtes Amateurtheater. Seit über 60 Jahren ist es ein beliebter Aufführungsort für Theaterinszenierungen und Musikdarbietungen. Verschiedene Theatergruppen haben hier ihre „Heimat" und begeistern jedes Jahr aufs Neue mit einem engagierten Programm, das einen festen Platz in der Hamburger Kulturszene einnimmt.
Adresse: Marschnerstraße 42, 22081 Hamburg, 🌐 www.theater-marschnerstrasse.de

▸ Galerie W

Die Galerie W in Hamburg-Hohenfelde wurde im Oktober 2012 von Wittus Witt gegründet, einem Schüler des Künstlers Joseph Beuys. Die Ausstellungen fokussieren sich auf bildende Kunst und auf Zauberkunst, da Wittus Witt neben seiner Tätigkeit als Galerist auch selbst als Zauberkünstler agiert.
Adresse: Mühlendamm 78–80, 22087 Hamburg, 🌐 www.galerie-we.de

Bildungs- & Kreativangebote

DSV Hamburg im Theater an der Marschnerstraße

Wer Theaterluft schnuppern und hinter den Kulissen werkeln oder selbst spielen möchte, liegt richtig bei der Deutschen Schauspielvereinigung Hamburg (DSV). Die DSV freut sich immer über Zuwachs.
Infos: www.dsv-hamburg.de, interesse@dsv-hamburg.de

TIDE: Easy die eigene Radio- oder TV-Sendung produzieren

Eigene Podcasts oder Radiosendungen bis hin zu TV-Formaten zu produzieren ist der Traum von vielen – nicht nur jungen – Menschen. Mit dem Community- und Ausbildungssender „TIDE" ist das möglich. Allein 300 ehrenamtliche Produzentinnen und Produzenten machen rund 130 Sendungen für das Bürgerradio Tide.radio, die über UKW 96,0, DAB+ oder im Hamburger Kabelnetz empfangen werden. „TIDE.tv" bringt knapp 90 verschiedene Formate ins Fernsehen, die anschließend auf YouTube zu sehen sind. Mitmachen können alle, die sich für die Welt der Medien interessieren, unabhängig von Alter und journalistischen Vorkenntnissen. TIDE hat seinen Sitz im Kunst- und Mediencampus Hamburg.
Adresse: Finkenau 35 – Gebäude C, 22081 Hamburg, info@tidenet.de, www.tidenet.de

VHS-Zentrum Nord

Gegenüber dem Barmbeker Bahnhof und wenige Meter vom Museum der Arbeit und Zinnschmelze entfernt sitzt das VHS-Zentrum Nord. Im Erdgeschoss des Gebäudes ist die „Bücherhalle Barmbek" untergebracht.
Adresse: Poppenhusenstraße 12, 22305 Hamburg, www.vhs-hamburg.de/vhs-standorte/vhs-zentrum-nord-931

Treffs & Begegnungsstätten

Kulturzentrum Bürgerhaus Barmbek

Stadtteilkultur in Barmbek-Nord mit Kleinkunst wie Theater, Ausstellungen und viel Live-Unterhaltung. Es gibt musikalische Frühförderung für Kinder, Schauspielkurse für Jugendliche, Gesangsworkshops und Qigong für Erwachsene und vieles andere mehr.
Adresse: Lorichsstraße 28a, 22307 Hamburg, www.bürgerhaus-barmbek.de

Zinnschmelze

Die Zinnschmelze ist Barmbeks Kultur- und Stadtteilzentrum direkt neben dem Museum der Arbeit. Musik und Partys, Tanz, Vorträge, Kleinkunst und Kinderveranstaltungen wechseln sich im Programm der Zinnschmelze ab. Ein innovatives Kursprogramm bereichert das Haus. Die alte Zinnschmelze gehörte zur ehemaligen New York Hamburger Gummiwarenfabrik. Heute bildet die Zinnschmelze zusammen mit den historischen Gebäuden des Museums der Arbeit und der Neuen Fabrik den „Museumshof". Das Ensemble ist ein wichtiges Zeugnis der industriellen Geschichte Barmbeks.
Adresse: Maurienstraße 19, 22305 Hamburg, www.zinnschmelze.de

Kulturhof Dulsberg

Der Schwerpunkt des Kulturhof-Angebots liegt mit Highlights wie dem „Hamburger Gitarrenfestival", dem „Jazz-Frühschoppen" und der „Kulturhof Jamsession" im Bereich Musik. Der Kulturhof ist ein Austragungsort des „Hamburger Comedy Po-

kals“ und engagiert sich als regelmäßiger Anbieter von Kindertheater-Aufführungen in der Initiative Wüstenschiff. Aber auch Literatur und interkulturelle Feste stehen häufig auf dem Programm. Alle zwei Jahre ist der Kulturhof zentraler Ort für das Stadtteilfestival Dulsberger HerbstLESE.
Adresse: Alter Teichweg 200, 22049 Hamburg, 🌐 www.kulturhof-dulsberg.de

▸ Oberirdisch schön: U-Bahnringfahrt ab Barmbek

Die U3 fährt als Ringlinie durch das Hamburger Stadtzentrum und gilt noch immer als Geheimtipp. Die Strecke entlang des Hafens und eines Teilstücks der Isestraße in Eppendorf ersetzt (fast) jede Stadtrundfahrt. Das erste Teilstück der Linie zwischen Rathausmarkt und Barmbek wurde am 15. Februar 1912 eingeweiht. Die Linie fährt von Wandsbek-Gartenstadt über Barmbek im Ring rund um die Alster bis sie wieder in Barmbek ist. Fast die gesamte Strecke verläuft oberirdisch.

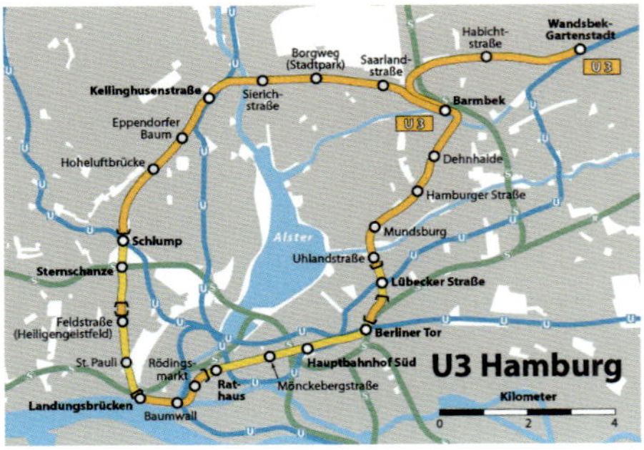

Die schönste U-Bahn-Strecke Hamburgs fährt am Hafen vorbei.

Sport & Kontemplation

▸ Schöne Aussichten beim NRV

2023 wird der „Norddeutsche Regattaverein“ 155 Jahre alt. Beschenkt wurde der NRV bereits 2022: Mit zwei WM-Titeln in Olympia-Klassen, der sechsten Vereinsmeisterschaft seit Bundesligagründung 2013, Pokalsieg und dem ersten Championsleague-Triumph machten die NRV-Segler ihren Club zum erfolgreichsten deutschen Sportverein. Von den Erfolgen abgesehen punktet der NRV mit seiner wunderbaren Lage an der Außenalster, die passenderweise „Schöne Aussicht“ heißt. Auch das wissen die etwa 2100 Vereinsmitglieder zu schätzen, die den NRV zu einem der mitgliederstärksten Segelclubs in Deutschland machten. Der NRV fördert besonders den seglerischen Nachwuchs. Mit viel Erfolg bei Herren, Frauen und Mixed-Teams gleichermaßen.
Adresse: Schöne Aussicht 37, 22085 Hamburg, 🌐 www.nrv.de

Schöne Aussichten auf der Alster

▸ Angeln im Barmbeker Stichkanal

Der Barmbeker Stichkanal verbindet den Osterbekkanal mit dem Goldbekkanal und führt dabei am Betriebsgelände der Hamburger U-Bahn und am ehemaligen Güterbahnhof Barmbek entlang. Die Wasserstraße wurde im Jahre 1907 angelegt, um Kohle zu transportieren. Heute ist der Barmbeker Stichkanal vor allem ein beliebtes Paddelgewässer und bei Anglern beliebt. Um ihn zu beangeln, ist lediglich ein Fischereischein erforderlich. Zur Fischpopulation zählen vor allem Brassen, daneben auch Döbel, Hechte, Zander, Barsche, Aale und verschiedene Weißfischarten.

▸ Hamburger Schwerhörigen-Sportverein von 1977 e. V.
Der HSSV bietet acht verschiedene Sportarten an, darunter Fußball, Tischtennis, Bowling und Kegeln.
Adresse: Wagnerstraße 42, 22081 Hamburg, www.bds-hh.de/aktuelles

▸ SC Urania Hamburg von 1931
Fußball, Leichtathletik, Tischtennis, Handball, Gymnastik und Kinderturnen werden im Traditionsverein SC Urania in fünf verschiedenen Spielstätten angeboten, darunter Fußball im Schützenhof/Habichtstraße und Leichtathletik und Kindersport in Dulsberg-Süd.
Infos: www.scurania.de

Ein toller Freizeitspaß mit Gruppenspirit: Bowling

▸ U.S. Fun Bowling
Bowling ist ein großer Freizeitspaß, ob bei Weihnachts- oder Geburtstagsfeiern, Junggesellenabschieden, Mädelsabenden, mit Freunden, auf einem gemeinsamen Trip mit Kolleginnen und Kollegen, dem Partner oder der Partnerin oder der ganzen Familie. Bowling, die amerikanische Weiterentwicklung des Kegelns, ist Spiel, Spaß und Sport. Das U.S. Fun Bowlingcenter hat eine sehr moderne Anlage mit 28 Bahnen und einer angeschlossenen Gastronomie.
Adresse: Wagnerstraße 2, 22081 Hamburg, www.usfun-bowling.de

Märkte & Feste

▸ Straßenfest Dulsberg
Der September steht im Zeichen des Dulsberger Straßenfestes in der Dithmarschener Straße. Neben dem großen privaten Flohmarkt gibt es ein Bühnenprogramm, einen Mitmachzirkus und spezielle Angebote wie eine Hüpfburg für kleine Kinder.
Turnus: jährlich, September
Infos (auch zu weiteren Veranstaltungen, Stadtteilrat und Stadtteilbüro): www.dulsberg.de

▸ Wochenmarkt Immenhof
Idyllisch gelegen am Kuhmühlenteich, direkt an der St.-Gertrud-Kirche bietet dieser Uhlenhorster Wochenmarkt eine kleine, aber feine Produktvielfalt.
Adresse: Immenhof, 22087 Hamburg

Bezirk Harburg

Harburg heißt: Museumshafen, Mountainbiking, Wasserski, Naturschutzgebiete, Schützenvereine, Party. Der Bezirk Harburg ist der südlichste Bezirk des Stadtstaates Hamburg, unterhalb der Elbe. Zentrum des Bezirkes Harburg ist der heutige Stadtteil Hamburg-Harburg, der ehemals eine eigenständige Stadt war und von den Nationalsozialisten mit dem Groß-Hamburg-Gesetz 1937/8 in Hamburg eingemeindet wurde. Harburg hat insgesamt siebzehn Stadtteile. Zum ehemaligen Kerngebiet gehören die Stadtteile Eißendorf, Gut Moor, Harburg, Heimfeld, Langebek, Marmstorf, Neuland, Rönneburg, Sinstorf und Wilstorf. Zum ehemaligen Ortsamtsbereich Süderelbe zählen die Stadtteile Altenwerder, Cranz, Francop, Hausbruch, Moorburg, Neuenfelde und Neugraben-Fischbek. An den Bezirk Harburg grenzen im Norden und Osten der Bezirk Hamburg-Mitte, im Süden der Landkreis Harburg und im Westen der Landkreis Stade, die beide zu Niedersachsen gehören. Der Ursprung der einstigen Stadt geht zurück auf die mittelalterliche „Horeburg“ (Sumpfburg). Die Stadtrechte erlangte Harburg 1288/97. Die Schützengilde stammt aus dem 16. Jahrhundert. Harburg wandelte sich stark im Zuge der Industrialisierung, die mit dem Bau der Eisenbahn nach Hannover (1847) und der Eröffnung des Seehafens (1849) begann. Zwischen 1850 und 1900 verzehnfachte sich die Bevölkerung auf 50 000 Menschen.

Die Elbbrücken wurden 1872 (Bahn) und 1899 (Straße) gebaut. Das Rathaus entstand 1888–92 und ist eine traumhafte Location für Hochzeiten. 1927 erfolgte die Fusion mit Wilhelmsburg. Bis 2008 war Harburg der flächenmäßig größte Bezirk Hamburgs. Die Umgliederung des Stadtteils Wilhelmsburg nach Hamburg-Mitte ließ Harburg schrumpfen – und Mitte wachsen. Dennoch: Mit dem tesa Werk der Baiersdorf AG und der Carlsen Brauererei in Hausbruch, einem Werk der Daimler AG in Heimfeld, der Gummiwerke Phoenix AG (zur Continental AG gehörend) in Harburg und dem Schiffbauunternehmen Pella Sietas GmbH in Neuenfelde unterstreicht der Bezirk seinen wichtigen Industriestandort für Hamburg samt Metropolregion. Mit der Technischen Universität Harburg befindet sich seit 1978 eine exzellente Hochschule im Bezirk.

Vom Hauptbahnhof bis zur S-Bahnstation Harburg Rathaus dauert es via Elbbrücken, Veddel (BallinStadt) und Wilhelmsburg mit der S 31 sechzehn Minuten, bis nach Neugraben 26 und nach Fischbek 31 Minuten. Zum Vergleich: Vom Hauptbahnhof nach Blankenese sind es mit der S1 27 Minuten, bis nach Rissen 36 Minuten.

Bezirksamt Harburg
Harburger Rathausplatz 1
21073 Hamburg
040/115
bezirksamt@harburg.hamburg.de
www.hamburg.de/bezirke/harburg/

Harburg & Neuland, Gut Moor, Rönneburg, Wilstorf

(Bezirk Harburg)

Sehenswertes

‣ Rathaus Harburg

Zum Tag des offenen Denkmals öffnet das Rathaus Harburg seine Türen und lädt zu kostenlosen Rundgängen im historischen Gebäude ein. Der Rundgang führt alle Besucherinnen und Besucher in den Großen Sitzungssaal mit historischen Buntglasfenstern, in das repräsentative Treppenhaus und unter das Dach, wo sich seit dem Wiederaufbau nach dem 2. Weltkrieg anstelle des Wappens das Uhrwerk der Turmuhr befindet.

Ein beliebtes Fotomotiv ist das Harburger Rathaus.

‣ Expedition in den Harburger Binnenhafen

Harburgs Keimzelle lag im Sumpf des Elbestroms. Wo einst die Zitadelle stand und später Gummi- und Ölindustrie den Hafen prägten, wächst heute Hamburgs wenig bekannte „zweite Hafencity" mit umgebauten Silos und Speichern. Der zweistündige Stadtrundgang von „Stattreisen Hamburg" führt über die Harburger Schlossstraße zum Speicher am Kaufhauskanal zum „Goldfisch", zum Neubau des „Fraunhofer-Centers" und zur Fischhalle Harburg, über stillgelegte Gleise zum Kanalplatz und zum Westlichen Bahnhofskanal sowie über eine neue Drehbrücke auf die Harburger Schlossinsel.
Infos: 🌐 www.stattreisen-hamburg.de/stadtfuehrungen-und-hafenrundfahrten/stadtteilfuehrungen/harburger-schlossinsel

‣ Museumshafen Harburg

An den Liegeflächen am Lotsekai können Besucher die historischen Schiffe betrachten und Vereinsmitglieder ihre Boote unterbringen.
Adresse: Kanalplatz 16, 21079 Hamburg, 🌐 www.instagram.com/museumshafenharburg

Auch eine Art Wegweiser: der Kran Mulch am Lotsekai

Kunst, Kultur & Clubs

‣ Sammlung Falckenberg

Die Sammlung Falckenberg umfasst etwa 2000 Arbeiten der zeitgenössischen Kunst. Ihr Schwerpunkt liegt auf deutscher und amerikanischer Gegenwartskunst der letzten 30 Jahre. Ein Besuch der laufenden Ausstellungen ist nur im Rahmen von Führungen möglich. Die Galerie Holzhauer (Angela Holzhauer) führt regelmäßig in der Sammlung Falckenberg/Deichtorhallen GmbH durch die Ausstellung und die Wechselausstellung in den Phoenixhallen in Harburg. Wer sich für zeitgenössische Kunst interessiert, der sollte dort unbedingt einmal vorbeischauen.
Adresse: Wilstorfer Str. 71, 21073 Hamburg, 🌐 www.sammlung-falckenberg.de

‣ Archäologisches Museum Harburg

Das Archäologische Museum Hamburg (früher Helms Museum) bietet spannende Ausstellungen und faszinierende Objekte rund um das Thema Archäologie, scheut sich aber auch nicht, publikumsstarke Sonderausstellungen zu machen. Die Wanderausstellung „Duckomenta – MomEnte der Weltgeschichte“ war 2017 die erfolgreichste Ausstellung des kleinen Harburger Museums und hat zigtausend Entenhausen-Fans jeden Alters angezogen.
Adresse: Museumsplatz 2, 21073 Hamburg, 🌐 www.amh.de

‣ Harburger Theater

Das Harburger Theater ist ein Privattheater. Das Programm besteht aus einer Mischung von Klassikern, Komödien, modernen Zeitstücken und Musicals. Der Theatersaal befindet sich im Haupthaus des Archäologischen Museums Hamburg am Museumsplatz. An sechs Wochen-

Für Fans jeden Alters: die Ducks & Co in der Ausstellung „MomEnte der Weltgeschichte“

enden wird in der jeweiligen Spielzeit zu Matineen eingeladen. In kleiner Runde wird gemeinsam mit Gästen und Mitgliedern der künstlerischen Leitung und des Ensembles über Konzeptionelles und dramaturgische Hintergründe zur jeweiligen Inszenierung diskutiert.
Infos: 🌐 www.harburger-theater.de

‣ Alles wird schön e. V.

Die Galerie ist ein Harburger Juwel. „Alles wird schön“ ist ein Kunst- und Kulturverein mit der inhaltlichen Ausrichtung der Kunst-, und Kulturförderung, insbesondere im Stadtteil Harburg. Die Angebote und Aktivitäten erstrecken sich von Siebdruckkursen über „Offenes Atelier“, und das Kinderatelier sowie Schreibwerkstatt bis hin zur Realisation von Projekten und

wechselnden Veranstaltungen, Kunstausstellungen und Lesungen.
Adresse: Friedrich-Naumann-Straße 27+32, 21075 Hamburg, ✉ info@alleswirdschoen.de, 🌐 de-de.facebook.com/people/Alles-wird-schön-eV/100046665262666

‣ Ein Haus voller Geschichten
Hanne Darboven (1941–2009) gehört zu den international renommiertesten Konzept-Künstlerinnen. Sie vertrat Deutschland auf der Biennale in Venedig, hat mehrere Male an der documenta teilgenommen und ist in den wichtigsten internationalen Museen präsent. Geboren 1941 in München, aufgewachsen in Hamburg-Harburg, lebte und arbeitete sie fast ihr gesamtes Leben im beschaulichen Hamburger Stadtteil Rönneburg, wo sie auch starb. Vor wenigen Jahren erwarb die Hanne-Darboven-Stiftung das Landhaus und hat dieses für Besucherinnen und Besucher zu sehr ausgewählten Tagen geöffnet.
Adresse: Am Burgberg 26, 21079 Hamburg, ✉ info@hanne-darboven.org

‣ Jazzclub im Stellwerk
2005 eröffnete der Jazzclub zu einer Zeit, in der andere Clubs – egal ob Jazz- oder Rockclubs – eher die Pforten schlossen, dazu auf der „falschen Seite“ des Flusses – nämlich im totgesagten Süden Hamburgs, in Harburg – und dann noch in einem Bahnhof. Im ehrenamtlich geführten Liveclub wird neben Jazz auch Hip-Hop und Funk gespielt und das mit so großem Erfolg, dass sich Einheimische aus anderen Bezirken in den „totgesagten Süden“, nach Harburg aufmachen, um genau diese Clubatmosphäre zu erleben. Zumal es hier auch New-Wave- und Punkrock-Festivals gibt. Die musikalische Bandbreite hat sich hörbar vergrößert, und das kommt an.
Adresse: Hannoversche Str. 85, 21079 Hamburg, 🌐 www.stellwerk-hamburg.de

‣ Aloha! Harburg mit Beachclub
Direkt am Harburger Binnenhafen lädt der „Beachclub Aloha Ahoi“ bei milden Temperaturen zu langen Abenden mit tollem Strandfeeling im Liegestuhl am Wasser ein – mit leckerem Essen, Cocktails und Musik. Auf Anfrage gibt es einen Shuttle-Barkassenservice von den Landungsbrücken St. Pauli nach Harburg, zum Lotsenkai 6. Öffnungstermine des Beachclubs und Betriebszeiten des Shuttle-Services sind über die Website erfahrbar.
Infos: 🌐 www.aloha-ahoi-beach.de

Bildungs- & Kreativangebote

‣ Geschichtswerkstatt Harburg e. V.
2020 feierte die Geschichtswerkstatt Harburg ihr zehnjähriges Jubiläum. Gründungsziel war die Schaffung eines öffentlichen Orts der Auseinandersetzung mit historischen und gegenwärtigen Entwicklungen im Bezirk Harburg. Im Mittelpunkt der Arbeit sollte die Erforschung der Firmen-, Arbeits- und Alltagsgeschichte Harburgs stehen. Hintergrund für die Initiative war die Bezirksreform 2008: Wilhelmsburg und damit auch die Geschichtswerkstatt in der Honigfabrik, beide bis dahin Teil des Bezirks Harburg, gehörten nun durch diesen Verwaltungsakt zum Bezirk Mitte. Harburg stand damit als einziger Hamburger Bezirk ohne Geschichtswerkstatt da. Gut, dass sich engagierte Harburgerinnen und Harburger gefunden haben, die dafür sorgten, dass der Bezirk zu einer neuen Geschichtswerkstatt kommt.

Adresse: Kanalplatz 16, 21079 Hamburg, 🌐 www.geschichtswerkstatt-harburg.de

‣ KulturWerkstatt Harburg
Hier werden verschiedene Veranstaltungen und Angebote wie Konzerte, Lesungen, Gruppen und Kurse angeboten. Die Themen sind Malerei, Musik, Literatur, Kino und analoge Fotografie. Aber auch Chorgesang, Geschichtswanderungen am Hafen, Boule im Park und viele Bücher im gemütlichen Lesecafé gehören dazu. Die KulturWerkstatt und die Geschichtswerkstatt Harburg sitzen im gleichen Gebäude.
Infos: 🌐 www.kulturwerkstatt-harburg.de

‣ VHS Harburg und Bücherhalle Harburg
Aufgrund der ländlichen Struktur vieler Harburger Stadtteile unterhält die Hamburger Bücherhalle zusätzlich einen Bücherbus, der Kitas, Schulen und ausgewählte Haltepunkte anfährt. Der Schwerpunkt des Lesematerials liegt auf der Leseförderung und dem Zugang zu Medien für alle, die keine Bibliothek in der Nähe haben. In jedem Bus präsentiert die Bücherhalle Hamburg 4500 Medien. Die Bücherbusse haben einen Fahrstuhl und sind damit auch barrierefrei zugänglich.
Adresse: Eddelbüttelstraße 47a, 21073 Hamburg, ✆ 040/772922

Treffs & Begegnungsstätten

‣ Katholische Pfarrei St. Maximilian Kolbe – St. Franz-Joseph – St. Maria Harburg
Die Chorgemeinschaft gründete sich 1999. Gesungen werden Gospels, Spirituals, neue und alte Kirchenlieder, Folk, internationale Volksweisen und „Klassiker" der Popmusik.
Adresse: Museumsplatz 4, 21073 Hamburg, 🌐 www.maximiliankolbe-hh.de

Abenteuer, Freizeit & Natur

‣ Leinen los für den Seetiger
Der „Hausboot Hafen Hamburg" liegt in einem beschaulichen Nebenarm der Elbe, genau zwischen Stadt und Naturschutzgebiet in Neuland. Hier werden wunderschöne Hausboote nach ökologischen Maßstäben gebaut. Einige der vor Ort gefertigten Hausboote und eine kleine Flotte weiterer spannender Wasserfahrzeuge kann man für besondere Momente auf dem Wasser mieten. So ist das Floß „Seetiger" das erste Charterfloß Hamburgs. Es ist führerscheinfrei und bietet Sitzplätze für 12 Personen. Saison ist von April bis Ende Oktober.
Adresse: Neuländer Hauptdeich 11, 21079 Hamburg, 🌐 www.hausboot-hafen-hamburg.de

‣ Veloroute 10 und 11 zur Alten Harburger Elbbrücke
Wer sich aus der Hamburger City mit dem Fahrrad auf den Weg nach Harburg macht, nutzt die beiden frisch ausgebauten Velorouten 10 und 11 und passiert am Eingang von Harburg die unter Denkmalschutz stehende Alte Harburger Elbbrücke. Die imposante Fuß- und Radwegebrücke wurde im Jahr 1899 gebaut und diente bis Anfang der 1970er-Jahre als Straßenbahnbrücke.

‣ Familienausflüg nach Rönneburg
Die Künstlerin Hanne Darboven hatte ihr Refugium in Rönneburg, das 3000 Einwohner hat. Der Stadtteil grenzt an Gut Moor, Wilstorf, Langenbek und Sinstorf. In Rönneburg ist die urbane Hektik weit weg; der Stadtteil besitzt einen sehenswerten historischen Ortskern – die reetgedeckten Bauernhöfe und Fachwerkhäuser stammen teils noch aus dem 17. und 18. Jahr-

hundert. Doch die Natur ist die eigentliche Sehenswürdigkeit Rönneburgs. Umgeben von Wäldern, Wiesen und Feldern lädt Rönneburg zu einem Familienausflug ein. Voll auf ihre Kosten kommen auch Naturliebhaber und Wanderer. Der historische Burgberg ist ein beliebtes Wanderziel und bietet eine fantastische Aussicht auf der 80 Meter langen und 35 Meter breiten Aussichtsplattform, 45 Meter über dem Meeresspiegel. Wer den unbefestigten Pfad hinaufsteigt, gerät richtig ins Schwitzen, denn es geht ziemlich steil bergauf. Der Weg durch das Naturschutzgebiet lohnt sich aber: Man läuft unter mächtigen, jahrhundertealten Buchen entlang, hört die Vögel zwitschern und kann Tiere beobachten.
Infos: 🌐 www.hamburg-lodge.de/Regionales/Roenneburg

Sport & Kontemplation

▸ Mit dem Wasserlift übern Baggersee
Der Neuländer See im Stadtteil Neuland ist vor allem im Sommer ein großer Anziehungspunkt. Es lässt sich ebenso gut um den See wandern wie in der Parkanlage relaxen. Für Wasserski- und Wakeboard-Fans hat der Baggersee eine besondere Bedeutung, schließlich steht hier Hamburgs einzige Wasserski- und Wakeboard-Anlage. Wer die beiden Sportarten lernen will, kann dieses mit den angebotenen Anfänger- und Ferienkursen tun.
Adresse: Am Neuländer Baggerteich 3, 21079 Hamburg,
🌐 wasserski-hamburg.de

▸ TuS Harburg
Der Turn- und Schwimmverein Harburg bietet Tennis, eine Schwimmschule für Kinder, Schwimmtraining, Aqua-Fitness, Reha-Sport, Fitness und Krafttraining sowie Bewegungskurse an.
Adresse: Bostelbeker Damm 2, 21079 Hamburg, 🌐 www.tus-harburg.de

▸ Sport Spaß Harburg
Das Sportcenter umfasst circa 2100 Quadratmeter und bietet neben zwei großen Gymnastik-/Tanzräumen auch einen Fitnessgerätebereich.
Adresse: Harburger Ring 10, 21073 Hamburg, 🌐 www.sportspass.de/center

▸ Harburger Sportclub von 1904/07 e. V.
Als Mitglied im Harburger Sport-Club kann man sich für Tanzen, Boxen, Springen und Laufen entscheiden. Denn die Vielfalt der angebotenen Sportarten und Kurse ist riesig. Erwachsene und Kinder können hier Badminton spielen, Kickboxen, Pilates-Kurse besuchen, aber auch außergewöhnliche Sportarten ausprobieren. Bujinkan Budo Taijutsu zum Beispiel, eine Form der japanischen Kampfkunst. Fußball gibt es auch.
Adresse: Hölscherweg 11, 21077 Hamburg,
🌐 www.harburgersc.de/Unser-Verein
burg, 🌐 www.harburger-turnerbund.de

▸ Freie Sportvereinigung Harburg-Rönneburg von 1893 e. V.
Mit einem konzentrierten sportlichen Angebot in Sachen Fußball, Volleyball, Handball, Budo-Sportarten, Ringen, Yoga, Pilates und Turnen/Fitness punktet der FSVR in Harburg.
Info: 🌐 www.fsvharburg-roenneburg.de

▸ Bhakti Yoga Zentrum Hamburg
Bhakti Yoga ist einer der vier wichtigsten spirituellen Pfade im Yoga. Zu Bhakti Yoga zählen unter anderem Chanting, Japa und Kirtan (das Rezitieren von Mantren und spiritueller Gesang), Pujas (spirituelle Zere-

monien, in denen zusammen mit Gesang Gaben vor einen Altar gegeben werden, um die jeweilige Gottheit zu ehren). Das Bhakti Yoga Zentrum in Harburg bietet Veranstaltungen, Meditation und weitere Informationen rund um den hinduistischen Religionskomplex.
Adresse: Krummholzberg 9, 21073 Hamburg, 🌐 www.bhaktiyogazentrum.de

Märkte & Feste

▸ Binnenhafenfest
Mit dem Binnenhafenfest wird die maritime Kultur im Süden Hamburgs gefeiert. Schiffsparaden, Open Ships und ein kulturelles Angebot zu Wasser und an Land laden dazu ein, auf dem Familien- und Vereinsfest den Binnenhafen zu entdecken. Die Konzerte auf dem familienfreundlichen Fest enden zumeist am frühen Abend. Veranstaltet wird das Fest von der Kulturwerkstatt Harburg, dem Museumshafen MuHaHar und dem Yachtclub Hansa.
Info: 🌐 www.harburger-hafenfest.de

▸ Sommer im Park
Traditionell findet Ende August das Kulturfestival „Sommer im Park" im Harburger Stadtpark statt. Tanz, Theater, Musik und Comedy – so vielfältig wie Harburg ist auch das Programm. Gemeinschaftlich mit den beiden Harburger Musikclubs „Marias Ballroom" und dem „Stellwerk" und der musikalischen Leitung durch Jan Schröder organisiert der Harburg Marketing e. V. das künstlerische Event unter dem Himmel Harburgs.
Infos: 🌐 www.sommer-im-park-harburg.de

Familienfreundlich und vielfältig: das Binnenhafenfest

Eißendorf, Heimfeld, Langebek, Marmstorf, Sinstorf

(Bezirk Harburg)

Sehenswertes

▸ Hügelgrab in Langenbek
Im beschaulichen Langenbek versteckt sich ein spannendes Bodendenkmal: Am Rande einer Grünanlage liegt ein mehrere Tausend Jahre altes Hügelgrab, das 1956 von Archäologen des Harburger Helms-Museums (heute: Archäologisches Museum Hamburg und Stadtmuseum Harburg, AMH) erforscht wurde. Dabei wurden Schwerter und Langspitzen gefunden, die aus der Bronzezeit stammen. Wer in dem Wäldchen bestattet wurde, wissen die Forscherinnen und Forscher jedoch bis heute nicht. Es könnte sich zum Beispiel um eine Familie von gehobenem Stand handeln – denn in der Regel galt ein Hügelgrab als Privileg, das elitären Kreisen vorbehalten war. Das Hügelgrab ist seit 1999 ein geschütztes Denkmal, um das

mit der Parkanlage Langenbeker Feld ein grüner Rückzugsort angelegt wurde.

▸ Sinstorfer Kirche: Die älteste Kirche Hamburgs

Nirgendwo sonst in Hamburg steht noch eine Kirche aus dem Mittelalter, genauer gesagt aus dem 11. Jahrhundert. Auch wenn im Laufe der Zeit Umbauten stattgefunden haben, spürt und riecht man beim Betreten des Gotteshauses noch den altertümlichen Esprit der Sinstorfer Kirche. Auch die umgebenden Bäume sollen bereits ein halbes Jahrtausend auf dem Buckel haben.
Adresse: Sinstorfer Kirchweg 21, 21077 Hamburg, 🌐 www.kirche-hamburg.de/gemeinden/ev-luth-kirchengemeinde-sinstorf.html

Die Sinstorfer Kirche ist ein Hochzeitsgeheimtipp.

▸ Jüdischer Friedhof Harburg

Eine jüdische Begräbnisstätte in Harburg-Heimfeld ist seit dem 17. Jahrhundert nachweisbar. Der Jüdische Friedhof Harburg war der Begräbnisplatz der Synagogengemeinde Harburg-Wilhelmsburg und wurde ebenfalls für die jüdischen Gemeinden in Harburg, Winsen/Luhe, Tostedt und Lüneburg genutzt. Erhalten sind auf dem Friedhofsareal von circa zwei Hektar 239 Grabsteine. Die letzte Bestattung auf dem jüdischen Friedhof Harburg fand im Jahre 1935 statt. Der Friedhof wurde, wie auch die Synagoge, in der Folge der „Reichspogromnacht" am 10. November 1938 geschändet und das Totenhaus durch Brandstiftung zerstört und 1939 abgerissen. Führungen über den alten Jüdischen Friedhof Harburg werden vom Archäologischen Museum Hamburg und Stadtmuseum Harburg (AMH) angeboten.
Adresse: Schwarzenbergstraße, 21073 Hamburg

Treffs & Begegnungsstätten

▸ AWO Jugendclub Heimfeld

Im Jugendtreff Heimfeld können sich Mädchen und Jungen ab circa zehn Jahren treffen. Es werden Kurse und Freizeitangebote verschiedener Art gemacht, Hausaufgabenhilfe angeboten, Beratung unter anderem zur beruflichen Orientierung durchgeführt und Projekte und Ferienprogramme veranstaltet. Montag ist Jungentag, Dienstag ist Mädchentag.
Adresse: Grumbrechtstraße 65, 21075 Hamburg, ✉ jugendclubheimfeld@awo-hamburg.de, 🌐 www.awo-hamburg.de/kinder-jugend-familie/offene-kinder-und-jugendarbeit

▸ Eißendorfer Schützenverein von 1878 e. V.

Einmal jährlich findet ein Vogelschießen statt, das durch den Eißendorfer Schützenverein von 1878 veranstaltet wird. Es beginnt am ersten Wochenende im Juni, freitagsabends mit einem Ummarsch durch Eißendorf und anschließendem Zapfenstreich im Göhlbachtal. Neben dem Vogelschießen veranstaltet der Eißendor-

fer Schützenverein am Vogelschießen von Samstag bis Montag noch ein Dorffest mit vielen kostenlosen Auftritten für die Einwohner von Harburg. Die Räumlichkeiten im Vereinshaus können auf Anfrage gemietet werden.
Adresse: Schießanlage, Strucksbarg 37a, 21077 Hamburg, 🌐 www.esv1878.de

Abenteuer, Freizeit & Natur

▸ Stadtpark Harburg
Der Harburger Stadtpark ist ein im Stil der 1920er-Jahre angelegter Volkspark in den Stadtteilen Marmstorf und Wilstorf, der in anspruchsvollem Terrain mit seiner zeittypischen Gestaltung die umgebende Landschaft mit einbezog. Ein gut ausgebautes Wegenetz von insgesamt mehr als 16 Kilometern Länge erschließt den Park auf vielfältige Weise. Besonders hervorzuheben ist der drei Kilometer lange Rundweg um den Außenmühlenteich. Wer sich von den Uferwegen in die hügeligen Waldbereiche begibt, wird dort besonders durch vielfältige, schöne Aussichten auf die Wasserflächen belohnt werden.
Adresse: Am Kleinen Dahlen 1A, 21077 Hamburg

Ein herrlicher Platz zum Entspannen

Cranz, Neuenfelde, Francop, Altenwerder

(Bezirk Harburg)

Sehenswertes

▸ Zu Besuch in einem verschwundenen Dorf
Altenwerder wurde in den 1970er-Jahren wegen der Hafenerweiterung geräumt. Das einstige Dorf an der Autobahn A7 ist heute zwar nahezu unbewohnt, lebt aber weiter – mit einem Trucker-Treff, der St. Gertrud Kirche und einem der modernsten Containerterminals der Welt, das gleichzeitig vier Schiffe be- und entladen kann. Heute sollen wieder drei Personen im Dorf leben.
Infos: 🌐 www.hamburg.de/sehenswertes-altenwerder/

Abenteuer, Freizeit & Natur

▸ Das Tor zum Alten Land
Die Hamburger Stadtteile Cranz, Francop und Neuenfelde gehören zum Alten Land. Mit seinen Traditionslokalen, Obstplantagen und zahlreichen Hofläden ist vor allem Cranz ein Besuchermagnet, der viele Tagesausflügler anzieht, und gilt als Tor zum Alten Land. Liebhaber der Region kommen gerne per Elbfähre von Blankenese via Neuenfelde; besonders am Wochenende haben viele Gäste ihr Fahrrad dabei. Radelnd ist Cranz, in dem knapp 800 Einwohner leben, schnell erkundet. Das 1,3 Quadratkilometer kleine Örtchen hat nur vier Straßen. Ihre Namen deuten

es an: Die Deiche von Elbe und Este spielen eine große Rolle in dem einstigen Schifferort. An den Deichen reihen sich in bunter Mischung die Häuserfronten entlang – von altem Fachwerk bis zum Neubau.
Infos: 🌐 www.hadag.de/de/linien/hbel

▸ Einmal nach Blankenese rüberwinken
Gleich zwei Sperrwerke verbinden Cranz mit dem benachbarten Stadtteil Neuenfelde. Das innere Estesperrwerk ist das beschaulichere von beiden und wurde 1961 erbaut, um Cranz vor Hochwasser zu schützen. An schönen Tagen kann man Stunden auf der Fußgängerrollbrücke zubringen, um von oben dem Treiben auf dem Wasser zuzuschauen. Das größere Estesperrwerk dagegen befindet sich an der Mündung des Flusses in die Elbe. Die markante Klappbrücke hat Wiedererkennungswert und ist wohl das architektonische Wahrzeichen von Cranz. Von hier können Ausflügler bis zum Süllberg in Blankenese blicken und einmal zur anderen Flussseite rüberwinken.
Info: 🌐 www.hamburg.de/highlights-der-metropolregion-hamburg/3242/altes-land/

Das Estesperrwerk in Cranz

Sport & Kontemplation

▸ Reit- und Fahrverein Neuenfelde e. V.
Der Verein hat seine Anlage im Herzen von Neuenfelde. Neben einer Reithalle (20 x 40 Meter) verfügt dieser über einen beleuchteten Außenplatz (25 x 65 Meter), einen großen Grasspringplatz, einen Longierzirkel sowie zahlreiche Abreite- oder Parkflächen. Training ist nur mit eigenen Pferden oder Reitbeteiligungen möglich. In regelmäßigen Abständen bietet der RUFV verschiedene Lehrgänge an (z. B. Dressur, Springen, Bodenarbeit oder Erste Hilfe). Dies orientiert sich am Bedarf der Mitglieder. Durchgeführt werden ebenso Reitabzeichenlehrgänge. Regelmäßiger Dressur- und Springunterricht findet auf der Anlage bei verschiedenen Trainern statt. Zweimal im Jahr verwandelt sich die idyllische Anlage in einen Turnierplatz, wo von Einsteigerprüfungen bis hin zur Klasse S vieles angeboten wird.
Adresse: Arp-Schnitger-Stieg 37a, 21129 Hamburg, 🌐 www.rufv-neuenfelde.de

Moorburg, Hausbruch, Neugraben-Fischbek

(Bezirk Harburg)

Sehenswertes

▸ Harburger Berge
Mit den Harburger Bergen haben Urlauber und Tagesausflügler in Hausbruch ein

Naturparadies quasi vor der Haustür. Die Wald-, Heide- und Ackerlandschaft besitzt mit den Buchenwäldern im Rosengarten und dem Wildpark Schwarze Berge lohnende Ausflugsziele, die allerdings bereits im angrenzenden Bundesland Niedersachsen liegen. Für die schnelle Erreichbarkeit der Hamburger Innenstadt sorgt die S-Bahn, welche man am Bahnhof Neuwiedenthal besteigen kann. Hausbruch besitzt mit der Thomaskirche und der Allerheiligen-Kirche der ukrainisch-katholischen Gemeinde gegensätzliche und doch viel besuchte Gotteshäuser. Naturliebhaber werden den Lehrpfad Feuchtbiotop Neugrabener Moor erkunden. Überregional bekannt ist Erich Gerer. Der österreichische Bildhauer schnitzte im Ort die größte Eule und den größten Bären weltweit. Die sieben Meter hohe Eule musste allerdings 2020 abgerissen werden. Sie war von innen morsch geworden.

Bildungs- & Kreativangebote

▸ Bücherhalle Neugraben-Fischbek
Die gut sortierte Stadtbücherhalle ist der Anlaufpunkt für den gesamten Süderelbe Raum.
Adresse: Neugrabener Markt 7, 21149 Hamburg, 🌐 www.buecherhallen.de/neugraben.html

Treffs & Begegnungsstätten

▸ Bürgerverein Süderelbe e. V.
2023 feiert der BVS sein 75-jähriges Jubiläum. Neben Touren in und außerhalb Hamburgs ist die Förderung eines vielfältiges Vereinslebens und die Verbundenheit der Mitglieder ein großes Anliegen des Bürgervereins Süderelbe. Das Ziel ist es, gemeinsam an der Gestaltung von Neugraben-Fischbek mitzuwirken und sich auch in die Lokalpolitik einzumischen.
Adresse: Feuchtheide 21, 21149 Hamburg, 🌐 www.buergerverein-suederelbe.de

▸ Schützenverein Hausbruch, Alt und Neuwiedenthal von 1898 e. V.
Das Schützenvereinsleben ist eine eigene Welt, die in Hamburg-Harburg noch intensiv gelebt wird. Auch im traditionsreichen Schützenverein Hausbruch haben Gemeinschaft, Sport und Tradition einen hohen Stellenwert. Dazu gehören auch die Vereinsaktivitäten, die all dies vereinen und für ein großartiges Miteinander sorgen. Zu den beliebtesten Vereinsaktivitäten im Schützenverein gehört mit Abstand das Schützenfest. Ob selbst eins organisiert oder nur an einem teilgenommen wird, ist dabei nicht immer wichtig. Warum nicht mal bei einem Schützenfest samt Vogelschießen mitmachen? Dieses findet zumeist im Juni statt. Auskunft gibt der Verein.
Adresse: Ehestorfer Heuweg 12–14, 21149 Hamburg, 🌐 www.sv-hausbruch.de

Abenteuer, Freizeit & Natur

▸ Hamburgs Alpen
Während Bergedorf nichts mit Bergen zu tun hat, wird es in Harburg für norddeutsche Verhältnisse hügelig und bergig.
In dem Naturpark findet man alles, was das Outdoor-Herz begehrt – so auch den höchsten Punkt Hamburgs. Der Hasselbrack ist mit 116 Metern über Normalnull die höchste natürliche Erhebung der Stadt und liegt an der Grenze zu Niedersachsen. Den Hasselbrack zu finden, gestaltet sich allerdings etwas schwierig, da er nicht ausgeschildert ist. Dies ist kein Versehen, denn auf dem Gipfel des Hasselbracks

lebt eine seltene Eulenart in freier Wildbahn. Daher führt auch der Weg zu Hamburgs höchstem Gipfel mitten durch ein Naturschutzgebiet – verschlafene Schleichwege ebnen den Weg bis ganz nach oben. Die NABU-Gruppe Süd bietet Führungen zum Hasselbrack an. Besucher können mit einer Botanikerin und einem Vogelkundler einen kostenlosen Spaziergang zum Gipfel unternehmen. Ansprechpartner der NABU-Gruppe Süd ist Frederik Schawaller.
Infos: ✉ sued@nabu-hamburg.de,
🌐 hamburg.nabu.de/wir-ueber-uns/stadtteilgruppen/sued/index.html

▸ Wandern und Mountainbiken

Hat man Lust, dem Lärm der Großstadt zu entfliehen, findet man in den Harburger Bergen inmitten der Naturwälder und großen Heideflächen beste Voraussetzungen für Ruhe und Entspannung. Der Einstieg ist leicht: Ganz in der Nähe der S-Bahn-Haltestelle Neuwiedenthal in Hausbruch beginnt eine Wanderroute (W1), die nach wenigen Hundert Metern den Lärm der Stadt hinter sich lässt und durch Wälder und Hügel in die Neugrabener Heide führt. Dem Wanderer eröffnen sich einzigartige Aussichten auf Hamburg und das Elbe-Urstromtal. Der Regionalpark Rosengarten, in dem sich die Wanderroute W1 befindet, bietet auch für Mountainbiker gute Möglichkeiten für eine Halb- oder Tagestour.
Infos: 🌐 www.alltrails.com/de/route

▸ Lehrpfad Neugrabener Moor

Die Gartengemeinschaft Neugrabener Moor e. V. hat ein Drittel ihrer 60 000 Quadratmeter zu einer Sumpf- und Moorlandschaft gemacht, dem Lehrpfad „Feuchtbiotop Neugrabener Moor“. Die folgenden Stationen können die Besucher über naturnah angelegte Vereins- und Wanderwege erreichen: Insektenhotel, Erlenbruch, Bauernkate mit Storchenhorst, Bauernkaten und Kernobstallee. Das Vereinshaus kann auf Anfrage für private Feiern genutzt werden.
Adresse: Neugrabener Moor, Francoper Str., 21147 Hamburg,
🌐 www.neugrabener-moor.gartenfreunde-hh.de/die_anlage/der_lehrpfad/

▸ Revier Hausbruch

Das Revier ist von vielen Tälern geprägt. Erhebungen bis zu 90 Metern über NN erlauben weite Ausblicke auf die weitere Umgebung. Die Region lädt mit ihrer abwechslungsreichen Landschaft und ihren verschiedenen Waldbildern zu erholsamen Wanderungen ein. Zum Revier gehört auch das Naturschutzgebiet Nincoper Moor in der Elbmarsch. Besucherinnen finden im Revier rund 40 Kilometer Wanderwege mit teilweise erheblichen Steigungen und circa 10 Kilometer Reitwege vor. In Ehestorf liegt der „Wildpark Schwarze Berge“ und das „Freilichtmuseum Kiekeberg“, das zum Landkreis Harburg und somit Niedersachsen gehört, aber für Hamburger ein beliebtes Ausflugsziel ist.

▸ Naturschutzgebiet Fischbeker Heide

Wenn von Mitte August bis Anfang September die Besenheide blüht, breiten sich in Hamburgs drittgrößtem Naturschutzgebiet, der Fischbeker Heide, riesige lila Teppiche aus, die der Landschaft ein großartiges Gepräge geben. Ein Spaziergang in dieser Jahreszeit wird zu einem besonderen Erlebnis für Auge und Ohr, denn anders als seine größere Schwester, die Lüneburger Heide, ist das Hamburger Schutzgebiet bei Weitem nicht so überlau-

Kiefer im Naturschutzgebiet Fischbeker Heide

fen. Und wer die rechte Muße mitbringt, wird belohnt durch das Entdecken einer immens artenreichen Pflanzen- und Tierwelt.

▸ Naturschutz-Informationshaus
Im Fischbeker Heideweg 43 ist in einem umgebauten Schafstall ein Naturschutz-Informationshaus eingerichtet, das von der Loki-Schmidt-Stiftung geführt wird. Dort ist anhand von schön gestalteten Tafeln und Dioramen und durch die fachkundige Betreuung alles Wissenswerte über die Fischbeker Heide zu erfahren. Gruppen können Führungen buchen und das dahinterliegende Seminargebäude nutzen.
Ein ausgewiesener archäologischer Wanderpfad führt von der Siedlung Tempelberg aus zu mehreren Großstein- und Hügelgräbern aus der Steinzeit.
Die einzige Heidschnuckenherde im Schutzgebiet wird täglich gegen 9.30 Uhr vom Schäfer und Hütehund in die Heide geführt und gegen 16.30 Uhr zurückgetrieben. Der Stall befindet sich am Informationshaus.
Adresse: Naturschutz-Infozentrum Fischbeker Heidehaus, Fischbeker Heideweg 43a, 21149 Hamburg,
🌐 www.loki-schmidt-stiftung.de/fischbek

Sport & Kontemplation

▸ Hausbruch-Neugrabener Turnerschaft e. V.
Tradition und Engagement seit über 100 Jahren – die HNT steht für Sportangebote vom Jedermannsport bis hin zum Spitzensport. Mit rund 4500 Mitgliedern gestaltet der Verein sportliche Aktivitäten mit dem Ansporn, neue Sportangebote anbieten zu können und bestehende weiterzuentwickeln. Zum Beispiel schweißtreibendes Hullern mit Hula Hoop. Oder auch Geräteturnen für Jungen. Aerobic, Fitness und Trendsport, Aikido, Ballett, Boxen, Herzsport, Irish Dance, Leichtathletik, Nordic Walking, Seniorensport, Tanzen, Tennis, Triathlon ... das sportliche Angebot ist riesig.
Adresse: Cuxhavener Str. 253, 21149 Hamburg, 🌐 www.hnonline.de

Bezirk Wandsbek

Wie schon zuvor Altona, Bergedorf, Eimsbüttel und Harburg ist auch der Stadtteil Wandsbek namensgebend für den gesamten Bezirk, der mit über 420 000 Einheimischen auch der größte der schönsten Stadt der Welt ist. Die Geschichte und Entwicklung des Gebiets ist eng mit dem Flusslauf der Wandse verknüpft. Wasserkraftwerke ermöglichten schon früh die Ansiedlung von Handwerk und Gewerbe. Wandsbek, 1296 erstmals urkundlich erwähnt, verlor zusammen mit Altona, Bergedorf und Harburg durch das Groß-Hamburg-Gesetz 1937 seine Selbstständigkeit. Damals hatte die Stadt 48 000 Einwohner.

Wandsbek, das eine große Industrie hatte, wurde im Zweiten Weltkrieg im Rahmen der Operation Gomorrha (Juli 1943) großflächig beschädigt und zerstört. Die typischen wiederaufgebauten Häuser der 1950er-Jahre sind daher zahlreich vertreten und bestimmen mitunter das Gesicht ganzer Straßenzüge. Die Kriegsschäden sind ebenso dafür verantwortlich, dass der Stadtteil Wandsbek keinen vergleichbaren historischen Kern wie Altona, Bergedorf oder Harburg hat. Dennoch hat sich u. a. in Marienthal eine Villengegend erhalten, deren Gründerzeithäuser Auskunft über den alten Glanz geben. Zum Kerngebiet der Stadt Wandsbek zählten die Stadtteile Wandsbek, Eilbek, Jenfeld Marienthal und Tonndorf. Die weiteren Stadtteile sind: Bergstedt, Duvenstedt, Farmsen-Berne, Rahlstedt, Steilshoop, Volksdorf, Wellingsbüttel, Bramfeld, Hummelsbüttel, Lemsahl-Mellingstedt, Poppenbüttel, Sasel und Wohldorf-Ohlstedt. Damit setzt sich der Bezirk aus insgesamt 18 Stadtteilen zusammen, die ein vielfältiges Bild abgeben.

Das ehemalige Dorf Wandsbek hatte sich im Laufe der Jahrhunderte zu einem Lehngut und einem adligen Gut mit herrschaftlichem Sitz über einen Fabrikort zu einer kreisfreien Stadt mit 28 000 Einwohnern (1901) entwickelt. Schleswig-Holstein zugehörig, stand es lange unter dänischer und ab 1866 unter preußischer Verwaltung. Wandsbek war in der zurückliegenden Zeit durch seine Grünanlagen und Unterhaltungsangebote ein Anziehungspunkt für Erholung suchende Großstädter. Der Dichter und Journalist Matthias Claudius (1740–1815), der hier lebte und wirkte, warb aus Überzeugung für seinen Heimatort und machte ihn durch die von ihm redigierte Zeitung „Der Wandsbeker Bothe“ in der deutschen Geisteswelt bekannt. Lange Zeit war Wandsbek von damals unbekannter Toleranz geprägt. Schon um das Jahr 1600 wurden Juden als Mitbürger geduldet. Sie trugen zur Entwicklung des Gemeinlebens bei. Ähnliches galt für die Mennoniten. Protestanten konnten ab dem 16. Jahrhundert Gottesdienste in einem Raum des Wandsbeker Schlosses abhalten. In seiner Toleranz ähnelt Wandsbek Altona/Elbe, und ein wenig merkt man den Wandsbekern und Wandsbekerinnen noch heute diesen besonderen Touch Weltoffenheit an.

Bezirksamt Wandsbek
Schlossstraße 60
22041 Hamburg
www.hamburg.de/wandsbek

Wandsbek, Eilbek, Jenfeld, Marienthal, Tonndorf

(Bezirk Wandsbek)

Sehenswertes

▸ Wandsbeker Marktplatz

Der Wandsbeker Marktplatz ist nicht schön – er ist aber das Herzstück von Wandsbek, markiert dieser doch das historische Zentrum der selbstständigen Stadt

Wandsbek bis 1937. Als Verkehrsknotenpunkt mit Omnibusbahnhof und U-Bahn-Station, Shopping Center in Sichtweise wie auch dem Bezirksamt und dem neben dem Busbahnhof anliegenden Platz (Verkehrsinsel), der mit Sitzgelegenheiten ausgestattet ist, ist der Wandsbeker Marktplatz ein idealer Treffpunkt. Auf dem großzügigen Platz finden regelmäßig Festivitäten wie Sommerfeste, Weihnachtsmarkt Winterzauber und das größte Oktoberfest Hamburgs statt.

▸ Es war einmal eine Schokofabrik

Die alten industriellen Fabriken gibt es (fast) nicht mehr in Wandsbek. Was es jedoch gibt, sind einige sichtbare Überbleibsel wie die erste „Wandsbeker Schokoladenfabrik". Diese befand sich in den Gebäuden des heutigen Gewerbehofes in der Neumann-Reichart-Straße 27–33. Sie hieß „Kakao-Compagnie Theodor Reichard" und war zeitweise das größte Kakao- und Schokoladenwerk Deutschlands. Wer dem Gewerbehof einen Besuch abstattet, kommt aus dem Staunen nicht mehr heraus, denn dieser ist riesig. Noch immer ist ein Teil der Bahnschienen zu sehen, die direkt in das Gelände führen. Der Komplex gibt eine Ahnung davon, was für eine industriel e Kraft einst in der Stadt Wandsbek ansässig war. 1949 kamen die Stockmann-Werke und heute produziert die Nestlé Deutschland AG in Sichtweite der ehemaligen alten Kakao-Compagnie. Der Besuchereingang ist in der Efftingestraße 39. Die Buslinie 11 braucht von Wandsbek Markt 5–7 Minuten in die Neumann-Reichart-Straße.

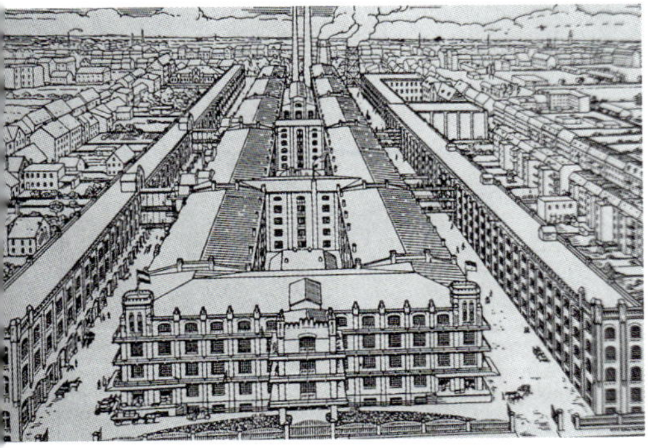

Wandsbek war mal die Schokoladenhochburg Deutschlands.

▸ Industrie-Architektur

In Wandsbek befindet sich ein bedeutendes Industriedenkmal. Das „Haus Neuerburg" ist ein Paradebeispiel für ein architektonisch überaus gelungenes Fabrikgebäude. Die reich verzierte, expressionistische Fassade aus rotem Klinker entstand 1927 nach Plänen des berühmten Architekten Fritz Höger, der auch das markante Chilehaus im Kontorhausviertel entwarf. Lange Jahrzehnte diente Hamburgs wohl schönste Fabrik der lukrativen Herstellung von Zigaretten. Heute sitzt eine Verwaltung in dem Anwesen.
Adresse: Walddörferstraße 103, 22041 Hamburg

Kunst, Kultur & Clubs

▸ Kulturschloss Wandsbek

Das Kulturschloss Wandsbek liegt mitten im Zentrum Wandsbeks und bietet mit zahlreichen Kursen und Veranstaltungen ein buntes Programm. Ob Theater, Musik, Ausstellungen, Diskussionsrunden oder gesellige Abende, hier findet jeder das Richtige für sich. Auch die Kurse in den Bereichen Kunst, Tanz, Musik, Theater, Weiterbildung, Gesundheit und Sprachen sind vielfältig. Der Trägerverein Kulturzentrum Wandsbek e. V. freut sich außerdem über kreative ehrenamtliche Mitstreiter, die mit eigenen Ideen oder in bestehenden Nachbarschafts-

gruppen das kulturelle und soziale Leben in Wandsbek gestalten wollen.
Adresse: Königsreihe 4, 22041 Hamburg, www.kulturschloss-wandsbek.de

▸ Der Mond ist aufgegangen

200 Jahre nach Matthias Claudius' Tod ist 2015 vor der Christuskirche am Wandsbeker Markt ein Denkmal enthüllt worden, das an das berühmteste Lied des Dichters erinnert. Es zeigt Claudius und einen am Firmament aufgehenden Mond sowie mehrere Sterne. Die Himmelskörper entsprechen exakt der Konstellation an Claudius' Geburtstag am 15. August 1740.
Infos: www.kirche-hamburg.de/gemeinden/ev-luth-christus-kirchengemeinde-wandsbek/

Die Bronzeskulptur von Waldemar Otte

Bildungs- & Kreativangebote

▸ Führungen durch das Studio Hamburg

Auf dem Produktionsgelände in Tonndorf bietet „Studio Hamburg" Führungen für Gruppen (z. B. für Schulklassen, Studien- und Seniorengruppen, Vereine und Ferienprogramme) an. Die Führungen bestehen aus einer 45-minütigen Vorstellung des Konzerns Studio Hamburg und einer Fragerunde sowie einer 60- bis 90-minütigen Führung durch die Studios. Es besteht auch die Möglichkeit, im Anschluss in der Filmkantine zu speisen.
Infos: Nicole Wenzel, studiofuehrung@studio-hamburg.de, 040/66882207

▸ Als Gast bei einer TV-Sendung

Studio Hamburg bietet Besucherkarten an für all diejenigen, die bei einer der zahlreichen Shows, die der NDR produziert, dabei sein wollen. Beispielsweise für die „NDR 3 Talkshow", Die „NDR Quizshow" oder „Wer weiß denn sowas?"
Adresse: Jenfelder Allee 80, 22045 Hamburg, www.tickets.endemolshine.de/studios/studio-hamburg/

▸ Geschichtswerkstatt Wandsbek

Die Geschichtswerkstatt Wandsbek und Marienthal besteht erst seit 2012. Schwerpunkt ist die Sozial- und Alltagsgeschichte „von unten". Der Verein mit Sitz im Kulturschloss Wandsbek hat sich hauptsächlich der Stadtteilgeschichte verschrieben.
Infos: www.geschichtswerkstatt-wandsbek.de

Treffs & Begegnungsstätten

▸ Bürgerverein Wandsbek e. V.

Ein guter Ansprechpartner für die Geschichte Wandsbeks ist der Bürgerverein. Im gleichen Haus sitzt auch das zugehörige Heimatmuseum. Ebenso gibt der Verein die Vereinszeitung „Wandsbek informativ" heraus.
Adresse: Böhmestraße 20, 22041 Hamburg, www.buergerverein-wandsbek.de

▸ Oduduwa House Kulturverein

Im Kulturverein Oduduwa House trifft sich vor allem die afrikanische Diaspora Ham-

burgs samt Freunden, um Zeit miteinander in einem authentischen nigerianischen Ambiente zu verbringen. Der Fernseher läuft mit voller Lautstärke, aus einer anderen Ecke kommt Musik aus einem PC, dazwischen viel Stimmengewirr, und oftmals wird im Rahmen des Zusammenkommens gekocht, und es gibt köstlichen Fisch mit viel Gemüse, Yams und einer scharfen Soße zu essen.
Adresse: Ahrensburger Straße 132A, 22045 Hamburg

Eine afrikanische Perle mitten in Tonndorf: das Oduduwa House

▸ Ein Tempel in Tonndorf: Wat Buddhabharami

Von außen wirkt der Wat Buddhabharami unscheinbar. Innen hat er mit seinen vergoldeten Buddha-Statuen und dicken roten Teppichen schon mehr Ähnlichkeit mit den Tempeln in Thailand. Vordergründiges Ziel des Wat Buddhabharami ist es, Thais und anderen Asiaten auch fern der Heimat eine religiöse Anlaufstelle und Gemeinschaft zu bieten. Zu den Angeboten des Wat gehören etwa thailändische Kulturfeste, Meditationskurse, aber auch die Vermittlung der thailändischen Sprache und Kunst. Wer sich also für die Kultur, Religion und Philosophie Thailands interessiert, ist hier bestens aufgehoben.
Adresse: Wöschenhof 11, 22045 Hamburg, 🌐 www.wbb-ha.com

Abenteuer, Freizeit & Natur

▸ Eichtalpark

Wer sich in Wandsbek, Eilbek oder Tonndorf nach ein paar Bäumen und frischer Luft sehnt, der hat mit Sicherheit sofort einen Park im Kopf – den Eichtalpark mit Adresse Ahrensburger Straße. Denn hier kann man entlang der Wandse ganz wunderbar ein Stück Natur genießen und findet zwischen Skulpturen & über 1000 Pflanzenarten mit Sicherheit ein bisschen Ruhe vom eher hektischen Wandsbeker Markt. Immer wieder faszinierend sind die 2007 restaurierten Sphingen aus dem Jahre 1775 am Eingangsbereich des Parks.
Infos: 🌐 www.denkmalverein.de/foerdern/foerderprojekte/restaurierung-sphingen-am-eichtalpark

Eine Besonderheit: Zwei Sphingen befinden sich am Eingang des Eichtalparks.

‣ Mühlenteichpark
Der Mühlenteichpark in der Nähe der S-Bahn-Station Friedrichsberg ist besonders unter Joggerinnen, Entenfreunden und spazierenden Pärchen beliebt. Die Runde um den See ist zwar nicht groß, aber dennoch einen Besuch wert. Wer die Route etwas verlängern will, läuft vom Mühlenteich weiter in Richtung Elbekanal und dann bis zur Alster.
Adresse: Mühlenstraße 7, 22049 Hamburg

Ein überaus idyllisches Plätzchen

Sport & Kontemplation

‣ Laufend durch Wandsbek
Die Laufstrecke liegt direkt an der Ahrensburger Straße. Die rund sieben Kilometer lange Route beginnt am Kupferteich und führt entlang der Wandse durch den idyllischen Eichtalpark. Vom Kupferteich führt der Weg zwischen Schrebergärten hindurch, vorbei am Tonndorfer Strandbad.

‣ Tae Guk Taekwondo
Taekwondo bedeutet frei übersetzt „Der Weg mit Händen und Füßen zu kämpfen". Ziel ist es, den Menschen mit dieser Kampfkunst gesund zu halten. Der Unterricht findet täglich für Erwachsene statt. Die Räumlichkeiten der Kampfkunstschule können auf Anfrage für Veranstaltungen gemietet werden.
Adresse: Neumann-Reichardt-Straße 34, 22041 Hamburg,
🌐 www.taeguk-hamburg.de

‣ TSV Wandsetal
Fußball, Tennis, Karate, Frauen Power, Fitness-Mix, Leichtathletik, Inklusionssport und vieles mehr bietet der Wandsbeker Sportverein TSV Wandsetal an.
Infos: ✉ info@tsvwandsetal.de,
🌐 www.tsvwandsetal.de

Märkte & Feste

‣ Wandsbeker Wochenmarkt
Der Markt liegt ein wenig versteckt hinter dem gleichnamigen Shoppingcenter. Mit bis zu 90 Ständen zieht der Markt seine Besucher aus einem großen Einzugsgebiet an. Die Traditionell sind Freitag und Samstag die meisten Marktbeschicker am Standort. Es gibt auch eine große Auswahl an Blumenhändlern.
Adresse: Quarree, 22041 Hamburg,
🌐 de-de.facebook.com/wandsbekerwochenmarkt/

‣ Like Ice and Sunshine
Die Kombination von „Eis und heiß" bietet vier Wochen lang Beach-Club-Atmosphäre und Programm für die ganze Familie.
Turnus: jährlich im Sommer
Adresse: Wandsbeker Marktplatz, 22041 Hamburg

‣ Oktoberfest in Wandsbek
Lederhosen, Dirndl, zünftige Wiesen-Hits: Nicht nur Spadenland weiß das Oktoberfest zu feiern, auch die Wandsbekerinnen und Wandsbeker sind ganz weit vorne und richten jährlich das größte Oktoberfest in Hamburg auf dem Wandsbeker Marktplatz aus. Seit 2022 gibt es zusätzlich das „Pink Oktoberfest" von „Pulverfass Cabaret".
Turnus: jährlich im September bis Anfang Oktober
Infos: 🌐 www.oktoberfest-wandsbek.de

Rahlstedt, Farmsen-Berne, Bramfeld, Steilshoop

(Bezirk Wandsbek)

Sehenswertes

▸ Alt-Rahlstedter Kirche

Die Alt-Rahlstedter Kirche ist eines der ältesten Kirchengebäude im norddeutschen Raum mit sehenswerten Kunstwerken. Regelmäßig werden Gruppenführungen angeboten. Des Weiteren unterstützt die Kirche verschiedenen Projekte unter anderem für Frauen und Flüchtlinge aus der Ukraine.
Adresse: Pfarrstraße 19, 22149 Hamburg, 🌐 www.kirche-alt-rahlstedt.de/page/8233/unsere-kirchen

▸ Gutshaus Berne und Park

Eine der angesagtesten Locations für Hochzeiten und Festivitäten: Das Berner Schloss ist ein pompöser Bau aus dem 19. Jahrhundert, der von einer idyllischen Grünanlage

Der Park lädt zum Verweilen ein, das Gutshaus zum Feiern.

mit einer wundervoll geschwungenen Wiese, kleinen Seen und Wäldchen umgeben ist, dem Berner Gutspark.

Kunst, Kultur & Clubs

▸ Kulturkreis Berner Schloss

Der Kulturkreis Berner Schloss e. V. ist aus dem Verein „Rettet das Berner Schloss" hervorgegangen, der sich für den Erhalt des Gutshauses nach drei Jahren Leerstand formiert hat. Sechs- bis siebenmal im Jahr bläst der Kulturkreis in verschiedenen Spielstätten kreativen Wind durch Berne. Im Berner Schloss, im Volkshaus Saselheider Weg und im Gemeinschaftshaus Karlshöher Weg gibt es mal Swing, mal Klassik, Weihnachts- und Wohnzimmerkonzerte.
Adresse: Pferdekoppel 6, 22159 Hamburg, 🌐 www.kulturkreis-berner-schloss.de/category/programm/

▸ Brakula Kulturzentrum

Der Brakula ist das erste und größte Stadtteilkulturzentrum im Nordosten Hamburgs. Beheimatet in einem 140 Jahre alten Bauernhaus mitten in Bramfeld steht der Brakula seit 40 Jahren für eine nicht

Das alte Bauernhaus ist eines der wenigen erhaltenen alten Häuser im ehemaligen Dorf Bramfeld.

kommerzielle, stadtteilbezogene Kultur- und Bildungsarbeit und ist darüber hinaus eine der wenigen Kultureinrichtungen im Bezirk Wandsbek. Im Angebot sind u. a. Literatur & Sprachen, Musik & Theater, Politik & Selbsthilfe. Es gibt Yoga- und Meditationsangebote, Swing-Tanzen und Pilates und natürlich auch viel Flohmarkt, so einen ausgewiesenen Frauenklamottenflohmarkt.
Adresse: Bramfelder Chaussee 265, 22177 Hamburg, 🌐 www.brakula.de

Bildungs- & Kreativangebote

▸ Gut Karlshöhe
In Bramfeld befindet sich das Gut Karlshöhe, ein bekanntes Bildungszentrum für Nachhaltigkeit mit unzähligen ökologischen Veranstaltungen wie Lesungen, Konzerten oder alternativen Hofmärkten. Betreiber des Umweltzentrums ist die Hamburger Stiftung für Klimaschutz (HKS), die das Zentrum erfolgreich führt. Mit seinen rund 1000 Veranstaltungen pro Jahr lockt der Gutshof Monat für Monat Kindergruppen, Familien und weitere Interessierte an. Themen wie Klima und Energie, Natur und Tiere, Wohlergehen, Konsumverhalten oder auch Handwerk stehen ebenso auf der Agenda wie die Erkundung des neun Hektar großen Geländes mit Wald, Schafsweiden, Bauerngarten und Obstwiese.
Adresse: Karlshöhe 60d, 22175 Hamburg, 🌐 www.gut-karlshoehe.de

▸ Stadtteilarchiv Bramfeld & Geschichtswerkstatt
Das Stadtteilarchiv Bramfeld erforscht – ebenso wie die weiteren Geschichtswerkstätten in Hamburg – die örtliche Geschichte für und in Zusammenarbeit mit den Bürgerinnen und Bürgern, also die große Geschichte im Spiegel des Alltagslebens. 1983 wurde das Archiv gegründet und befindet sich im Brakula in der Bramfelder Chaussee 265.
Infos: 🌐 www.stadtteilarchiv-bramfeld.de

Treffs & Begegnungsstätten

▸ Martin Luther King Kirche
Ihr liebevoller Name lautet „Schwimmbad". Die Martin Luther King Kirche in der Großwohnsiedlung Steilshoop wurde von Anfang an als Gemeindezentrum gedacht und gebaut. Frühstückstreff, Suppentreff, Bewegungstreff, interkulturelle Arbeit, Computersprechstunde und Seniorenarbeit sind die weiteren Angebote neben den Gottesdiensten.
Adresse: Gründgensstraße 28, 22309 Hamburg, 🌐 www.martin-luther-king-steilshoop.de

▸ Bürgerverein Farmsen-Berne
2022 feierte der Bürgerverein seinen sechzigsten Geburtstag. Ein besonderer Schwerpunkt der Arbeit liegt in der Stadtteilentwicklung. Hier arbeitet der Bürgerverein Farmsen-Berne über die Stadtteilgrenzen hinaus mit der Arbeitsgemeinschaft der Bürgervereine im Bezirk Wandsbek eng zusammen. Zudem bietet der Bürgerverein eine breite Palette gesellschaftlicher Veranstaltungen und Möglichkeiten der Freizeitbeschäftigung. Besonders am Herzen liegt es dem Bürgerverein, Kinder, Jugendliche und ältere Mitbürgerinnen und Mitbürger aktiv teilhaben zu lassen, sei es am Sport, beim Spiel, beim Schwimmen oder bei den gemeinsamen Ausfahrten.
Adresse: Berner Heerweg 183, 22159 Hamburg, 🌐 www.bv-farbe.de

Abenteuer, Freizeit & Natur

▸ Bramfelder See

Im Stadtteil Steilshoop verzaubert der Bramfelder See mit wunderschöner Natur und der größten Graureiher-Kolonie Hamburgs. Zudem ist er ein ideales Ziel für Erholungsuchende, Jogger und Naturliebhaber. Der Bramfelder See liegt genau an der Grenze zwischen den Bezirken Hamburg Nord und Wandsbek. Er grenzt nördlich an den Ohlsdorfer Friedhof und ist nicht weit entfernt vom Hamburger Flughafen. Der Rundweg ist 2,9 Kilometer lang und so dauert der Gang um den Bramfelder See etwa eine halbe Stunde. Westlich des Sees befindet sich ein großer Kinderspielplatz. Ein Grillplatz bietet im Sommer die Gelegenheit für einen Grillabend mit Freunden.
Adresse: 22177 Hamburg,
🌐 www.seen.de/bramfelder-see

Sport & Kontemplation

▸ AMTV Hamburg

Der Altrahlstedter Männerturnverein von 1893 e. V. (AMTV Hamburg) gehört zu den 50 größten Sportvereinen in Deutschland und zu den 10 größten Sportvereinen in Hamburg. Der Verein hat etwa 6000 Mitglieder und besitzt Abteilungen unter anderem für Gymnastik, Schwimmen, Tischtennis, Turnen, Handball, Tanzsport, Leichtathletik, Budo-Sport, Basketball, Triathlon und Karate. Ebenso gibt es ein großes Fitnessstudio und einen Lauftreff.
Adresse: Rahlstedter Str. 159, 22143 Hamburg, 🌐 www.amtv.de

▸ Bäderland Bramfeld

Sportlichen Schwimmern stehen sechs Bahnen im 25-Meter-Sportbecken zur Verfügung. Aber auch Nichtschwimmer kommen auf ihre Kosten: Ein eigenes Nichtschwimmerbecken erlaubt Entspannung und sorgt für Sicherheit. Ein 3-Meter-Sprungturm ist ebenfalls vorhanden.
Adresse: Fabriciusstraße 223, 22177 Hamburg, 🌐 www.baederland.de/baeder/standorte/bramfeld/

Märkte & Feste

▸ Bramfelder Stadtteilfest

Wie bunt und lebendig der Stadtteil Bramfeld ist, können Besucher des Stadtteilfestes erleben. Es gibt unter anderem Livemusik, Bühnenprogramm oder Aktionen für Kinder und Familien.
Infos: 🌐 www.brakula.de/stadtteilfest

Sasel, Wellingsbüttel, Hummelsbüttel, Poppenbüttel

(Bezirk Wandsbek)

Sehenswertes

▸ Wellingsbüttler Herren- und Torhaus

Das denkmalgeschützte, über 250 Jahre alte Gebäude bietet eine einzigartige Atmosphäre. Das ursprünglich als Pferdestall genutzte Gebäude bietet heute den Rahmen für etwa 60 Kulturveranstaltungen pro Jahr, die vom „Kulturkreis Torhaus“ ausgerichtet werden. Angrenzend an das Torhaus in Wellingsbüttel verläuft der Alsterwanderweg. Er ist eine der beliebtesten Spazierrouten Hamburgs. Vorbei

an Kleingärten und Gründerzeitvillen, Parks und Auenwiesen führt der Weg von der Innenstadt bis weit in den Norden der Hansestadt.
Adresse: Wellingsbüttler Weg 75B, 22391 Hamburg, www.kulturkreis-torhaus.de

Ein schöner Veranstaltungsort: das Wellingsbüttler Herren- und Torhaus

Burg Henneberg
Hamburg hat nicht nur ein Schloss in Bergedorf, sondern auch eine Burg in Poppenbüttel: Burg Henneberg. Das mittelalterlich wirkende Schmuckstück ist erst 130 Jahren alt, hat aber schon eine wechselvolle Geschichte hinter sich. In dieser Zeit gab es viele Besitzerwechsel und die unterschiedlichsten Nutzungen. 1988 bestand Einsturzgefahr der Gefahr, wenige Jahre später fand sich ein privater Investor, der das Gemäuer samt dem zugehörigen Park renoviert hat. Seit 2014 ist das Kleinod die gemeinnützige Stiftung Burg Henneberg und es sind kleine, ausgesuchte Veranstaltungen, bei denen die Burg öffentlich zugänglich ist und mit denen sich die Stiftung für die Förderung von Kunst, Kultur und Gesundheit einsetzt. Musik spielt dabei eine zentrale Rolle, von Klassik über Jazz bis Pop ist alles vertreten. Pssst … heiraten kann man hier auch.
Adresse: Alsterschlösschen Stiftung Burg Henneberg, Marienhof 8, 22399 Hamburg, info@burg-henneberg.de, www.alsterschloesschen.de

Hamburgs einzige Burg steht in Poppenbüttel.

Kunst, Kultur & Clubs

Alstertal-Museum
Ein Heimatmuseum für Wellingsbüttel: Im „Torhaus der Gutsanlage Wellingsbüttel“ zeigt der „Alsterverein“ seit den 50er-Jahren volkskundliche Exponate und bäuerliche Gerätschaften. Ergänzend dokumentiert die Ausstellung die Geschichte von Wellingsbüttel, Hummelsbüttel und Poppenbüttel anhand von Abbildungen, Zeichnungen, Fotografien und Karten.
Infos: www.alsterverein.de

Sasel-Haus e. V.
Das Sasel-Haus ist eines der größten Stadtteilkulturzentren Hamburgs, gelegen im schönen Alstertal. Mit diversen Veranstaltungen zu aktuellen gesellschaftlichen

Debatten, hochkarätiger klassischer Musik und seinen über 60 Kursen bietet das Haus Raum für Bildung und Entfaltung. In der Kita, dem Kinder-Leseclub und bei besonderen Events stehen die ganz Kleinen im Mittelpunkt. Für private Feiern kann eine Vielzahl an Räumlichkeiten in unterschiedlichen Größen angemietet werden.
Adresse: Saseler Parkweg 3, 22393 Hamburg, 🌐 www.sasel-haus.de

Bildungs- & Kreativangebote

▸ KZ-Gedenkstätte Plattenhaus
Die Gedenkstätte Plattenhaus Poppenbüttel ist eine Gedenkstätte der Stiftung Hamburger Gedenkstätten und Lernorte zur Erinnerung an die Opfer der NS-Verbrechen. Sie erinnert an die Zerstörung des jüdischen Lebens in Hamburg und die Verfolgung von Frauen im Nationalsozialismus. In der Ausstellung werden das Frauenaußenlager des KZ-Neuengamme in Sasel sowie weitere Außenlager des KZ-Neuengamme in Hamburg und Wedel (Schleswig-Holstein) dokumentiert.
Adresse: Kritenbarg 8, 22391 Hamburg, 🌐 www.poppenbuettel.gedenkstaetten-hamburg.de/de

Treffs & Begegnungsstätten

▸ Interessengemeinschaft um den Lentersweg e. V.
Die IGL ist ein Offener Kinder- und Jugendtreff in Hummelsbüttel mit Kinderkino, Koch- und Bastelangeboten, Töpfern für Kinder und Erwachsene, Hip-Hop-Tanz, Nähgruppen für Kinder und Erwachsene, Musikstudio und Aufnahmeraum, Mädchengruppe, Kleinkindgruppen und Seniorengruppe.
Infos: 🌐 www.igl-hamburg.de

Abenteuer, Freizeit & Natur

▸ Alstertal und Alsterwanderweg
Das Alstertal ist ein Paradies für Fußwanderer und Radausflügler und zieht sich durch die Stadtteile Fuhlsbüttel, Hummelsbüttel, Wellingsbüttel, Poppenbüttel, Lemsahl-Mellingstedt, Bergstedt und Wohldorf-Ohlstedt. Das Alstertal ist Teil des Alsterwanderwegs. Dieser verläuft auf Hamburger Gebiet parallel zum Flusslauf. An den größeren Nebenflüssen, der Mellingbek, der Saselbek und der Ammersbek, führen idyllische Rad- und Wanderwege in andere Stadtteile.
Wer von der Innenstadt, Binnenalster aus startet, hat wunderbare 20 Kilometer vor sich, um bis zur Poppenbüttler Schleuse zu wandern. Mit dem Fahrrad ist die Tour, die fast die ganze Zeit direkt am Fluss entlangführt, in gemächlichem Tempo in rund zwei Stunden zu schaffen, zu Fuß sind es ohne Pausen vier bis fünf Stunden.

Die aufgestaute Alster am Alsterwanderweg

Sport & Kontemplation

▸ Reiterhof Hansen
Der beliebte Reiterhof liegt in Poppenbüttel und ist in eine schöne und vielfältige Landschaft eingebettet. Vom Hof gehts direkt ins Ausreitgelände, hier kann man Reiter-

träume bei ausgedehnten Ausritten in die Wirklichkeit umsetzen. Das Außengelände erstreckt sich auf einem über sieben Hektar großen Areals auf dem sich u. a. ein Grasspringplatz, eine Reithalle (20 x 40), ein kleiner Dressurplatz (20 x 40), ein großer Dressurplatz (20 x 60), eine Rundhalle (18 Meter) sowie ein wunderschönes Ausreitgelände direkt „vor der Tür" befinden.
Adresse: Kupferteichweg 65, 22399 Hamburg, 040 6020170,
www.horseflyer.de/unser-hof.html

‣ Segelclub Alster e. V.
In ganz Hamburg gibt es Segelclubs, so auch im beschaulichen Sasel. Der Segelclub Alster e. V. ist ein aus einer langjährigen Segelgruppe entstandener kleiner Hamburger Segelverein, welcher seit 1984 mit Hochseejachten auf Ost- und Nordsee, Atlantik und Mittelmeer sowie auf der Hamburger Außenalster mit Jollen segelt.
Adresse: Saseler Damm 15, 22395 Hamburg, www.segelclubalster.de

‣ David Lloyd Meridian Alstertal
Der Premium-Sportclub hat neben Barmbek-Nord, Wandsbek und Hoheluft-Ost auch ein großes Center im Alstertal, Poppenbüttel. Vor allem der sehr gute Wellnessbereich mit Saunen und einem runden Pool unter einem Glaskuppeldach zieht auch Tagesgäste an, die stilvoll punktuell relaxen wollen und dafür nicht unbedingt eine Clubmitgliedschaft anstreben. Ebenso ist das Angebot auch für Touristen ansprechend, die einfach Lust haben, sich in der Zeit ihres Hamburger Aufenthaltes mit Tages- oder Wochenpässen sportlich zu betätigen.
Adresse: Heegbarg 6, 22391 Hamburg,
www.meridianspa.de/de-de/clubs/hamburg-alstertal/wellness

Volksdorf, Bergstedt, Lehmsahl-Mellingstedt, Duvenstedt, Wohltorf-Ohlstedt

(Bezirk Wandsbek)

Sehenswertes

‣ Museumsdorf Volksdorf
In Volksdorf befindet sich Hamburgs einziges Museumsdorf – angesiedelt auf einem Gelände, das als Keimzelle des einstigen Walddorfes angesehen werden kann. Ausgrabungen in 2010 förderten Spuren der Besiedlung bis zur Jungsteinzeit zutage. Von den sieben Fachwerkhäusern können fünf im Rahmen von Führungen besichtigt werden. Übers Jahr lädt das lebendige Mu-

Das Museumsdorf eignet sich hervorragend zu einem Familienausflug mit kleinen Kindern.

seum zu zahlreichen Veranstaltungen ein, bei denen alte Traditionen und Handwerke wieder aufleben. In Zusammenarbeit mit dem Standesamt Wandsbek sind auch Eheschließungen im Museumsdorf möglich.
Adresse: Im Alten Dorfe 46–48, 22359 Hamburg,
www.museumsdorf-volksdorf.de

Kunst, Kultur & Clubs

Koralle Lichtspielhaus
In zwei kleinen Kinosälen zeigt das Koralle Lichtspielhaus in Volksdorf ausschließlich Programmkino mit Erstaufführungen, Dokumentationen und Kinderfilmen. Für sein anspruchsvolles Filmprogramm erhielt das Koralle Lichtspielhaus mehrfach Auszeichnungen. Das gesamte Haus ist barrierefrei.
Infos: www.korallekino.de

KunstKate Volksdorf
Die KunstKate ist ein Veranstaltungsort für Lesungen, Musik, Seminare und mehr. Der KulturKreis die Kate e. V. ist der Trägerverein der denkmalgeschützten Reetdachkate.
Adresse: Eulenkrugstraße 60–64, 22359 Hamburg, www.kunst-kate-volksdorf.de

Bildungs- & Kreativangebote

Begegnungsstätte Bergstedt
Vier hauptamtliche und 46 Honorar- und ehrenamtliche Mitarbeiterinnen und Mitarbeiter bieten den durchschnittlich weit über 1000 Besuchern in der Woche ein abwechslungsreiches Kultur-, Bildungs- und Freizeitangebot. Dazu gehören Sprach- und Computerkurse, Musik, Theater, Kabarett und Sportkurse, Seniorenarbeit, Alsterminis und Jugendtreff.
Infos: www.kultberg.de

Bücherhalle Volksdorf
Die Bücherhalle ist medial auf Freizeit, Schule und Weiterbildung spezialisiert.
Adresse: Eulenkrugstraße 55–57, 22359 Hamburg,
www.buecherhallen.de/volksdorf-barrierefreiheit.html

Treffs & Begegnungsstätten

Bürgerverein Duvenstedt/Wohldorf-Ohlstedt
„Der Bürgerstaat ist nicht bequem, Demokratie braucht Leistung" lautet die Losung des Bürgervereins Duvenstedt/Wohldorf-Ohlstedt auf der Webseite. Die engagierten Vereinsmitglieder setzen sich entsprechend für ihren Stadtteil und die Belange der Bürgerinnen und Bürger ein. Dazu werden traditionelle Zusammenkünfte wie das jährliche Grünkohlessen, aber auch Tagesausflüge, beispielsweise nach Schwerin, per Bus mit den Mitgliedern gepflegt.
Adresse: Alte Dorfstraße 3, 22397 Hamburg, www.bv-duwooh.de/index.html

Abenteuer, Freizeit & Natur

Rodenbecker Quellental
Das Rodenbeker Quellental ist ein Naturschutzgebiet in Bergstedt. Ein Ausflugsziel, welches längst nicht alle Hamburger kennen. Auf einer Größe von circa 84 Hektar erstreckt sich dieses herrliche Stück Natur. Wanderern und Spaziergängern wird es dort sicher sehr gefallen. Auch Pferd und Reiter genießen die zahlreichen Wege im Rodenbeker Quellental.

Duvenstedter Brook
Der Duvenstedter Brook hat eine Größe von 785 Hektar. Kaum ein Naturschutzgebiet in Hamburg ist so abwechslungsreich,

kaum eines beheimatet so viele Tier- und Pflanzenarten wie der Duvenstedter Brook. Wiesen wechseln sich ab mit Mooren und Heideflächen, Bäche schlängeln sich durch Bruchwälder. Über 600 Pflanzenarten bilden den bunten Hintergrund für eine ganze Fülle großer und kleiner Tiere. An die 100 Vogelarten brüten im Gebiet. Diese außergewöhnliche Vielfalt und die zahlreichen bedrohten Arten verleihen dem Brook seine besondere Bedeutung. Ein guter Ausgangspunkt ist das „Duvenstedter Brock-Haus" für Besucher der Naturschutzgebiete „Duvenstedter Brook" und „Wohldorfer Wald". Hier gibt es Informationen über die Gebiete, die unterschiedlichen Lebensräume und die dort vorkommenden Tiere und Pflanzen. Außerdem gibt es wechselnde Ausstellungen und Vorträge.
Adresse: Duvenstedter Triftweg 140, 22397 Hamburg, 🌐 www.hamburg.nabu.de/natur-und-landschaft/infohaus-duvenstedter-brook/index.html

Sport & Kontemplation

▸ Golf- & Countryclub Treudelberg e. V.
Einer der schönsten und anspruchsvollsten Golfplätze Norddeutschlands mit insgesamt 27 Löchern liegt in Lehmsahl-Mellingsted. Der Golf- & Countryclub Hamburg-Treudelberg hat ein großes Angebot für Hobby- und Leistungssportler. 2022 wurde der Club vom Deutschen Golfverband für seine leistungsorientierte Nachwuchsförderung ausgezeichnet.
Adresse: Lemsahler Landstraße 45, 22397 Hamburg, 🌐 www.golfclub-treudelberg.de

Informationsschild am Eingang zum Waldgebiet

▸ Duvenstedter Sportverein v. 1969 e. V.
Fußball, 23 Einzelkurse im Kinder- und Jugendsport, Freizeit und Breitensport sowie Gesundheits- und Rehabilitationssport werden im DSV angeboten. Der Fußball hat dabei bereits seit Gründung des Vereins im Jahr 1969 eine tragende Rolle gespielt. Der DSV hat sich aber auch bereits ab 1987 intensiv im Gesundheits- und Rehabilitationssport engagiert und wurde als einer der ersten Sportvereine in Hamburg mit den entsprechenden Gütesiegeln ausgestattet. Ein besonderer Fokus liegt in letzter Zeit auf dem Kinder- und Jugendsport.
Adresse: Sportanlage, Puckaffer Weg 15, 22397 Hamburg,
🌐 www.duvenstedtersv.de/

Märkte & Feste

▸ Volksdorfer Wochenmarkt
Der Wochenmarkt in Volksdorf an der Ecke Halenreie/Kattjahren ist ein beliebter Markt in den Walddörfern.
Adresse: Kattjahren 24, 22359 Hamburg

Einer der beliebtesten Märkte Hamburgs: der Volksdorfer Wochenmarkt

Sehenswertes

Kunst, Kultur & Clubs

▸ Clubs

▸ Galerien, Ateliers, Kunsthäuser, Ausstellungen, Archive

▸ Kinos

▸ Museen

Theater, Konzerte, Kleinkunst, Kultur

Bildungs- & Kreativangebote

▸ Verschiedenes

Abenteuer, Freizeit & Natur

▸ Aussichtspunkte

▸ Erholungsgebiete (Parks, Wälder, Strände usw.)

Sport & Kontemplation

Märkte & Feste

Stichwortverzeichnis

Spezielles

Bildnachweis

Sandra Iheoma Goetz: 5u., 7,9, 14l., 14r., 25, 32, 36, 37, 38, 79, 87, 88, 90, 91, 96r., 103, 105, 109, 136, 138, 139, 141, 150, 156, 159, 173o.; Wolfgang Meinhart, CC BY-SA 3.0, via Wikimedia Commons: 5o., 24; Hildegund Schuster, FrauenFreiluftgalerie: 6; Lehor, CC BY-SA 3.0, via Wikimedia Commons: 10; Staro1, CC BY-SA 3.0 via Wikimedia Commons: 12l., 70u., 158l.; Emanuel Bettencourt: 12r.; Chris06, CC BY-SA 4.0, via Wikimedia Commons: 13; Abubiju, Public domain, via Wikimedia Commons: 15; Guidob1976hh, CC BY-SA 4.0, via Wikimedia Commons: 16; Flughafen Hamburg: 17l. 98, 149; A.Bock/Saga, Hamburg: 17r.; DESY, Helmholtz Gesellschaft: 19; Gerhard Kemme, Public domain, via Wikimedia Commons: 20, 173u.; Kroppe, CC BY-SA 3.0, via Wikimedia Commons: 22; Ajepbah, CC BY-SA 3.0, via Wikimedia Commons: 23, 134, 180; Frank Schwichtenberg, CC BY-SA 4.0, via Wikimedia Commons: 26; Altonale, Thomas Panzau: 30o.; Altonale, Presse: 30u.; Thomas Nast: 33; Hinnerk11, CC BY-SA 4.0, via Wikimedia Commons: 34; FMZ, Hamburg: 35o.; Tischler-Akademie, Hamburg: 35u.; La Perla Azul, Carolina Baer: 39; Emma7stern, CC BY-SA 3.0, via Wikimedia Commons: 40; selber erstellt, CC BY-SA 4.0, via Wikimedia Commons: 42l.; PadracerHH, CC BY-SA 3.0, via Wikimedia Commons: 42r.; Oliver Abels (SBT), CC BY-SA 3.0, via Wikimedia Commons: 44; Nicole Keller, Körber-Stiftung: 46l.; Sebastian Koppehel, CC BY-SA 4.0, via Wikimedia Commons: 46r.; Xaver Dolores, CC BY-SA 3.0, via Wikimedia Commons: 47l.; Bergedorfer Schiffahrtslinie: 47r.; anonym, CC BY-SA 3.0, via Wikimedia Commons: 50; Doris Antony, CC BY-SA 4.0, via Wikimedia Commons: 51, 135; Matthias v.d. Elbe, CC BY-SA 3.0, via Wikimedia Commons: 52, 182r.; Christine Benton, unsplash: 54; Toni Wyss, CC BY-SA 2.0 de, via Wikimedia Commons: 55; Daniel Schludi, Unsplash: 56; Ile-de-re, CC BY-SA 3.0, via Wikimedia Commons: 57; Andreas Kirsch: 58; Stadt Hamburg: 59; anonym, Public domain, via Wikimedia Commons: 60; Lucja Romanowska: 61; Catrin, CC BY-SA 3.0, via Wikimedia commons: 63; Joern M, CC BY-SA 3.0, via Wikimedia commons: 64; Daudata, Public domain, via Wikimedia commons: 65l.; Hagenbeck, Hamburg: 65r.; Schwarzlichtviertel, Hamburg: 66; hh oldman, CC BY-SA 3.0, via Wikimedia commons: 67; Poupou l'quourouce, CC BY-SA 3.0, via Wikimedia commons: 69; Bo Lahola: 70o.; Pauli-Pirat, CC BY-SA 4.0, via Wikimedia commons: 71, 107o., 165; Mauricio Bustamante: 72; holger-woizick-2tbnRgywPnl-unsplash: 75; Anna Stubbe: 81; Thomas Wolf, www.foto-tw.de, CC BY-SA 3.0, via Wikimedia commons: 85; Andreas Praefcke, CC BY-SA 3.0, via Wikimedia commons: 93; Theaterschiff Hamburg, CC BY-SA 4.0, via Wikimedia commons : 94; RBX (Reeperbahn Festival), Hamburg: 96l.; Werner Lamm: 100; Christian Hedel: 101; NordNordWest, CC-BY-SA-2.0, via Wikimedia commons: 104; Kalue, CC BY-SA 3.0, via Wikimedia commons: 107u.; Hackercatxxy, CC BY-SA 4.0, via Wikimedia commons: 111; Miniatur Wunderland, Hamburg: 113; Nissi Ok-Roloff: 114; Elbjazz, Hamburg: 117; Ihurbie, CC BY-SA 3.0, via Wikimedia commons: 118; eigenes Werk, CC BY-SA 3.0 de, via Wikimedia commons: 122; Liberaler Humanist, CC BY-SA 3.0, via Wikimedia commons: 123; Thomas Fries, CC-BY-SA-3.0, via Wikimedia commons: 124; Stiftung Hamburger Öffentliche Bücherhallen: 125 Anke Hofer: 127; GZagatta, CC BY-SA 4.0, via Wikimedia commons: 129; Vitavia, CC BY-SA 4.0, via Wikimedia commons: 130, 179; Marvin Contessi, Dockville: 131; Cornelius Grossmann, CC BY-SA 4.0, via Wikimedia commons: 137; Raimond Spekking, CC BY-SA 4.0, via Wikimedia commons: 142; Centipede, CC BY-SA 3.0, via Wikimedia commons: 146; NordNordWest, CC BY-SA 3.0 de, via Wikimedia commons: 147; Claus-Joachim Dickow, CC BY-SA 3.0, via Wikimedia commons: 152, 175r., 178l.; Helen Gieseking, CC BY-SA 4.0, via Wikimedia commons: 153; Maximilian Dörrbecker (Chumwa), CC BY-SA 2.5, via Wikimedia commons: 155l. niklas-ohlrogge-fDYRfHoRC4k-unsplash: 155r.; GeorgHH, Public domain, via Wikimedia commons: 158r.; Nico505Hamburg, CC BY-SA 4.0, via Wikimedia commons: 163; Dirtsc, CC BY-SA 3.0, via Wikimedia commons: 164; Raphael Kirchner, CC BY-SA 3.0, via Wikimedia commons: 166; Formellaania, CC BY-SA 3.0, via Wikimedia commons: 169; selber erstellt, Public domain, via Wikimedia commons: 171; hh oldmann, CC BY-SA 3.0, via Wikimedia commons: 172; Uwe Rohwedder, CC BY-SA 4.0, via Wikimedia commons: 174; Wmeinhart, CC BY-SA 3.0, via Wikimedia commons: 175l.; Hans-Peter Balfanz, CC BY-SA 3.0, via Wikimedia commons: 178r.; Ruhrgur, CC BY-SA 4.0, via Wikimedia commons: 182l.